Claude Bonnafont, geboren 1934 in Lille/Frankreich, studierte Kunstgeschichte, Literatur und Psychologie. Seit 1960 arbeitet sie als Journalistin.

W0096132

Dieses Buch wurde auf chlor- und säurefreiem Papier gedruckt.

Vollständige Taschenbuchausgabe Juli 1993
Droemersche Verlagsanstalt Th. Knaur Nachf., München
Lizenzausgabe mit freundlicher Genehmigung des Ariston Verlages, Genf
© 1979 für die ungekürzte, deutschsprachige Ausgabe
Ariston Verlag, Genf
© 1977 Editions Buchet/Chastel, Paris
Titel der Originalausgabe »Les silencieux messages du corps«
Aus dem Französischen von Doris Contzen
Umschlaggestaltung Graupner & Partner, München
Umschlagfoto Gio Barto/The Image Bank
Druck und Bindung Elsnerdruck, Berlin
Printed in Germany
ISBN 3-426-84029-4

Claude Bonnafont

Die Botschaft
der Körpersprache

Körpersignale
erkennen und deuten

Inhaltsverzeichnis

Einführung

Mythen haben ein langes Leben. Das mußte Conan Doyle erfahren, als er seinen Helden Sherlock Holmes, dessen unfehlbare Meisterschaft ihn anzuöden begann, am Ende eines letzten Abenteuers sterben ließ. Eine Sturzflut empörter oder flehender Proteste aus allen Teilen der Welt ergoß sich auf seinen Schreibtisch. Gebieterisch forderten die Leser das Weiterleben des genialen Detektivs, und der Schriftsteller mußte die ihm lästig gewordene Figur, die sich seiner Beherrschung inzwischen offenbar entzog, wieder auferstehen lassen. Sein Geschöpf war das vollkommene Sinnbild einer unausgesprochenen menschlichen Sehnsucht geworden; es hatte, ohne daß er es merkte, die Dimensionen eines Mythos angenommen.

Was war da passiert? Welche verborgenen Wünsche und Sehnsüchte des Publikums spricht eine Figur wie Sherlock Holmes an?

Es sind zwei besondere Eigenschaften, die uns faszinieren: sein Scharfblick und seine Urteilskraft. Dieser Mann enthüllt, demaskiert und durchschaut seine Mitmenschen. Mühelos durchdringt er die Schutzwände aller angenommenen, angelernten und unechten Haltungen. Hinter der oberflächlichen Erscheinung deckt er die verborgenen Beweggründe krimineller Verhaltensweisen auf. Diesem Teufelskerl gelingt das Unglaubliche: die Menschen zu durchschauen, ohne ihren Worten allzuviel Beachtung zu schenken. Am laufenden Band macht er Entdeckungen, entschlüsselt er geheimnisvolle Botschaften. Er erforscht seine Mitmenschen gemäß der bekannten Feststellung Talleyrands, daß »dem Menschen die Sprache gegeben wurde, damit er seine Gedanken verbergen kann«.

Kein Wunder also, daß Sherlock Holmes unsere Einbildungskraft beherrscht! Sein erstaunlicher Scharfblick verleiht ihm
eine furchtbare Überlegenheit über seine Mitmenschen. Er
nimmt mit einem einzigen Blick Maß an seinem Gegenüber,
schätzt es ab, seziert es. Und wie ein Blitz folgt seine Diagnose,
eine todsichere Sache; sie wird jedesmal von den nachfolgen-
den Ereignissen bestätigt. Sich auf den ersten Blick ein so ge-
naues und zutreffendes Bild machen zu können, ist ein alter
Menschheitswunsch. Sherlock Holmes erfüllt ihn auf großartige Weise. Das macht ihn zum Mythos. Er kann nicht mehr
sterben.

Sherlock Holmes' Methode ist von verblüffender Einfachheit.
Sie beruht auf einem etappenweisen Vorgehen: erstens Beobachtung, zweitens Betrachtung des Beobachteten unter einem
entsprechenden fachwissenschaftlichen Gesichtspunkt, drittens
Schlußfolgerung. Ob er sich nun mit Menschen oder mit Gegenständen befaßt, die Beobachtungsgabe von Sherlock
Holmes grenzt keineswegs ans Wunderbare und bringt nichts
ans Licht, was nicht wir alle auch herausfinden könnten: die
Blässe unter gebräunter Haut, die Abnutzung eines Hemdkra-
gens, die besondere Art eines Fußabdruckes, ein Streifen rötlichen Schlamms an einer Schuhsohle.

Um solche beobachteten Tatsachen vernünftig auswerten zu
können, muß man über spezifische Kenntnisse verfügen.
Sherlock Holmes verbirgt unter seinem Phlegma und seiner
Nonchalance ein ansehnliches Fachwissen, das zugegebenermaßen eng begrenzt ist auf bestimmte Gebiete. So weiß er im
Bereich der Botanik alles über Pflanzengifte; aber er hat keine
Ahnung von Gartenarbeit. Die seltsamen Flecken an seinen
Fingern bezeugen seine neugierige Unerschrockenheit im Umgang mit der Chemie. Seine geologischen Kenntnisse sind
praktischer Natur, aber nicht sehr umfassend. Er hat einige
Abhandlungen verbrochen über die »Unterscheidungsmerk-
male verschiedener Tabaksorten« und »den Einfluß der Ge-
werbe auf die Form der Hände«. Sein bevorzugtes Interessen-
gebiet ist allerdings die Kriminologie; hier bewegt er sich mit
vollkommener Natürlichkeit. Alle im Laufe der Jahrzehnte be-

gangenen und aufgezeichneten Verbrechen samt den Tatorten sind in seinem Gedächtnis katalogisiert. Jeder neue »Fall« löst in seinem wachen Gehirn eine Echowirkung in Form von Erinnerungen an ähnliche Fälle aus, und nützliche Kombinationen tauchen in seinem Gedächtnis auf. Er konfrontiert die durch seine Beobachtung festgestellten Indizien mit seinem methodischen Wissen, und schon ist der Ausgangspunkt für seine äußerst ergiebigen Schlußfolgerungen gefunden.

Die Blässe unter der gebräunten Haut entlarvt einen Mann der Kolonien, der Krankheit und Entbehrungen erlitten hat. Der abgenutzte Hemdkragen gehört natürlich einem Geiger! Die Untersuchung der Aschereste neben einer Leiche beweist, daß der Mord von einem Mann begangen wurde, der eine indische Zigarre geraucht hat. Der rötliche Schlamm am Sohlenrand bedeutet, daß der Träger dieser Schuhe kürzlich zum Postamt gegangen ist, vor dem bei einem Straßenaufbruch der Boden mit dieser ganz besonderen Erde bedeckt war. Alles nur Literatur? Natürlich, und Conan Doyle ist dazu noch in der günstigen Lage, ganz nach Wunsch die Nebenumstände des Geheimnisses zu bestimmen, das er aufzuklären hat.

Aber die Methode, die er seinem Helden an die Hand gibt, kann man auch anwenden, wenn man das Rätsel lösen will, das auf jeden Fall noch komplexer und delikater ist: jenes Rätsel, das jeder Mensch für seine Mitmenschen bedeutet.

Alles beginnt mit der Beobachtung. Wer sich – auf welchem Gebiet auch immer – damit beschäftigt hat, weiß, welche gesteigerte Aufmerksamkeit scharfe Beobachtung erfordert. Sie setzt vor allem eine vollkommene innere Bereitschaft voraus. Wenn man von Leidenschaften beherrscht ist, kann man nicht erfolgreich beobachten. Eigene Gemütsbewegungen verwirren alle Einsichten, die uns die Sinne vermitteln können. Im Zorn sieht man rot. Ist man wütend, trübt sich der Blick; ein Zerrspiegel entstellt die Welt. Der Verliebte wird schlicht und einfach blind. Und wenn man gereizt, verärgert, verzweifelt ist? Ein gestörtes Nervensystem läßt nur noch verstümmelte Botschaften durchkommen. Wenn wir beschämt oder gedemütigt

wurden durch eine Beleidigung, so klingen uns lange noch die
Ohren davon. Das alles sagen uns volkstümliche Wendungen.
Der ideale Beobachter braucht innere Ruhe und Ausgeglichen-
heit. Dann begegnet er seinem Objekt mit frei schwingender
Aufmerksamkeit, ohne sich von den Bewegungen seiner
eigenen Psyche ablenken zu lassen.

Absolut notwendig ist auch vollkommene Toleranz. Wer die
Seele eines anderen enthüllen will, muß sich auf alles gefaßt
machen, auf das Beste und das Schlimmste, und er muß seine
Werturteile zunächst einmal beiseite lassen. Vorurteile, Prinzipien, Wertmaßstäbe wirken sich als Scheuklappen aus, die
das Beobachtungsfeld einengen und das Beobachtungsergebnis
entstellen. Setzen wir einmal bei einem Beobachter eine starke
Abneigung gegen Alkoholismus voraus. Dabei ist es ganz
gleichgültig, welche Ursachen dazu geführt haben und wie berechtigt diese Haltung grundsätzlich ist; die Aversion muß
seine Wahrnehmungsfähigkeit beeinträchtigen. Entweder wird
er unter dem Einfluß einer fixen Idee alle beobachteten
Symptome im Umfeld des Alkoholismus ansiedeln: Unsicherer
Gang, zitternde Hände, schwankende Stimme, feuchter Blick,
fleckiger Teint, unsichere Bewegungen und Ungeschicklichkeit
deuten für ihn einzig und allein auf übersteigerten Alkoholge-
nuß hin, wobei jede andere mögliche Erklärung ausgeschlossen
erscheint. Oder das Gegenteil kann passieren. Wenn jemand
aus seinen Gedanken jede Erinnerung an Betrunkenheit und
Betrunkene ausradieren will, wird er möglicherweise völlig
blind sein für die deutlichsten Symptome in dieser Richtung.
Die vorstehend aufgezählten Symptome werden in diesem Fall
systematisch auf Bescheidenheit, Müdigkeit, schlechtes Sehver-
mögen oder irgendeine andere plausible Ursache zurückge-
führt. In ebenso unsinniger Weise wird die Beobachtung durch
besonders heftige Abneigungen verzerrt, zum Beispiel gegen
Strebertum, gegen Gewalttätigkeit oder Geiz. Noch schlimmer
wirken sich Hang zum Schönfärberischen, Begeisterung und
Schwärmerei aus; sie ergeben ein schiefes Bild.

Wir haben es längst erwartet: Der unparteiische, objektive Beobachter existiert nicht. Einstein hat diesen Verdacht bestätigt.

Sogar wenn der Mensch die Sternenräume in ihrer unergründlichen Gleichgültigkeit betrachtet, bringt er seine eigenen Dimensionen ein und entzieht damit allen Berechnungen Gültigkeit und Sinn. Seine winzige Person drängt sich in die mathematische Gleichung ein und verfälscht sie. Wie kann man also hoffen, daß er gegenüber seinem Mitmenschen, der von Leidenschaften nur so geschüttelt wird, die Heldentat vollbringt, seine eigenen Emotionen auszuschalten? Den Beobachter als gefühlsleeren Spiegel des Beobachteten gibt es nicht, und doch muß der Beobachter diesen Zustand anstreben.

Schließlich ist noch auf eine weitere Voraussetzung für fruchtbare Beobachtung hinzuweisen: Man muß außerordentlich neugierig sein und darf in der Aufmerksamkeit nicht nachlassen, wenn es einmal langweilig wird. Diese Neugierde muß verbunden sein mit großer Geduld, die wiederum nur durch eine gewisse Passivität ermöglicht wird. Die allzu Aktiven sind keine guten Beobachter. Sie sind zu unruhig, um ihre Anwesenheit vergessen machen zu können, und stören so unabsichtlich das Beobachtungsfeld. Ihr Bewegungsbedürfnis kann sich nicht mit der Bewegungslosigkeit abfinden, die das Warten mit sich bringt. Von einem Augenblick zum andern greifen sie, wenn sie es nicht mehr aushalten können, aktiv ein, fragen, provozieren. Damit wird ein fremdes Element in das Untersuchungsfeld eingebracht, das ipso facto den Inhalt verändert.

Konrad Lorenz hat diese seitens des Beobachters notwendige Passivität gut beschrieben. Der Geist muß sich zurückziehen bis an die Grenze zwischen Traum und Wirklichkeit, aber die gleichsam schwebende Aufmerksamkeit muß sich beim geringsten Alarmzeichen blitzartig regen. Und den Beobachter ergreift ein wahres Entzücken, wenn sein Blick endlich eine überraschende Geste erfaßt, eine aufschlußreiche mimische Bewegung erkennt, ein Symptom entdeckt.

Die aufmerksame Beobachtung anderer ist in vielen Berufen unentbehrlich. Romanschreiber, Dramaturgen, Filmemacher, Kunst-, Theater- und Filmkritiker, Porträtisten, Karikaturisten, Ärzte, Psychologen, Lehrer, Geschäftsleute und Verhandlungsleiter stützen sich bei ihrer Arbeit mehr oder weniger auf eine pausenlose Beobachtung ihrer Mitmenschen. Es gibt unter ihnen manche, die genau wissen, welche Rolle ihr Voyeurismus bei der Ausübung ihres Berufes spielt. Außerdem macht es ihnen großes Vergnügen, der Intimsphäre eines anderen die privatesten Geheimnisse abzuspähen.

Die Wissenschaft gibt uns heute andere Möglichkeiten an die Hand, um unsere Mitmenschen zu erkennen, als sie Sherlock Holmes mit seinen doch sehr fragmentarischen und speziellen Kenntnissen hatte. Dafür gibt es zwei Gründe. Der erste ist völlig klar: Sherlock Holmes verlegt sich auf das Aufspüren von Mördern, die natürlich der Beobachtung wert sind, aber glücklicherweise nur einen verschwindenden Teil der Menschheit darstellen. Im übrigen gehört er zu den Nachfahren der Wissenschaft des 19. Jahrhunderts, deren Vertreter, wie er, von der Idee fasziniert waren, die Geheimnisse der Materie durchdringen zu können. Er kann in Begeisterung geraten über die geheimnisvollen Kräfte giftiger Substanzen, über die chemische Zusammensetzung von Stoffen und deren Verbindungen, über die Einwirkungen von Klima oder beruflicher Arbeit auf den menschlichen Körper. Er erforscht mit letzter Konsequenz die physikalischen Eigenschaften der von ihm sichergestellten Indizienstücke und betrachtet sie außerdem noch unter den Aspekten von Raum und Zeit. So kommt er zu seinen Schlußfolgerungen und landet nach der Einkreisungsmethode ganz zwangsläufig bei dem gesuchten Individuum. Zwar geht er bisweilen auch auf irgendeinen soziologischen oder ethnologischen Tatbestand ein, aber er wendet sich entschieden gegen jede Form angewandter Psychologie. Das ist bei ihm ein Prinzip, eine vorgefaßte Meinung. »Es ist wesentlich«, sagt er, »daß ich mich nicht durch menschliche Eigenschaften beeinflussen lasse. Ein Klient ist für mich nichts anderes als ein bestimmter Bestandteil eines Problems. Jede Gemütsbewegung erschwert eine klare Überlegung und ein gesundes Urteil.« Sherlock Holmes ist im übrigen Junggeselle und hält sich bewußt abseits von Gefühlsstürmen, um das tadellose Funktionieren seines Intellekts nicht zu gefährden.

Um in diesem Punkt ganz sicherzugehen, vermeidet er auch die Kenntnis jeglicher Literatur, und er interessiert sich auch nicht für Philosophie und Politik. Hier handelt es sich um gefährliche Bereiche, die Leidenschaften wecken könnten. Vergebens sucht man in seinen Büchern den gewiegten Psychologen, den Gefühlsexperten, den scharfsichtigen Kenner der menschlichen Seele, den fälschlicherweise ein bezaubertes Publikum in seiner Person doch verehrt. Schon auf den ersten Blick erkennt man in ihm einen unverbesserlichen Materialisten und einen regelrechten Akrobaten des Determinismus, der von der menschlichen Seele keine Ahnung hatte.

Die Menschen haben im Laufe ihrer Geschichte niemals aufgehört, in den verschiedensten Formen den Mythos vom Seelenkenner zu erfinden – es muß sich hier geradezu um einen kollektiven Wunschtraum der Menschheit handeln – und immer wieder neu zu beleben: es gab Orakel, die Pythia, Hexen, Schamanen, Magier und Seher. Dieser Mythos befriedigt eine tiefe Sehnsucht der Menschen, und diese zeigt sich etwa in dem lustvollen Erschrecken, wenn man – unter seiner Maske erkannt – vom andern auf Anhieb verstanden wird, und in dem nie endenden Wunsch, den anderen kraft nur der Intuition, ohne andere Hilfsmittel, zu erkennen. Dieser Sehnsucht ist Sherlock Holmes nur scheinbar entgegengekommen. Inzwischen haben ihm die Psychologen den Rang abgelaufen.

Seit dem Ende des vergangenen Jahrhunderts hat die Wissenschaft begonnen, den Menschen selbst zu erforschen. Jenseits aller Unterschiede in den Richtungen und trotz der noch bestehenden »weißen Flecken auf der Landkarte« hat die Forschung auf dem Gebiet der Psychologie eine grundlegende Wahrheit ans Licht gefördert: Die menschliche Natur ist vollkommen einheitlich. Der Wissenschaftler und der Schwachsinnige, der Heilige und der Wüstling, Schwarze, Weiße und Gelbe – alle Menschen haben grundsätzlich die selbe Psyche, die von den gleichen Wünschen und Ängsten bewegt wird und die den gleichen Mechanismen unterliegt.

Unzählige Beobachtungen zeigen, daß alle Kleinkinder der Welt die ganze Spannbreite menschlicher Gesten auf die gleiche Weise erwerben. Von den bedeutungslosen und unzusammenhängenden Bewegungen des Neugeborenen, das aufgrund der Schwäche seines Rückgrats dort liegen bleiben muß, wo man es hingelegt hat, bis zu dem noch unsicheren, aber bereits vom Willen gelenkten Gang eines Babys von fünfzehn Monaten spielt sich ein Entwicklungsprozeß ab, der unweigerlich den immer gleichen Gesetzmäßigkeiten folgt. Auch die intellektuelle Entwicklung, deren Stationen Jean Piaget beschreibt, verläuft bei allen Kindern völlig gleichartig und nach strengen Regeln. Es gibt für die Aufeinanderfolge der einzelnen Etappen eine unumstößliche Ordnung. Und schließlich gilt das gleiche für die neuerdings von der Psychoanalyse in unser Bewußtsein gehobenen Affekte: bei allen menschlichen Wesen sind die Grundelemente des Gefühlslebens gleich; sie sind nur verschieden kombiniert, und zwar in unzähligen Variationen.

Charles Darwin war der erste, der fragte: »Bringen die gleichen Gesten, die gleichen Mienenspiele, die wir bei allen ethnischen Gruppen antreffen, die gleichen Gefühle zum Ausdruck?« Damit wurde ein heikles Thema angeschnitten. Immer noch tasten Wissenschaftler die unsichere Grenze zwischen ererbten und erworbenen Eigenschaften ab.

Der Laie, der Mann auf der Straße, hat dazu kaum fertige Ansichten. Wenn Sie die Probe aufs Exempel machen, werden Sie hören: »Ob jemand in Grönland oder in Patagonien lächelt, immer ist das Ausdruck einer freundschaftlichen, zärtlichen oder belustigten Stimmung. Das Lächeln ist eine automatische physische Reaktion, die vererbt worden ist.« Ein anderer wird sich vielleicht weniger spontan und weniger bestimmt äußern. »Ich bin kein Ethnologe«, sagt er vielleicht, »aber ich kann mir sehr gut eine ferne und isolierte Zivilisation vorstellen, in der eine Mimik, die wir als Lächeln bezeichnen, der Ausdruck animalischer Gelüste ist.« Einem dritten Befragten fällt dazu etwas Besonderes ein. Er muß Ihnen zu diesem Thema eine Geschichte erzählen, die er erlebt hat. »Waren Sie schon einmal Dolmetscher bei den Indern? Aber ich, ich schon. Und das war ein Experiment, dem ich einige unvergeßliche Erinnerungen verdanke. Wir benutzten das Englische, um uns verständlich zu machen. Nach jedem Satz, den ich für sie übersetzt hatte, fragte ich meine Inder: ›Did you understand?‹ Mit einem strahlenden Lächeln und mit ein und derselben Bewegung schüttelten sie ihre Köpfe von rechts nach links und von links nach rechts. Sie hatten also überhaupt nichts verstanden. Ich war verzweifelt. Ich habe einen halben Tag gebraucht, bis ich kapiert hatte, daß diese Geste bei ihnen ein Ja bedeutet. Ich war derart verdutzt über meine Entdeckung und so ungläubig, daß ich sie gebeten habe, mir das noch einmal mit Worten zu bestätigen. Die vier Köpfe wurden daraufhin noch einmal kräftig hin und her geschüttelt, bevor sie mir versicherten: ›Ja, ja!‹ Kein Zweifel möglich. Zwei Wochen lang habe ich bei meinen Indern den Reiseführer gemacht und konnte mich nicht daran gewöhnen, daß sie ja sagten von rechts nach links und nein von unten nach oben. Jedesmal mußte ich im Geiste eine gymnastische Übung machen; er hat nein geschüttelt, also meint er ja; er hat ja genickt, also meint er nein. Hier haben Sie meine Meinung: Es gibt keine Geste mit allgemein verbindlicher Bedeutung. Jede Kultur entwickelt ihre eigenen verbalen oder nichtverbalen Ausdrucksmittel. Das mimische Hindi ist für uns genau so unverständlich wie das gesprochene Hindi.«

Darwin war Wissenschaftler. Er kannte eine Unzahl von Gelehrten in aller Welt und startete eine Umfrageaktion. Jedem dieser Männer, die sich mit der Erforschung der verschiedensten Volksgruppen befaßten, schickte er einen kurzgefaßten Fragebogen und bat ihn eindringlich, seine Antworten nicht etwa aus dem Gedächtnis heraus, sondern nur nach genauester Beobachtung der Eingeborenen, unter denen er lebte, abzufassen. Hier sind einige seiner Fragen:

O »Wird in dem Kulturraum, den Sie erforschen, Erstaunen ausgedrückt durch weit aufgerissene Augen, einen geöffneten Mund und hochgezogene Augenbrauen?

O Falls die Hautfarbe eine solche Feststellung zuläßt – verursacht Scham Erröten? Wenn ja, wie weit reicht die Verfärbung?

○ Wenn jemand verärgert oder mißtrauisch ist, runzelt er dann die Stirn? Richtet er sich gerade auf, hebt er den Kopf und die Schultern? Ballt er die Fäuste?«

Darwin erhielt von 36 Beobachtern ausführliche Berichte, was ihn zu folgender Schlußfolgerung brachte: Alle Menschen drücken ihre Gefühle mit den gleichen mimischen Bewegungen aus, unabhängig von der ethnischen Gruppe und der Kultur, der sie angehören.

Diese These wurde später von Bruner und Taguiri angegriffen, findet heute jedoch wieder überzeugte Anhänger.

Irenäus Eibl-Eibesfeldt, Schüler von Konrad Lorenz, hat dargelegt, daß Kinder, die von Geburt an blind, taub und stumm sind, die gleichen Reflexbewegungen und die gleichen mimischen Ausdrucksformen zeigen wie alle anderen Kinder, wenn es darum geht, Zorn, schlechte Laune, Furcht oder Traurigkeit deutlich zu machen. Die amerikanischen Forscher Ekman, Porter und Sorensen haben – ausgerüstet mit Klischeeabbildungen von Standardausdrucksformen – Neuguinea, Borneo, die USA, Brasilien und Japan durchkämmt, um die Reaktionen der dortigen Landesbewohner zu studieren und mit den Standardausdrucksformen zu vergleichen. Nach Abschluß ihrer Untersuchung erklärten die drei Forscher, daß alle Befragten, trotz ihrer erheblichen Kulturunterschiede, die sie voneinander trennen, die durch die Klischeebilder vermittelten Emotionen vollkommen einheitlich beurteilten.

Andere Ansichten wurden in England laut, wo eine von Brannigan und Humphries geleitete Gruppe ein angeblich erschöpfendes Inventar menschlicher Gesten und Ausdrucksformen aufgestellt hat. Dieses Inventar enthält 135 Ausdrucksarten und beschreibt allein neun Formen des Lächelns. Darunter ist ein Lächeln, das Dr. Grant als »Lächeln mit langem Gesicht« bezeichnet, ein Lächeln, das weder fröhlich noch freundlich, vielmehr das verkrampfte und erzwungene Lächeln eines Menschen ist, der höflich bleiben muß, auch wenn er Lust hätte, jemandem die Zähne zu zeigen. Es ist das Lächeln einer jungen Frau, die sich während eines Cocktails von einem ziemlich angeheiterten Playboy verfolgt sieht, oder das Lächeln einer Sekretärin, die sich von ihrem Chef in die Enge getrieben fühlt. Anders ausgedrückt: Innerhalb ein und derselben Kultur kann ein mimischer Ausdruck, je nach den Umständen, verschiedene Bedeutungen haben. Beim Kind ist das Lächeln noch relativ einfach; beim Erwachsenen fächert es sich auf in mehrere Arten von Lächeln, die alle verschiedenartige, wenn nicht sogar konträre Gefühle ausdrücken.

Der gleiche Dr. Grant, ein Zoologe, hat darauf hingewiesen, daß eine Vielzahl von mimischen Ausdrucksformen sich bei verschiedenen Tierarten wiederfindet. Die Gewohnheit, die Brauen hochzuziehen, wenn man eine Frage stellt, wodurch das Auge runder erscheint und der Blick intensiver wirkt, kann auch bei den großen Affenarten beobachtet werden; sie brauchen diese Geste untereinander, wenn sie Kontakt haben wollen. Es handelt sich wahrscheinlich um ein besonders geeignetes Mittel, Aufmerksamkeit zu wecken. Paviane zeigen Arroganz und Mißtrauen mit den gleichen Gesten an wie der Mensch: starre Haltung, Zurückwerfen des Kopfes, fest geschlossene Lippen, heftiges Ausatmen durch die Nase. Genau wie ein Hund, der beißen will, entblößt ein Mann im Zorn seine Zähne und zieht die Mundwinkel hoch. Ein Mann, der allein sein Essen zu sich nimmt, verhält sich genau wie ein Schimpanse oder Pavian, wenn er nach etwa jedem zweiten Bissen die Augen hebt und um sich blickt. Dieses Benehmen drückt eine Art Alarmbereitschaft aus, die unserem phylogenetischen Erbe immer noch eingeprägt ist.

Die in Frankreich verbreitete Schule »Mimik, Bewegung, Theater«, die in Paris von Jacques Lecoq geleitet wird, zieht Studenten aus der ganzen Welt an. Fünfzig Nationen waren dort vertreten, was diese Schule zu einem großartigen Experimentierfeld werden ließ. Jacques Lecoq hat nicht die Absicht, eine Antwort auf die von Darwin aufgeworfene theoretische Frage zu finden; trotzdem könnte das von ihm angewandte pädagogische Verfahren eine interessante Teilantwort auf diese Frage ermöglichen.

Wenn Jacques Lecoq seine Studenten um Ausdrucksimprovisationen zum Thema »Abschied, Trennung« bittet, beobachtet er zunächst Gesten und Mimik von großer Verschiedenartigkeit, die offenbar stark gefärbt sind durch die besonderen Sitten und Gebräuche der einzelnen Nationalitäten. Aber durch das bunte Mosaik der oberflächlichen Gesten hindurch erkennt er eine wesentliche Bewegung, deren Linie sich mit der fortschreitenden Arbeit der Studenten mehr und mehr abzeichnet und verdeutlicht. Auf der Suche nach der schlichten Formel für das vorgestellte Gefühl, nach der strengsten und sparsamsten Geste, streifen sie nach und nach die Übertreibung, das Spektakuläre und Anekdotische und die folkloristischen Schnörkel ab. Diese »Geste unterhalb der Geste«, wie Jacques Lecoq das nennt, herauskristallisiert aus der Vielzahl individueller Bewegungen und deren Synthese, muß schließlich den allgemeinen Konsensus finden. Alle Studenten müssen sie anerkennen und mit ihr einverstanden sein, bevor sie innerhalb der Grundformen der Körpersprache allgemein verbindlich wird.

Auf diesem Gebiet wird heutzutage viel geforscht und untersucht. Gegenwärtig muß man die Antwort auf die von Darwin aufgeworfene Frage in der Mitte zwischen den extremen Standpunkten suchen. Es gibt kein absolutes und allgemeinverbindliches Entsprechungssystem zwischen Gefühlen einerseits und Gesten und Mimik andererseits. Es gibt aber auch keine speziellen und völlig originellen Ausdrucksformen in irgendeiner ethnischen Gruppe. Die Körpersprache leitet sich zum Teil aus ererbten, zum Teil aus erworbenen Eigenschaften her.

Über die praktischen Auswirkungen dieser Sachlage muß man sich Gedanken machen. Wie sehr wir uns auch wünschen, die Gefühle unserer Mitmenschen durch die Interpretation ihrer Gesten zu erkennen, niemals werden wir dies mit letzter Sicherheit tun können. Zum Beispiel können uns Elemente aus dem kulturellen Bereich, die wir nicht kennen, in die Irre führen. Eine Anekdote, die Julius Fast berichtet, führt uns besonders gut die Gefahren einer vorschnellen und einseitigen Interpretation vor Augen.

Die Geschichte passierte an einem New Yorker College. Eine der Schülerinnen war Livia, eine junge Puertoricanerin.

Man hatte eine Gruppe von Wagemutigen, die auf den Toiletten rauchten, ertappt. Livia war auch unter ihnen, aber es war nicht sicher, ob sie mitgemacht hatte. Als man sie ausfragte, benahm sie sich, als ob sie schuldig sei, und der Schulleiter entschied, daß sie für einige Tage vom Unterricht ausgeschlossen werden sollte. Professor John Flores, Lehrer für spanische Literatur am College, der wußte, daß Livia aus einer sehr strengen Familie kam, intervenierte beim Schulleiter und fragte nach dem Grund von Livias Ausschluß. Dieser berief sich auf ein Schuldeingeständnis, das er nicht ihren Worten, sondern nur den Gesten und der Haltung entnommen hatte. Mit gesenktem Kopf und niedergeschlagenen Augenlidern hatte sie es vermieden, den Schulleiter während seiner Fragen anzusehen. Er glaubte, in ihrer Haltung etwas Hinterhältiges und Verdächtiges sehen zu müssen. John Flores, der mit den Sitten und Gebräuchen in Puerto Rico besser vertraut war, klärte den Schulleiter auf, daß dort Bescheidenheit, Gehorsam und Respekt eines Kindes sich dadurch äußern, daß es vor der jeweiligen Autorität den Kopf senkt. In den USA muß es als ein Zeichen von Aufrichtigkeit und Offenheit gelten, wenn man einem Erwachsenen in die Augen blickt. In Puerto Rico gilt der direkte Blick des Kindes auf seinen Lehrer als Ausdruck von Herausforderung und Frechheit. Der Schulleiter sprach daraufhin nochmals mit Livia und konnte sich von ihrer Schuldlosigkeit überzeugen.

Die Interpretation der Gestensprache kann auch auf einen Holzweg führen, wenn man bestimmte Einzelheiten aus der persönlichen Geschichte des Beobachteten nicht kennt.

»Hätten Sie Zeit, diesen Bericht für die nächste Sitzung auszuarbeiten?« fragt der Generaldirektor mit leisem Zweifel in der Stimme seinen Assistenten. »Selbstverständlich, Sie werden ihn Ende der Woche bekommen«, antwortet der Assistent, wobei er mit dem Handrücken energisch seine Nase reibt. Die Skepsis des Generaldirektors verstärkt sich. Seit einiger Zeit nimmt er an gruppendynamischen Sitzungen teil und schmeichelt sich, mit einigem Erfolg die Bedeutung von Gesten entziffern zu können. Nun verrät aber nach Meinung der

Spezialisten dieses Nasereiben eine Geisteshaltung des Zweifels und der Ablehnung. Ohne dem Assistenten etwas zu sagen, beauftragt der Generaldirektor, der diesen Bericht am Tag X unbedingt braucht, gleichzeitig einen alten, routinierten Angestellten mit der Abfassung des Berichts. Zu seinem großen Erstaunen legt ihm jedoch der Assistent am Freitag einen abgeschlossenen und völlig zufriedenstellenden Bericht vor. »Nanu«, ärgert sich der Generaldirektor, »meine Nase hat mich getäuscht!«

Tatsächlich lag es nicht an seinem mangelnden Spürsinn; nur gab es in dieser Situation eine unbekannte Größe: der Assistent war vor drei Monaten an der Nasenscheidewand operiert worden, was ihm noch immer von Zeit zu Zeit einen starken Juckreiz verursachte.

Diese süß-sauren Geschichten, für die die Spezialisten der Körpersprache eine große Vorliebe haben, veranlassen sie zwar zur Vorsicht, ohne sie jedoch im geringsten zu entmutigen. Natürlich sind die psychologischen Schlußfolgerungen aus einem Augenzwinkern, einem Seufzer oder einem Händedruck mit tausend Unsicherheiten behaftet, die sich herleiten aus kulturellen Verschiedenheiten, aus der Person des Beobachters und aus der individuellen Geschichte des Beobachteten. Trotzdem ist der Eckstein des Systems nicht zu erschüttern: Der Körper lügt nicht.

Erregungszustände wie Schuldbewußtsein, Angst, lebhafte Anteilnahme, Spannung und Unsicherheitsempfindungen können noch so sehr verborgen und verheimlicht werden, sie wirken in ganz besonderer Weise auf den Körper ein und verraten sich gleichzeitig durch ihn. Auf diese jüngere Erkenntnis geht die Erfindung des Polygraphen zurück, besser bekannt als »Lügendetektor«. Dieser Apparat registriert während einer Befragung bestimmte Reaktionen der Versuchsperson: Puls, Blutdruck, Atmung und Schweißabsonderung. Die aufgezeichneten physiologischen Reaktionen, die die verbalen Antworten begleiten, kennzeichnen im Verlauf der Befragung den Eindruck von Emotionen, wie sie oben aufgezählt wurden. Wo die Worte lügen, legt der Körper ein Geständnis ab.

Eine andere Methode, die psychische Persönlichkeit mit Hilfe physischer Reaktionen zu untersuchen, besteht darin, daß man die Ausdehnung oder Verengung der Pupillen bei einer Versuchsperson beobachtet, der man Bilder, Filme oder gefühlsmäßig stimulierende Szenen vorführt. Wenn das Photo eines Pin-up-girls auf der Leinwand erscheint, weitet sich die Pupille der Versuchsperson; das Bild eines elenden Vororts, in dem gerade die Müllabfuhr auftaucht, verursacht ein Zusammenziehen. Gibt man einem Bridge-Spieler phantastische Karten, dehnt sich die Pupille fast zur Größe der Iris aus; erhält er später miserable Karten, verengen sich seine Pupillen. Die Ausdehnung verrät seine Zuneigung, das Zusammenziehen die Abneigung. Dieses Phänomen wird manchmal dazu benutzt, um die Wirkung von Reklamefilmen oder die Zugkraft eines Wahlkandidaten zu testen. Die Pupille, wie der Körper überhaupt, reagiert mit beeindruckender Ehrlichkeit.

Wir empfinden heute ein starkes Bedürfnis, zu dieser körperlichen Wahrhaftigkeit zurückzukehren. Der moderne westliche Mensch entwickelt ein neues Bewußtsein seiner physischen Person. Inmitten technischer Alpträume und einer Überschwemmung mit Objekten, angesichts auch der unwiderruflichen Blockierung der Menschheit im städtischen Raum zeichnet sich eine allgemeine Bewegung ab, die auf eine Wiederentdeckung des eigenen Körpers abzielt.

Diesen Körper will man nicht länger den schädlichen Einwirkungen der Umwelt aussetzen. Furcht vor Verschmutzung, vor verfälschten Lebensmitteln, vor Beeinträchtigung von Geruchssinn und Gehör durch verpestete Luft und den Schallmauerknall, die verbreitete Angst vor Krebs, die Forderung des Rechts auf Gesundheit, der Anspruch auf immer mehr Bequemlichkeit, all das sind Zeichen dafür, daß man dem Körper wachsende Aufmerksamkeit widmet. Der Mensch des zwanzigsten Jahrhunderts zittert um seine physische Unversehrtheit und stürzt sich auf alles, was ihm als Symbol der Gesundheit vorschwebt: die Sonne, die Meeresluft, verschneite Gipfel und klares Wasser.

Gleichzeitig entwickelt sich die lange vernachlässigte kör-

perliche Hygiene zu einem anspruchsvollen Ritual. Wie früher
der Fuß des Infanteristen muß heute der Körper »Gegenstand
ständiger Pflege« sein. Damit wird er gleichzeitig zur Schau
gestellt und von Tabus befreit, unter denen ihn das vergangene
Jahrhundert begraben hatte. »Wahrhaftigkeit und Freiheit
eines Wesens verwirklichen sich zuerst in seinem Körper«,
predigen Hippies und Naturapostel. »Auf dem Weg zur politischen und sozialen Revolution müssen wir durch die sexuelle
Revolution hindurch«, fügen die Schüler des inzwischen
rehabilitierten Wilhelm Reich hinzu.

Nachdem man sie lange Zeit im Westen ignoriert oder mit
Mißtrauen angesehen hat, werden heute exotische Lehren in
Europa willig aufgenommen, Lehren, die die Kenntnis, Heilung oder Vervollkommnung physischer Mechanismen zum Inhalt haben. Diese Modewelle beschert uns beispielsweise den
antiken japanischen Kampfsport, die chinesische Akupunktur,
den indischen Yoga und die finnische Sauna. Gemildert in der
Form und dem Geschmack des westlichen Publikums angepaßt
finden diese Disziplinen begeisterte Anhänger.

Auch ganz neue Techniken entstehen, deren therapeutisches
Ziel durch den Körper selbst erreicht werden soll, durch diesen
Körper, dessen Ausdruckskraft ans Phantastische grenzt.

Im Happening und im Psychodrama, bei den Kreativitäts-
gruppen, beim Sensitivitäts- und bioenergetischen Training,
überall ist das Wichtigste die improvisierte Geste, die Körpersprache. Die gewohnte Vorherrschaft des Wortes kommt ins
Wanken. Wünsche und Ängste werden leichter durch Gesten
zum Ausdruck gebracht. Stürmisch oder schüchtern wagt ein
Körper die Begegnung mit dem anderen.

Man berührt den andern, tastet, streichelt, schlägt ihn,
rempelt ihn an, erforscht und mißhandelt ihn. Einander Unbekannte versuchen, sich gegenseitig zu erkennen, liefern sich
Blickduelle, stürzen aufeinander zu mit Haut und Muskeln.
Man trägt den andern mit seinem eigenen Rückgrat, und sein
Gewicht wird zur realen Erfahrung. Die Sprache befreit sich
aus den Fesseln normaler Artikulation und Ordnung, um sich
umweglos mitzuteilen. Lachen, Röcheln, Räuspern, Grollen,

Seufzen, Schluchzen, Wimmern, Rülpsen, Schnaufen – herausgeschleudert aus den innersten Eingeweiden – vermitteln aus nächster Nähe das eigentlich Unsagbare.

Woher kommt dieses neue und leidenschaftliche Interesse für unseren Körper, den wir vor Ansteckung schützen, mit größter Hingabe pflegen, von allen Fesseln zu befreien suchen und in diese ausschweifende Veräußerlichung stürzen?

Was kann er uns lehren? Und können wir seine Sprache verstehen, diese Sprache, die so inhaltsschwer, aber ohne Worte ist?

1

Wie man Körpersprache erkennen lernt

Laurent Diaz, ein junger Angestellter am Beginn seiner beruf-
lichen Laufbahn, gehört als Junior zu der Ingenieur-Berater-
firma Keller.* Er wird beauftragt, einen neuen Kunden aus
Toulouse in seinem Hotel abzuholen und ihn zum Büro der
Firma zu bringen. Laurent hat diesen Kunden, Herrn Tresson,
noch nie gesehen, und er erkundigt sich vorsichtig bei seinem
Chef: »Wie sieht Herr Tresson aus?« – »Oh, er ist ein Mann
in den Fünfzigern, mittelgroß. Er trägt eine Brille«, antwortet
Herr Keller mit einer ausweichenden Geste. «Also los, junger
Freund, kommen Sie nicht zu spät . . . Ah, übrigens, er hat
eine sehr hübsche Frau«, fügt er noch hinzu, während Laurent
sich schon auf dem Absatz herumdreht.

Zwanzig Minuten später betritt Laurent die überfüllte
Hotelhalle. An niedrigen Tischen sitzen Männer in schweren
Klubsesseln oder stehen locker gruppiert und diskutieren. Der
gedämpfte Ton ihrer Stimmen entspricht dieser anonymen
Raumgestaltung. Straßenanzüge in zurückhaltenden Farben
überwiegen eindeutig, und auch die in großen Mengen über
den Teppich verstreuten Attachécases deuten darauf hin, daß
diese Herren sich auf einen arbeitsreichen Tag eingestellt
haben. Zu dieser frühen Stunde glänzen die hübschen Frauen
durch Abwesenheit.

Laurent möchte keinen Irrtum begehen und erkundigt sich
beim Portier: »Wissen Sie, ob Herr Tresson schon sein
Zimmer verlassen hat?« Ohne Zögern deutet der Portier, der
sein Metier im Schlaf kennt, mit dem Kinn auf das nächstge-

---

* Das im Folgenden geschilderte Fallbeispiel entstammt einem Tatsachen-
bericht, nur die Namen sind geändert.

legene Fenster. »Er erwartet Sie, in der Ecke links, unter der grünen Pflanze«, sagt er. Laurent dreht den Kopf in die angegebene Richtung.

Von diesem Augenblick an hört er auf, sich Herrn Tresson nach den Informationen aus zweiter Hand vorzustellen; er nimmt nun direkt Kontakt mit ihm auf.

Wir werden jetzt die Szene ihres Zusammentreffens auf zwei voneinander getrennten Ebenen ablaufen lassen, wie in einem Szenario. Im Vordergrund spielt sich die Handlung ab, wie Laurent sie erlebt; auf der anderen Ebene ertönt der innere Monolog von Laurent, der die Handlung begleitet.

Herr Tresson sitzt nahe beim Fenster, im rechten Winkel, der durch zwei Sitzbänke gebildet wird. Er hat die Beine gespreizt und beschäftigt sich mit Papieren, die den niedrigen Tisch vor ihm bedecken. Über die ganze Länge der Sitzbank zu seiner Linken hat er seinen Mantel geworfen. Auf der Sitzbank rechts von ihm liegt eine dicke Aktentasche. Sie ist halb geöffnet, und weitere Papiere quellen daraus hervor.

Sieh mal an, die beste Ecke in der ganzen Halle, das beste Licht, ein Tisch für ihn ganz allein und zwei Sitzbänke. Zweifellos jemand, der seinen Platz zu wählen weiß.

Während Laurent direkt auf ihn zugeht, hebt Herr Tresson den Kopf. Er runzelt die Brauen und betrachtet ihn über den Brillenrand, ohne Bewegung.

Feine Ohren, und dieser Blick, der genau prüft, außerordentlich selbstsicher, aber er verstellt sich wenigstens nicht.

Laurent bleibt einen Meter vor dem niedrigen Tisch stehen; Herr Tresson bleibt sitzen. Er verbeugt sich leicht, und seine Stimme klingt ruhig, als er sich vorstellt: »Ich bin Laurent Diaz vom Büro Keller. Sie sind Herr Tresson, nehme ich an?« – »Sehr erfreut, Sie kennenzulernen, junger Mann. Setzen Sie sich doch.« Während er spricht, macht er Miene, sich zu erheben. Lächelnd schüttelt er Laurent die Hand und läßt sich dann, ohne seine Beine auch nur angewinkelt zu haben, wieder auf die Sitzbank zurückfallen.

Dieser Mensch ist von einer Ungeniertheit! Er macht sich nicht einmal die Mühe aufzustehen, mich richtig zu begrüßen. Schon sein Händedruck beweist, wie überzeugt er von sich ist. Der zieht keine Glacéhandschuhe an; was er auch unternimmt, Umwege macht er sicher nicht. Also wirklich, sowas von Lässigkeit! Verstreut seine Sachen überall und zwingt mich dadurch, mich genau gegenüber hinzusetzen, wo mich die Sonne blendet.

Herr Tresson fischt aus dem zur Hälfte mit Kippen angefüllten Aschenbecher seine Zigarette und nimmt seine Brille ab. Er macht einen langen Zug und atmet den Rauch aus; aus halbgeschlossenen Augen sind seine Blicke fest auf Laurents Gesicht gerichtet. »Trinken Sie einen Kaffee, während ich das hier fertigmache? Ich brauche noch genau zehn Minuten.«

Also das ist gut, jetzt bläst er mir seinen Tabakatem ins Gesicht und findet sich in aller Ruhe damit ab, zu seinem Termin zu spät zu kommen. Mit diesem Vogel wünsche ich dem Chef viel Spaß! Der Mann läßt sich Zeit, setzt seine eigenen Terminvorstellungen durch und weiß verdammt genau, was er will.

Laurent räuspert sich: »Nein, wirklich nicht, vielen Dank. Wenn Sie einverstanden sind, sollten wir so schnell wie möglich aufbrechen. Herr Keller und seine Mitarbeiter erwarten Sie.«

»Gut, ich mache das hier fertig, und dann gehen wir los.« Herr Tresson legt seine halbgerauchte Zigarette ab, ohne sie auszudrücken, zieht einen Füller aus der Tasche und beugt sich über einen Stoß maschinengeschriebener Blätter, die er blitzschnell mit Anmerkungen versieht. Laurent sieht ihn sich an.

Natürlich, ein Rollkragentyp, lässiger Stil. In gewisser Hinsicht fühlt er sich offenbar überlegen; das sieht man eben auch daran, daß er die Uniformität des Anzugs im Geschäftsleben ablehnt. Mit seinem goldenen Füller, dem englischen Mantel und seinen Maßschuhen kann er sich natürlich einen Rollkragenpullover erlauben. Schließlich, solche Schuhe werden einem nicht im erstbesten Laden verkauft. Was hatte Keller noch gesagt? Ah ja, »in den Fünfzigern, mittelgroß«. Er hat sich nicht richtig erhoben, und ich kann mir kein Bild davon machen, aber ich wette hundert zu eins, daß er diese dicken Absätze nur trägt, um ein paar Zentimeter größer zu sein. Sollte das sein schwacher Punkt sein? Der Komplex des kleinen Mannes . . . Wenn ja, kompensiert er aber ganz toll. Er weiß ganz bestimmt, daß ich ihn beobachte, aber er hat seine Haltung nicht um Haaresbreite geändert; er ist entspannt und vertieft sich in aller Ruhe in seine Papiere. Der hat bestimmt ein phantastisches Konzentrationsvermögen, und wenn er einmal anfängt zu arbeiten, legt er ein Höllentempo vor. Er schreibt wie ein Maschinengewehr, haut ganze Absätze in einem Stück hin... »Übrigens«, wie Keller sagte, was ist mit der hübschen Frau? Kein Ehering. Interessant: Hat er etwa ein bißchen Luftveränderung in Paris eingeplant?

»Ich stehe Ihnen zur Verfügung, junger Mann.« Herr Tresson rafft die verstreuten Papiere schnell zusammen und schiebt sie in seine Mappe, die er energisch schließt. Mit der anderen Hand greift er nach seinem Mantel und erhebt sich. Er ist eher klein, hält sich aber sehr gerade. Mit einer Armbewegung veranlaßt er Laurent, ihm voranzugehen bis zur Tür, die der Portier offenhält und die er dann als erster durchschreitet. Soeben hält ein Taxi am Straßenrand an, dem eine nicht mehr junge Frau entsteigt. »Also los«, sagt Tresson und wirft sich in den Wagen, wobei er die Dame, die noch mit dem Chauffeur spricht, leicht streift. Laurent deutet, zu der Dame gewandt, ein Lächeln an, umrundet das Taxi und setzt sich. »117, rue Saint Quentin«, schleudert Tresson dem Fahrer entgegen.

Das ist kein Mensch! Das ist eine Rakete und ein Despot. Knall auf Fall fällt er seine Entscheidung, stößt einen Befehl hervor – und dann aber ein bißchen plötzlich! So einer ist gewohnt, alle Welt herumzukommandieren und verschwendet nicht allzu viele Gedanken an Leute, die ihm im Wege stehen. Nun hat er diese arme Frau fast zu Boden geworfen. Ich kann mir ungefähr vorstellen, was der im Büro mit uns machen wird.

»Zigarette?« Tresson hält ihm sein Etui hin. Laurent schüttelt verneinend den Kopf: »Danke, ich rauche nur leichte Zigaretten«, er holt sein Feuerzeug hervor und gibt Tresson Feuer. Der läßt sich auf den Polstersitz zurücksinken und kommandiert: »Fein, nun erklären Sie mir mal im Detail das für heute vorgesehene Programm.«

Hier hört Laurents innerer Monolog auf, kurzerhand abgebrochen durch Tressons Bitte, ihn über das Programm des Tages zu informieren. Da ihn das Thema und der Wunsch, einen klaren Bericht darüber abzugeben, voll in Anspruch nehmen, ist er nicht mehr in der Lage, seinen Gesprächspartner zu beobachten.

Fernand Tresson ist ein Industrieller, der eine Tapetenfabrik in Toulouse leitet, die er selbst gegründet hat. Trotz einer anhaltenden Expansion des Unternehmens gibt es seit einigen Monaten ernste Schwierigkeiten auf dem Personalsektor. Tresson ist Autodidakt und fürchtet die Kritik seiner Untergebenen, die Akademiker sind. Er hat mehrere Reformversuche gemacht, die ohne Erfolg geblieben sind. Er hat Herrn Keller schon einmal besucht und ihm die Situation seiner Firma geschildert. Nun ist er wieder nach Paris gekommen, um die Diagnose zu erfahren und – wie er hofft – einen ersten Vorschlag entgegenzunehmen.

Für Tresson beginnt die Szene – untermalt vom inneren Monolog – in dem Moment, in dem er in der Halle jemanden auf sich zukommen hört, während er noch seine Akten durchsieht. Er hebt den Kopf und blickt auf einen Unbekannten, der ihm entgegenkommt.

Wer ist diese halbe Portion? Wahrscheinlich ein Mitarbeiter von Keller. Ja natürlich. Keller hat es nicht für nötig gehalten, selbst zu kommen und schickt mir diesen Jüngling. Mal sehen, was mit dem los ist . . .

Laurent bleibt einen Meter vor dem Tisch stehen und stellt sich vor.

Mein Gott, sind die in Paris alle so? Affektiert, hochnäsig . . . Seht euch bloß diesen armen Jungen an mit seinem gezwungenen Auftreten, mit einem Schirm in der Hand und einem zweiten offenbar im Kreuz. Und diese schlaffe Hand, die er mir so herablassend entgegenstreckt. Noch so ein eingebildeter Typ, der von ich weiß nicht welcher Hochschule kommt und mit Diplomen behängt ist. Sieht nicht mal unintelligent aus, braucht aber ziemlich dringend einen ordentlichen Haarschnitt.

Laurent, der Tresson gegenübersitzt, lehnt den Kaffee ab, der ihm angeboten wird, und erinnert an den Termin.

Er regt mich auf mit seiner Manie, sich zu räuspern. Etwa Bronchitis? Nicht zu dieser Jahreszeit. Vielleicht Nervosität oder Verlegenheit . . . Aber er hat jedenfalls Verstand, dieser Junge. Er hält mir sogar stand, auf seine Weise, und führt die Anweisungen von Vater Keller gewissenhaft aus. Aber warum zum Teufel hat er einen Stock im Rücken?

Tresson liest noch einmal das Protokoll seiner ersten Unterhaltung mit Keller. Er streicht drei Absätze, die ihm überflüssig erscheinen, und fügt einige Anmerkungen hinzu. Sobald das erledigt ist, springt er ins Taxi, mit Laurent im Schlepptau.

Also, was soll das? Vor fünf Minuten tat er so eilig, als ob es brennte, und jetzt trödelt er herum. Der ist jung, der glaubt noch an nette Manieren und Höflichkeiten . . . Ganz gutes Gesicht, dürfte einsachtzig groß sein, gute Erziehung, gute bürgerliche Familie. Der hat nie Hunger gehabt, dem hat es an nichts gefehlt, der glaubt an Technik, Statistiken und Theorien.

Fernand Tresson hält Laurent sein Zigarettenetui aus Schildpatt entgegen.

So einer kann sich nicht vorstellen, daß man mit eiserner Arbeit, Energie und Wagemut schneller zum Erfolg kommt. Raucht leichte Zigaretten und trägt ein Armband am Handgelenk. Hat wohl nicht viel im Sinn mit dem schönen Geschlecht, was? Ist nicht versessen darauf, Verantwortung zu übernehmen. Der ist so korrekt wie das Gesetz, aber dem fehlt jede Initiative. Andererseits, wenn ich es mir überlege, würde ich ganz gerne seine Ausbildung übernehmen. Also, junger Mann, bezahlen Sie schnell das Taxi, und dann wollen wir uns wichtigeren Dingen zuwenden.

Das Treffen zwischen Laurent Diaz und Fernand Tresson hat sich in einer halben Stunde abgespielt. Während dieser Zeit wurden von beiden Männern nur Höflichkeitsformeln und ganz konventionelle Floskeln sowie einige Informationen geschäftlicher Natur ausgetauscht. Als sie aber miteinander die Büros der Firma Keller betreten, haben sie alle beide bereits eine differenzierte und gut fundierte Meinung übereinander.

Diese gegenseitige Einschätzung, die sich blitzartig ergeben hat, basiert auf einer sehr komplexen Auswertung des aufgetauchten nichtverbalen Materials. Der Gesamtkomplex dieses Materials, so wie es von den beiden Männern registriert wurde, kann aufgeschlüsselt werden, wie das nachfolgend versucht wird.

AUFSCHLÜSSELUNG
DES NICHTVERBALEN MATERIALS

LAURENT DIAZ	FERNAND TRESSON

Verhalten im Raum

Geht direkt auf sein Ziel zu – hält einen Meter vor dem Tisch an – setzt sich in unbequemer Haltung – geht dem andern durch die Halle voran – geht hinter ihm durch die Tür – umrundet das Taxi	Hat sich in einer Ecke des Raumes niedergelassen, in günstigem Licht, im Winkel zweier Sitzbänke – läßt den anderen durch die Halle vorangehen – geht als erster durch die Tür – setzt sich als erster in das Taxi an der Bürgersteigseite – gibt dem Chauffeur das Ziel an

Benutzung der unmittelbaren Umgebung

Verteilt seine Papiere über den ganzen Tisch und belegt mit seiner Aktentasche und seinem Mantel die Sitzbänke

Erscheinung

Alter schätzungsweise 28 Jahre – Größe etwa 1,80 – unfertiger junger Mann, angenehmes Gesicht – steif – trägt Hemd und Krawatte, Feuerzeug, Schirm, Armband – kein Ehering

Etwa 50 Jahre – klein – trägt englischen Mantel, eleganten Rollkragenpullover, Maßschuhe, goldenen Füllhalter, Zigarettenetui aus Schildpatt, Brille, dicke Aktenmappe – kein Ehering

Persönlicher Rhythmus

Bemüht sich um Genauigkeit – unregelmäßiger Rhythmus – Sprechweise fest und maßvoll

Augenblickliche Reaktion auf Geräusche – lebhafte Gesten – genaue Einschätzung der Zeit, die für eine Tätigkeit notwendig ist – schnelle Geistestätigkeit – Gleichzeitigkeit verschiedener Gesten und Gleichzeitigkeit von Entschluß und Aktion

Mimik

Lächeln

Gerunzelte Brauen – Lächeln – halbgeschlossene Augen

Körperhaltungen

Präzision der Gangart und der Bewegungen – steife Haltung – verbeugt sich zur Begrüßung

Entspannte Sitzhaltung – der Körper konzentriert sich auf die zu erfüllende Aufgabe – erhebt sich nur halb zur Begrüßung – große Beweglichkeit während der Aktion

Gewohnheiten

Raucht gelegentlich leichte Zigaretten – räuspert sich

Raucht sehr viel – drückt seine Zigaretten nicht aus – betrachtet die Leute über den Brillenrand oder nimmt die Brille ab, um sie genau anzusehen

Auftreten und Benehmen

Reserviertes und höfliches Benehmen – weist Kaffee und Zigaretten zurück – bietet Feuer an – nimmt Rücksicht auf Dritte – schlaffer Händedruck – äußert sich mit Festigkeit

Ungezwungenheit und Ungeniertheit – bietet Kaffee und Zigaretten an – energischer Händedruck – Unhöflichkeit gegenüber Dritten – autoritäres Verhalten

Aus den 41 Indizien, die Laurent Diaz zur Person Fernand Tressons festgestellt hat, wollen wir als Beispiel den eleganten Rollkragenpullover herausgreifen. Schon dieses einzige Indiz erlaubt vielfache Interpretationen, die sogar widersprüchlich sein können oder über das Thema hinausführen.

Ein Unbekannter, den man in Paris zum erstenmal geschäftlich trifft, trägt einen Rollkragenpullover. Was könnte man aus diesem Indiz alles schließen?

1. Er trägt gern Wollsachen.

2. Er liebt die Ungezwungenheit und fühlt sich wohl in einem weichen Kleidungsstück.

3. Er ist sportlich und lehnt städtische Kleidung ab.

4. Er meint, daß ein Rollkragenpullover seine Schultern und seinen athletischen Körperbau vorteilhaft zur Geltung bringt.

5. Er glaubt, daß Frauen Männer, die Pullover tragen, bevorzugen.

6. Seine Frau strickt mit Leidenschaft.

7. Er weiht den Pullover ein, der ihm soeben zum Geburtstag geschenkt worden ist.

8. Er imitiert einen bewunderten Freund, der Rollkragenpullover trägt.

9. Seine Finanzlage erlaubt ihm nicht den Kauf von Anzügen nach seinem Geschmack.

10. Seine äußere Erscheinung ist ihm vollkommen gleichgültig.

11. Er möchte nicht für einen Spießer gehalten werden.

12. Er ist ein Snob und möchte für einen Intellektuellen oder Künstler gehalten werden.

13. Er ist von Natur aus antikonformistisch.

14. Er ist unbewußt ein Opfer der konformistischen Haltung, Antikonformismus zu beweisen.

15. Er möchte unter allen Umständen als Original gelten.

16. Es macht ihm Spaß, seine Kollegen, die in ihre Anzüge eingezwängt sind, mit dieser Art Freiheit zu ärgern.

Schon dieses einzige Indiz liefert uns, wie man sieht, mindestens 16 Hypothesen, wobei diese Aufstellung nicht einmal erschöpfend ist. Nehmen wir einmal an, daß alle 41 zur Person von Fernand Tresson festgestellten Indizien ähnlich viele Auslegungsmöglichkeiten anbieten, dann hätte Laurent Diaz $16 \times 41 = 656$ Hypothesen über den Charakter von Fernand Tresson vorgefunden, die er innerhalb einer halben Stunde sortieren und auswerten mußte.

Diese Darlegung gibt natürlich Anlaß zu Kritik. Die Anzahl der Hypothesen, die von jedem Indiz abgeleitet werden, ist willkürlich festgesetzt worden. Die Multiplikation der Hypothesen wird auch bei allen weiteren Indizien angenommen, ohne daß es für dieses Verfahren eine tatsächliche Absicherung gibt. Außerdem fordert das dargelegte System von Laurent Diaz Fähigkeiten der Analyse und der Synthese, die nur ein Computer der dritten Generation aufweist.

Trotzdem ist die Aufstellung im Prinzip keineswegs unrealistisch. Sie veranlaßt uns, die ganze Spannweite der Möglichkeiten, die uns einen Zugang zum Wesen des andern verschaffen, methodisch zu untersuchen.

BESTANDSAUFNAHME DER KÖRPERSPRACHE

1. Visuelle Eindrücke

○ Körperliche Erscheinung, Haltung, Bewegungen;
○ Tempo, Gangart, Gesten, Mimik, Grimassen, Ticks;
○ Geschicklichkeit, Beweglichkeit, Rhythmus;
○ Körperpflege, Kleidung, Schmuck, Accessoires, Frisur, Make-up;
○ Gefühlsreaktionen: Erröten, Erbleichen, Zittern, krampfartige Bewegungen, ruckartige Bewegungen, Schweißausbrüche;
○ Reaktionen auf die unmittelbare Umgebung und Einordnung im Raum.

2. Gehöreindrücke

○ Tonlage, Rhythmus, Vortragsart und Spannweite der Stimme, Lachen;
○ Vortragsstörungen: Zögern, verlängerte Pausen, Schweigen, Lispeln, Stottern, Versprecher;
○ Seufzer, Pfeifen, Rülpsen, Schwanken der Stimme, Keuchen, Räuspern;
○ Aufstoßen, nervöser Husten, Summen, Fingerschnippen, Händeklatschen;
○ Geräusche, die der Körper mit Hilfe von Objekten erzeugt: Klavierklimpern, Hämmern, Scharren, Türenschlagen, mit Gegenständen klappern, Motorradknattern, Hupen;
○ Lärmkulisse, mit der man sich umgibt oder schützt, die man anderen zumutet.

3. Geruchseindrücke

○ Körperausdünstungen wie Transpiration, Atem, sexuelle Gerüche;
○ Tabak- und Alkoholgerüche, berufsbedingte Gerüche;
○ Parfüm, Desodorant, Rasierwasser, Seife.

4. Berührungseindrücke

○ Händedruck, Umarmung, Schulterklopfen, Handauflegen auf den Arm, Umfassen der Schultern, Handkuß, Tanz;
○ zufällige und unabsichtliche Berührungen;
○ sexuelle Vertraulichkeiten.

Das hier aufgezeigte nichtverbale Material besteht aus Reizsignalen, denen der Beobachter sich aussetzt und die einzeln oder zusammen auf ihn eindringen. Bei einer ersten Kontaktaufnahme mit einem Unbekannten treten gewöhnlich zuerst das Auge und das Ohr, beides Sinnesorgane mit einer gewissen Reichweite, in Aktion.

Das Auge richtet sich auf das Beobachtungsobjekt und beweist dabei eine Durchdringungskraft, die wir uns überhaupt nicht recht klarmachen. Im täglichen Leben und in der Literatur gibt es Beweise in Hülle und Fülle für die offensichtliche Intensität dieses *ersten Blickes,* der ebensogut eine plötzliche Leidenschaft auslösen wie auch augenblickliche Haßgefühle hervorrufen kann. Manchmal vermutet man auf den ersten Blick Eigenschaften, die allein visuell gar nicht erfaßt werden können. Ein kurzer Blick genügt, um den Clochard, den Landstreicher, zu erkennen, der vermutlich auch einen üblen Geruch ausströmt, oder den Betrunkenen, dessen Atem wahrscheinlich nach »Pest und Schwefel« stinkt. Ein Mädchen in einem Tanzsaal kann mit einem einzigen Blick abschätzen, wie der Hautkontakt mit einem Tanzpartner sein könnte; beispielsweise läßt seine bleiche und ungesunde Gesichtsfarbe kaum erwarten, daß es besonders erfreulich wäre, mit ihm Wange an Wange zu tanzen. Eine berühmte Pianistin, die ihre Finger hütet »wie ihre Augäpfel«, hat einen untrüglichen Blick dafür, wer in einer Gruppe von Leuten vermutlich ein sogenannter »Fingerknochenbrecher« ist. Was sind ihre Kriterien? Größe, Umfang, Muskulatur – soweit erkennbar –, Gangart, Schulterbreite? Keins von diesen Indizien allein oder auch alle zusammen verraten mit Sicherheit den Mann, der ihre Hand zerquetschen wird. Tatsächlich liest sie nur aus der Physiognomie ihres Gegenübers heraus, daß sie von ihm einen brutalen Händedruck erwarten muß.

Auch erste Gehörreize können ebenso extreme körperliche oder geistige Reaktionen hervorrufen. Aus einem Telephongespräch mit einem Unbekannten ziehen wir augenblicklich bestimmte Schlüsse, von denen wir sehr überzeugt sind. Die fremde Stimme mobilisiert unsere Einbildungskraft, und ihre besondere Klangfarbe läßt in uns eine bestimmte Vorstellung von dieser Person entstehen. Wir statten unseren Gesprächspartner mit einer körperlichen Erscheinung und mit einem Charakter aus, die beide dieser seiner Stimme entsprechen. Welch ein Pech, wenn eine schwache oder undeutliche Verbindung die Stimme dieses Unbekannten verfälscht, dem wir dann ein paar Tage später vielleicht von Angesicht zu Angesicht gegenüberstehen. Einigermaßen entsetzt sehen wir ein Mannweib auftauchen, wo wir ein zartes Mädchen erwartet haben, oder ein betagter Intellektueller überrascht uns an Stelle des vorgestellten jungen Athleten.

Eine Stimme, die man wahrnimmt, bevor man ihren Eigner zu Gesicht bekommt, ruft manchmal intensive Gefühlsreaktionen hervor. In einem Pralinengeschäft beschäftigen sich die Verkäuferinnen während der ruhigen Geschäftszeit in einem Raum hinter dem Laden mit dem Ausschmücken von Pralinenschachteln. Betritt eine Kundin den Laden, sagt sie der Dame an der Kasse ihren Wunsch, die daraufhin schellt, damit eines der jungen Mädchen kommt. Im Prinzip bedienen die Verkäuferinnen, die einen bestimmten Prozentsatz für ihre Verkäufe bekommen, eine nach der anderen. Es kommt aber vor, daß eine von ihnen eine Kollegin eindringlich bittet, sie zu vertreten. Die Stimme der unsichtbaren Kundin ist ihr derart zuwider, daß sie körperlich davor zurückschreckt, dieser Frau gegenüberzutreten. »Wenn ich so eine Stimme höre, könnte ich mir die Haare ausraufen und möchte ihr am liebsten ihre Törtchen ins Gesicht schmeißen«, gestand uns die Verkäuferin im Laufe des Interviews.

Die Stimme eines jeden Menschen hat – ebenso wie seine Fingerabdrücke – ihre absolute Individualität. Man kann diese Einmaligkeit sichtbar machen, indem man ein Gespräch mit Hilfe von Mikrophon und Kathodenschirm in ein Klangwellenspektrum umwandelt. Die gleichen Worte ergeben, von verschiedenen Personen gesprochen, »Klangbilder«, die eine gewisse Familienähnlichkeit aufweisen, die sich aber ganz deutlich voneinander unterscheiden. Dieses Phänomen hat man sich zunutze gemacht, als man das Schloß ohne Schlüssel erfand. Es reagiert auf ein Losungswort, das eine oder mehrere

Personen sprechen können, auf deren Stimmen das Schloß eingerichtet ist.

Vielleicht wird die Stimmenanalyse eines Tages noch viel interessantere Perspektiven auf psychologischem Gebiet eröffnen. Bereits heute machen sich einige Spezialisten stark, bei der Untersuchung einer auf Band aufgenommenen Stimme feststellen zu können, wie groß der psychische Streß des Redners im Augenblick der Bandaufnahme war.

Frauen lassen sich in stärkerem Maße von der Stimme beeinflussen als Männer. Bei einer Umfrageaktion einer französischen Zeitschrift nannten die Leserinnen als Haupttrumpf männlichen Charmes die Stimme. Männer begeistern sich mehr für visuelle Reize. Außerhalb der Beziehungen sexueller oder zumindest sehr intimer Natur, wie zum Beispiel innerhalb einer Familie, ist der Mensch unseres westlichen Kulturbereichs nicht gewohnt, seine Mitmenschen durch Berührungskontakt zu erforschen. Ganz im Gegensatz zu bestimmten Zivilisationen, bei denen körperliche Nähe und Kontakte üblich sind und mit Natürlichkeit gesucht und gewährt werden, halten wir Berührungen in strengen Grenzen und unterwerfen sie bestimmten Konventionen. Normalerweise beschränkt sich der Berührungskontakt auf den Händedruck. Die Umarmung, die Hand auf dem Arm, auf der Schulter oder um die Taille eines anderen, der freundschaftliche Kuß setzen bereits einen größeren Vertrautheitsgrad voraus.

Eine besondere Bedeutung haben allerdings die engen körperlichen Kontakte, die beim Tanz erlaubt sind. Im Jahr 1959 ergab sich aus einer Umfrageaktion, die der Soziologe Alain Girard in Frankreich durchführte, ein unerwartetes Phänomen: siebzehn Prozent der französischen Ehepaare haben sich beim Tanz kennengelernt. Auf Volksfesten, in Nightclubs, bei offiziellen Festlichkeiten und privaten Tanzabenden, beim Ball des vierzehnten Juli und bei Zusammenkünften jugendlicher Gruppen verflüchtigen sich die sozialen Tabus, die die Promiskuität verhindern sollen, und jedem steht es frei, sich ungestraft auf eine Entdeckungsreise durch Berührung des Partners zu begeben, die man sich unter anderen Umständen überhaupt nicht vorstellen könnte.

Was die unbeabsichtigten körperlichen Kontakte angeht, die die Enge unserer Städte mit sich bringt, so bieten sie nur geringen Stoff für psychologische Deutungen. Wir sind es gewohnt, körperlichen Kontakt mit anderen möglichst zu vermeiden; zufällige Berührungen rufen daher unvermeidliche Abwehrreaktionen hervor, deren mehr oder minder große Heftigkeit man gegebenenfalls feststellen kann.

Der Geruchssinn kommt noch seltener zum Zug als die Berührung. Unsere kulturellen Normen verbieten uns, einen fremden Menschen, auf den wir neugierig sind, etwa aus der Nähe zu beschnüffeln. Außerdem macht die Zusammenballung vieler Menschen in unseren städtischen Zentren zahlreiche hygienische Maßnahmen erforderlich. Die unbewegte Luft in unseren öffentlichen Gebäuden würde unerträglich, wenn unsere körperlichen Ausdünstungen, die durch die künstliche Wärme und die Enge des Raumes noch intensiviert werden, ungeniert verströmen würden. Der westliche Mensch bekämpft seine eigenen körperlichen Ausdünstungen und bemüht sich, die der anderen zu ignorieren. Unser Geruchssinn degeneriert, fehlgeleitet von künstlichen und schädlichen Gerüchen, geschreckt auch von sozialen Tabus. Die Anthropologen behaupten, daß der Mensch früherer Zeiten sein Geruchsorgan frank und frei und sehr wirkungsvoll dazu benutzte, um seinesgleichen zu erforschen. Aus diesen vergangenen Zeiten sind uns nur ein paar nostalgische Erinnerungen verblieben, die sich noch in ein paar bezeichnenden Wendungen äußern.

»Ich kann ihn nicht riechen«, sagen wir beispielsweise. Diese Ausdrucksweise deutet an, daß unsere Nase über Freundschaft und Feindschaft entscheidet. Wir sprechen mit einer gewissen Selbstgefälligkeit von unserem »Riecher«, und von einem Mann, der ein gutes Urteilsvermögen hat, sagt man anerkennend, er habe »eine gute Nase«.

Vielleicht handelt es sich letzten Endes nicht um eine tatsächliche Zurückbildung unseres Geruchssinns, sondern um eine massive Verdrängung unserer Geruchseindrücke. Diese These wurde von dem Psychoanalytiker Georg Groddeck vertreten.

Der Geschmack fehlt in dieser Aufzählung. Seine »Forschungstätigkeiten« beschränken sich auf das Gebiet der sexuellen Beziehungen. Unsere westliche Lebensform verbannt diesen Sinn aus unseren sozialen Beziehungen.

Die einzelnen Rubriken unserer Bestandsaufnahme der Körpersprache behandeln Material von sehr unterschiedlicher Bedeutung. Der Schluckauf ist eine Reflexerscheinung, die wohlbekannt und als Begriff fest umrissen ist. Im Gegensatz dazu versteht man unter der Bezeichnung »Gesten« die verschiedenartigsten Ausdrucksformen. Die von Brannigan und Humphries geleitete Arbeitsgruppe hat, wie schon früher erwähnt, für den englischen Kulturbereich 135 Arten von Gesten und Mienenspiel herausgearbeitet. Der amerikanische Anthropologe Robert A. Barakat hat ein Lexikon über Gesten zusammengestellt, die bei den Arabern üblich sind; er beschreibt 247, von denen jede einzelne eine ganz bestimmte Bedeutung hat.

Außerdem können sogar die einzelnen Charakteristika unserer Bestandsaufnahme nicht präzise gefaßt werden; die herausgestellten Kennzeichen überschneiden sich in vielen Fällen. Wo liegt die eindeutige Grenze zwischen Mimik und Grimasse? Es gibt sie nicht; es gibt nur den subjektiven Eindruck, den ein Mienenspiel beim Betrachter hervorruft: er allein entscheidet darüber, was »Mimik« und was »Grimasse« ist.

Zahlreiche Elemente der Körpersprache sind mehrdeutig. Nehmen wir ein einfaches Beispiel: Ein Mann hebt seine rechte Hand in Kopfhöhe. Wie soll man diese Geste bezeichnen und einordnen? Es kann sich erstens um einen militärischen Gruß handeln, zweitens um einen ironisch imitierten militärischen Gruß, drittens um eine Armbewegung, die ein Insekt an der Schläfe verscheuchen soll, viertens um eine unzusammenhängende Geste, die ohne ersichtlichen Grund so abläuft. Der Sinn und die Bedeutung dieser einen Bewegung reichen vom konventionellen Zeichen (militärischer Gruß) bis zur pathologischen Geste (unzusammenhängende Bewegung), auf dem

Umweg über die mimische Parodie (ironische Abwandlung des militärischen Grußes) und die natürliche Reaktion des Organismus auf einen äußeren Reiz (Verscheuchen des Insekts).

Eine weitere große Schwierigkeit beim Studium der Körpersprache bereitet der Zeitfaktor. Ob eine Geste schnell oder langsam ist, eine Gefühlsreaktion sofort oder mit Verzögerung auftritt, ein Ausdruck flüchtig oder von längerer Dauer ist: in allen Fällen finden unterschiedliche psychische Situationen ihren Ausdruck. Ein Kind, das eine Ohrfeige bekommt, hält fast im gleichen Moment seine Wange fest und reagiert damit auf den körperlichen Schmerz. Die gleiche Handbewegung, nur langsamer ausgeführt, verrät in erster Linie Scham und Ärger. Sehr vereinfacht könnte man sagen, daß eine schnelle Reaktion oberflächliche Empfindungen ausdrückt, während eine langsame Reaktion tiefe Gefühle verrät.

Im Laborversuch kann man die Geschwindigkeit einer Reaktion und die Ausführung einer Geste leicht messen. Aber bei der Beobachtung aus dem Stegreif kann sie nur subjektiv abgeschätzt werden, und sie hinterläßt im Gedächtnis nur eine ungenaue Spur. Prüfung und Interpretation einer bestimmten Geste a posteriori sind daher manchen Unsicherheiten unterworfen.

Es gibt auch stumme Botschaften von einem Individuum zum anderen, deren Form der Übermittlung man nicht feststellen kann. Sie spazieren zum Beispiel auf einem mehr oder weniger leeren Bürgersteig. Ein Fußgänger kommt Ihnen direkt entgegen. Sie gehen beide in der Mitte des Bürgersteiges und müßten eigentlich im nächsten Moment zusammenstoßen. Aber nichts dergleichen passiert. Sie gehen aneinander vorbei, ohne sich auch nur zu berühren. Wer von Ihnen hat den Entschluß gefaßt, seine Bahn ein wenig zu verändern? Wie wurde dieser Entschluß des einen dem andern mitgeteilt? Oder auch, wie haben Sie und der Partner sich verständigt über diesen Minivertrag: »Ich werde einige Zentimeter nach rechts abbiegen; Sie ebenfalls, von mir aus gesehen also einige Zentimeter nach links?« Man kann dieses Experiment zwanzigmal wiederholen, ohne auch nur einen Anhaltspunkt für diese in aller Stille ausgetauschte Botschaft zu entdecken. Die durch Gesetz aufgezwungene Gewohnheit, im Straßenverkehr rechts zu kreuzen (und links zu überholen), läßt sich hier kaum ins Treffen führen, weil das Experiment auch gelingt, wenn, entgegen dieser Verkehrsregel, links gekreuzt wird oder wenn Sie, den Rechtsverkehr gewohnt, das Experiment in einem Land mit Linksverkehr machen. Jenseits der Körpersprache, die wir feststellen und beschreiben können, wird ein Kommunikationssystem wirksam, das sich bis heute jedem Zugriff der Beobachtung entzieht.

Die aufgestellte Bestandsaufnahme, die vom Standpunkt des Beobachters ausgeht, macht keinen Unterschied zwischen willkürlichen und unwillkürlichen Signalen, die der Beobachtete aussendet. Der Aussagewert von beiden ist aber überhaupt nicht zu vergleichen.

Ein Mann hat die Frau, die er liebt, zum Abendessen in ein Restaurant eingeladen. Er ist sich nicht im klaren, was sie für ihn empfindet. Sie erscheint, traumhaft schön zurechtgemacht. Der Mann gewinnt augenblicklich die Gewißheit, daß diese Frau ihm gefallen möchte. Ihre für diese Begegnung sorgfältig hergerichtete äußere Erscheinung sendet ihm eine durchsichtige Botschaft: »Ich möchte Sie bezaubern.« Im Laufe des Abendessens verursacht eine ungeschickte Bewegung der Frau einen Fleck auf ihrem Kleid. Der Mann ist bestürzt. Er ist ein mitfühlender Mensch, und das Mißgeschick seiner Begleiterin bekümmert ihn. Er ist abergläubisch und sieht in diesem Zwischenfall eine üble Vorbedeutung. Fragen der Psychologie beschäftigen ihn, und er sucht nach dem verborgenen Sinn dieser Ungeschicklichkeit. Die Botschaft, die seine Angebetete ihm sendet, indem sie ihr Kleid und vielleicht auch den Abend verdirbt, kommt aus ihrem Unterbewußtsein. Ein mächtiges und verborgenes Hindernis stellt sich vielleicht ihrem Wunsch zu bezaubern, den sie doch klar zu erkennen gegeben hat, entgegen. Wie ist dieses Hindernis beschaffen? Die unwillkürlichen Botschaften sind sehr selten eindeutig erklärbar. Der

Mann müßte dreierlei Eigenschaften haben, um diese Botschaft zu entziffern: Intuition, Liebesfähigkeit und Ausdauer; oder er müßte zur Tagesordnung übergehen.

Die Unterscheidung zwischen willkürlichen und unwillkürlichen Signalen deckt sich nur teilweise mit der Definition von Edmund Husserl, der unterscheidet zwischen den »Ausdruckssignalen«, die etwas aussagen wollen, und den »Zeichen«, die nichts Bestimmtes aussagen sollen.

Da ist zum Beispiel die Nelke, die ein Mann im Knopfloch trägt. Sie kann ein zwischen diesem Mann und seiner Geliebten verabredetes Ausdruckssignal sein, das ihr, wenn sie sich unter anderen Leuten befinden, in aller Stille mitteilt: »Sei vorsichtig; man sollte uns nicht zusammen sehen.« Wenn die Nelke dagegen ohne diese oder eine andere beabsichtigte Signalbedeutung getragen wird, ist sie nur ein Zeichen ohne Aussagekraft im Husserlschen Sinne. Trotzdem verrät uns die Nelke mittelbar etwas über die Persönlichkeit des Mannes, der sich mit ihr schmückt und den wir uns daher eitel, als Frauenhelden, als Mann, der ein gewisses Raffinement liebt oder eine Vorliebe für konservative Lebensformen hat, vorstellen. Und natürlich ist auch der Mann selbst, als er die Blume ansteckte, irgendeinem Antrieb gefolgt. Wir müssen also feststellen, daß das Zeichen – auch wenn es keine Aussageabsicht im Husserlschen Sinn hat – doch eine Aussage macht, die vielleicht ungenau sein mag, für die man aber viele plausible Deutungen finden kann.

Schließlich gibt es auch noch bestimmte Gesten, die zwar bewußt und mit Absicht ausgeführt werden, die aber der jeweiligen Umgebung Einsichten vermitteln, die das, was die handelnde Person mitteilen wollte, weit übersteigen.

Während einer Gewerkschaftssitzung stößt einer der Teilnehmer einen vor ihm stehenden Aschenbecher heftig zur Seite. Wenn man ihn gefragt hätte, was diese Geste bedeuten solle, hätte er jeden Eid geschworen, daß er nur die übelriechenden Kippen und Aschenreste aus dem Bereich seiner Nase entfernen wollte. Das war alles. Der Versammlungsleiter zieht aber einen anderen Schluß aus dieser Bewegung. Sie ereignete sich im gleichen Augenblick, als der Sekretär mit lauter Stimme den vollständigen Text eines Vergleichsvorschlages vorlas, der bereits in der Tagesordnung mehr oder weniger deutlich angekündigt war. Dem Präsidenten wurde der Zusammenhang schlagartig klar. Von nun an ist er überzeugt, daß der Teilnehmer diesem Vorschlag grundsätzlich abgeneigt ist und ihn innerlich mit der gleichen Heftigkeit ablehnt, mit der er den Aschenbecher weggestoßen hat.

Wir kennen nicht den Grad der Bewußtheit und die unterschwellige Absicht, die ein Zeichen der Körpersprache begleitet. Daher bleibt ihre Auslegung zwangsläufig vielen Deutungen offen. Direkter und spontaner als die Sprache der Worte ist die Körpersprache aber unmittelbarer Ausdruck des Unbewußten und enthüllt dessen dunkle und verwickelte Geheimnisse deutlicher, als Worte es vermögen.

2

Soziales Verhalten

Als soziales Wesen erlebt der Mensch ständig wechselnde Beziehungen zu seinen Mitmenschen, enge oder entfernte Verbindungen, die mehr oder weniger erfolgreich verlaufen, auf jeden Fall aber unvermeidbar und notwendig sind. Von der Geburt bis zum Tode verläuft sein Lebensweg wie ein Faden durch ein Netz engerer und weiterer Gruppen und sozialer Gebilde von größter Vielfalt. Jede dieser Gruppen hat ihre eigenen Gesetze, bildet Normen und schreibt Konventionen vor, denen sich jeder Hinzukommende, zumindest teilweise, unterwerfen muß, wenn er sich einer solchen Gruppe anschließen will.

»Man kann praktisch sagen«, schreibt William James in seinen *Principles of Psychology,* »daß jeder ebenso viele verschiedene Persönlichkeiten hat, wie es unterschiedliche soziale Gruppen gibt, deren Meinung in seinen Augen zählt. Jeder Mensch zeigt im allgemeinen jeder dieser sozialen Gruppe einen anderen Aspekt seiner selbst . . . wir zeigen uns unseren Kindern anders als unseren Klubfreunden, unseren Kunden anders als unseren Angestellten und unseren Chefs anders als unseren nächsten Freunden.«

Das soziale Verhalten stellt eine wesentliche und grundlegende Dimension des Menschen dar. Seine Persönlichkeit entsteht aus der endlos wiederholten Konfrontation mit dem anderen Individuum. Es bleibt nicht dabei, daß er eine Rolle nur »spielt«; unaufhörlich baut er sich auf durch eine ununterbrochene Folge von Rollen. Die Veränderungen an unserer Persönlichkeit, die wir bewußt und mit Absicht auf uns nehmen, um in verschiedene soziale Gruppen Eingang zu finden und uns dort einzugliedern, sind ein Kompromiß zwischen unseren Instinkten und den sozialen Forderungen der

Gruppe. Wir versuchen, mit kleinstmöglichem Aufwand einen Ausgleich zwischen unseren Wünschen einerseits und Brauch und Sitte andererseits zu finden, wenn wir in eine Rolle nach der anderen hineinschlüpfen. In alle diese Rollen investieren wir unsere Persönlichkeit, die wiederum durch die Rollen bereichert wird.

»Wahrscheinlich ist es kein Zufall«, schreibt Robert Ezra Park in *Race and Culture,* »daß das Wort Person in seinem ursprünglichen Sinne eine Maske bedeutete. Es ist vielmehr die Erkenntnis, daß jedermann immer und überall mehr oder weniger bewußt, eine Rolle spielt . . . In diesen Rollen erkennen wir uns gegenseitig und erkennen wir uns selbst . . . In einem bestimmten Sinn – und soweit sie die Vorstellung, die wir von uns selbst haben, darstellt – ist die von uns angestrebte Rolle also unsere Maske oder unser wahres Selbst, das Ich, das wir sein möchten. Auf die Dauer wird uns die Vorstellung von unserer Rolle zur zweiten Natur und zu einem Bestandteil unserer Persönlichkeit. Wir kommen als Individuum zur Welt, wir erfinden uns Rollen, und wir werden eine Person.«

Wenn man die Bedeutung der Rollen im Prozeß der Persönlichkeitsbildung einmal erkannt hat, muß man sich als Beobachter in erster Linie fragen, wie gut oder schlecht das beobachtete Individuum seine Rolle ausfüllt und welche besonderen Bedingungen sein soziales Verhalten prägen.

EXTRAVERTIERTHEIT UND INTROVERTIERTHEIT

Es gibt heitere Menschen, mit denen man gut auskommen kann, die zugänglich sind und munter und vergnügt ihren Weg durchs Leben gehen. Sie lieben die Tat, Bewegung und Wechsel. Weltoffen, voller Interesse für Menschen und Dinge, passen sie sich mit Leichtigkeit den verschiedensten Milieus an, in die sie hineingeraten. Mit der größten Selbstverständlichkeit richten sie ihr Interesse auf Vorkommnisse und Phänomene der äußeren Welt, auf die Anschauungswelt, die Wirklichkeit. Sie fühlen sich wohl in der Gesellschaft anderer Leute und knüpfen gern neue Verbindungen.

Carl Gustav Jung hat für diesen Grundtypus des Menschen den Begriff der Extravertiertheit geprägt. Er charakterisiert den Extravertierten als Individuum, des sich stets den Standpunkt der Mehrheit aneignet. Diesem geistig-seelischen Grundtypus stellt er übrigens in seinem Werk *Psychologische Typen* die Gruppe der »Introvertierten« gegenüber, die er als verschlossene Naturen, schwer zu durchschauen und häufig mißtrauisch beschreibt.

Menschliches Verhalten spielt sich ab zwischen den zwei wesentlichen Polen: Außenwelt und Ich. Der Introvertierte richtet sein Interesse auf die Innenwelt, das Ich, und kehrt sich von der Außenwelt ab. Diese Abwendung von der Außenwelt rührt daher, daß der Introvertierte keine unmittelbare Reaktion auf Außeneindrücke kennt. Er empfindet zunächst einmal und vor allem subjektiv und schiebt zwischen Wahrnehmung und Tat sein eigenes Gefühl, sein Urteil, seine Meinung.

Die übliche Reaktion des Introvertierten läuft auf ein Innehalten, ein kritisches Verweilen und Zurückweichen auf sich selbst hinaus. Der Introvertierte verwirft grundsätzlich den Standpunkt der Mehrheit, und zwar aus dem für ihn hinreichenden einzigen Grund, sich einem Modestandpunkt nicht anschließen zu wollen.

Im siebzehnten Jahrhundert, als die Worte »extravertiert« und »introvertiert« noch in keinem Wörterbuch auftauchten, entwarf Jean de La Bruyère in seinem Hauptwerk *Les Caractères*, in dem er menschliche Verhaltensweisen an Hand der Figuren von Theophrast* beobachtet, analysiert und beschreibt zwei berühmt gewordene Typenporträts, jene des Giton und Phaidon:

»Giton hat einen frischen Teint, ein glattes Gesicht und volle Wangen, einen festen und sicheren Blick, breite Schultern, eine vorgewölbte Brust, einen festen und freien Gang. Er spricht mit Selbstvertrauen . . . Er ist munter, lacht gern, ist ungedul-

---

* Theophrast von Lesbos, altgriechischer Philosoph und Naturforscher, Schüler des Aristoteles, hinterließ seine geistreiche Charakterzeichnung in einer kleinen Schrift *Charaktere*.

dig, überheblich, leichtfertig, weltklug, undurchschaubar. Er hält sich für geistvoll und talentiert.

Im Gegensatz dazu Phaidon: Er hat tiefliegende Augen, einen müden Teint, einen dürren Körper und ein eingefallenes Gesicht. Er wirkt abwesend, verträumt, und sein Ausdruck ist, obwohl er Geist hat, töricht. Er vergißt zu sagen, was er doch weiß, oder von Dingen zu sprechen, die er sehr wohl kennt. Er ist abergläubisch, voller Skrupel, schüchtern. Er geht vorsichtig, zögernd, als fürchte er sich aufzutreten. Er bewegt sich gesenkten Auges einher und wagt nicht, die Vorübergehenden anzusehen.«

Das fortdauernde Überleben der psychologischen Typen – von Theophrast bis C. G. Jung – setzt in Erstaunen. Der reiche Giton gleicht Jungs Extravertiertem wie ein Bruder. Der arme Phaidon weist alle Eigenschaften des Introvertierten auf. Die stummen Botschaften, mit denen sie sich zu erkennen geben, würden ihnen heute das Markenzeichen »extravertiert« und »introvertiert« einbringen. Nur die Ursachen für ihre Verschiedenartigkeit werden anders als in den vergangenen Jahrhunderten beurteilt. Nach La Bruyère unterschieden sich die Menschen auf Grund ihres Vermögens und ihrer sozialen Stellung. Nach Jung ist es der Konflikt zwischen dem Bewußtsein und dem Unbewußten, der diese völlig verschiedenen Charakterbilder entstehen läßt.

Der Extravertierte findet es anregend und liebt es geradezu, vor einem größeren Publikum zu reden. Für den Introvertierten bedeutet die öffentliche Rede eine harte Prüfung. Wir wollen beide einmal nacheinander auftreten lassen.

Der extravertierte Redner kommt mit einigen Minuten Verspätung an. Er durchquert den Saal in Windeseile und erstürmt das Podium. Ein Händedruck wird gewechselt, mit dem Veranstalter oder dem Nächststehenden. Ein rascher Blick überfliegt das versammelte Publikum. Das Mikrophon bekommt einen kleinen Schubs, damit es auch schön mitmacht, und der Vortrag kann losgehen. Er hält seine Rede im Stehen. Er spricht in der ersten Person Einzahl. Seine volltönende

Stimme vibriert von Zeit zu Zeit oder wird vom Mikrophon nicht ganz erfaßt, wenn er sich beweglich nach rechts oder links wendet. Er spricht in verhältnismäßig kurzen Sätzen, die rasch und ohne Unterbrechung aufeinander folgen. Der Aufbau seiner Rede vermittelt den Eindruck einer freien Improvisation. Er begleitet seinen Vortrag mit lebhaften mimischen Gesten. Ausdrucksvolle Handbewegungen unterstreichen seine stimmlichen Modulationen. Er beugt seinen Oberkörper vor, wenn er etwas besonders genau erklären will, und richtet sich mit einer schnellen Bewegung wieder gerade auf, wenn er ein neues Thema anschneidet. Seine Blicke gehen hin und her und überfliegen von Zeit zu Zeit die Zuhörerschaft. Nur selten stützt er sich auf seine Notizen, wobei er aber seinen Vortrag nicht unterbricht. Zwischenfälle, die im Verlauf des Vortrages vorkommen (zwei Versprecher, ein Ausfall des Mikrophons, lärmende Reaktionen des Publikums), werden vom Redner sofort kommentiert und erklärt. Das Ende des Vortrages wird nicht durch Worte angekündigt, sondern durch ein bedeutungsvolles Senken der Tonhöhe, während die Arme seitlich an den Körper fallen, der zur Unbeweglichkeit erstarrt. Keinerlei Unschlüssigkeit liegt über dem Publikum; die Reaktion auf das Gehörte erfolgt prompt und geräuschvoll.

Langwierige Vorsichtsmaßnahmen begleiten das Platznehmen des introvertierten Redners auf dem Podium. Mit großer Sorgfalt überprüft er seine Notizen und legt sie vor sich hin. Er holt seine Uhr hervor und legt sie gut sichtbar neben sein Manuskript. Glas und Wasserkaraffe werden dafür zur Seite geschoben. Nun muß in einem schwierigen Verfahren Höhe und Richtung des Mikrophons eingestellt werden. Dieses reichlich ausgedehnte Zwischenspiel artet in einen versteckten Kampf zwischen Mensch und Objekt aus und macht das Einschreiten einer dritten Person notwendig, damit wieder Frieden einkehrt zwischen den beiden wichtigsten Trägern der Veranstaltung. Der Redner nimmt Platz – er bleibt bis zum Ende seines Vortrags sitzen, zieht an seinen Manschetten und legt die Hände rechts und links von seinem Manuskript auf den Tisch, hebt den Zuhörern sein Gesicht entgegen, klärt seine

Stimme durch ein Räuspern und beginnt mit seinem Vortrag.
Seine Stimme klingt leicht gezwungen und verharrt auf ein
und derselben Tonhöhe. Mehrfach fordert das Publikum:
»Lauter!« Seine Sprechweise ist ziemlich langsam. Lange
Pausen markieren wesentliche Absätze und die Aufzählung
verschiedener Punkte. Der gedehnte und verwickelte Bau
seiner Sätze zwingt ihn häufig zur Wiederholung des Haupt-
satzes oder des Subjekts. Der Redner bewegt sich kaum. Seine
Hände begnügen sich damit, zwischen seinem Gesicht, das sie
halb bedecken oder stützen, und seinen mit kleinen Notizen
übersäten Papieren, die er häufig zu Rate zieht, hin und herzu-
fahren. Von Zeit zu Zeit legt er seine Finger fächerförmig vor
den Mund, wodurch eine Art Filter entsteht, der die Stimme
undeutlich werden läßt und das Publikum hindert, die Lip-
penbewegungen des Redners zu erkennen. Inzwischen hat er
einen Punkt im Publikum ausgewählt, den er anvisiert, wenn
sein Blick sich von seinem Text einmal befreit. Wenn die
Hörer einen lauteren Vortrag fordern, hantiert der Redner
nervös am Mikrophon herum und unterbricht seine Rede.
Wenn er wieder spricht, wiederholt er seinen letzten Satz. Das
Ende seines Vortrages wird schon bei Beginn des letzten
Drittels seiner Rede angekündigt. Es tritt ein, ohne daß
Stimme und Haltung sich merkbar verändern. Das Publikum
verharrt noch einige Sekunden abwartend, bevor es sich ent-
spannt.

Extravertiertheit und Introvertiertheit gibt es nicht im Rein-
zustand; das hieße das Leben und äußere Einflüsse ausschal-
ten. Der extrem Introvertierte neigt C. G. Jung zufolge zur
Psychasthenie, der extrem Extravertierte zur Hysterie. Alle
Menschen schaffen ständig ihre eigene Verbindung von Extravertiertheit und Introvertiertheit. Je nach den äußeren Umständen und den Veränderungen ihrer eigenen Psyche
schwankt ihr Verhalten ein Leben lang zwischen diesen beiden
Polen.

Es gibt Menschen, die alle Meinungsäußerungen anderer
mit großem Vergnügen aufnehmen, aber beim leisesten körperlichen Kontakt zusammenschrecken. Andere sind vielleicht

hochsensibel und empfänglich für ästhetische Wirkungen ihrer Umgebung, isolieren sich aber gegen jede Empfindung und fürchten sogar eine Gefühlsverbindung mit Menschen, die ihren Schönheitssinn begeistern müßten. Wieder andere entfalten gegenüber ihrer Familie und ihren Freunden ein erstaunliches Maß an Zuneigung und Liebenswürdigkeit und sind gleichzeitig für ihre unerbittliche Härte im Geschäftsleben bekannt.

Extravertiertheit und Introvertiertheit sind keine Tendenzen allgemein verbindlichen Charakters. Jeder Mensch, jeder Charakter weist verschiedene Züge auf. Man kann zum Beispiel in der Redegewandtheit eines Menschen, die ja ein Zeichen von Extravertiertheit ist, nicht einfach den Schlüssel zu seinem Wesen finden. Damit wird nur ein einzelnes Element für die Einschätzung eines Charakters geliefert, das aber noch der Bestätigung, Untermauerung und Präzisierung durch weitere Eindrücke bedarf, die auf der gleichen Linie liegen.

Zu Beginn einer Sitzung ergreift ein Mann das Wort redegewandt und lebhaft und verfällt darauf in Schweigen. Nach Beendigung seiner Ansprache nimmt er sich eine Zeitung, in die er sich bis zum Ende der Sitzung vertieft.

Ist er so extravertiert, wie es seine flüssige Rede zu Beginn der Sitzung vermuten ließ? Bestimmt nicht; daß er sich auf seine Lektüre zurückgezogen hat, veranlaßt uns, unseren ersten Eindruck zu nuancieren. Während er zunächst den Zuhörern zugewendet ist und sie mit Schwung und Überzeugungskraft anspricht, wendet er sich gleich darauf von ihnen ab und nimmt sie nicht mehr zur Kenntnis. Zuerst ist er auf die Außenwelt ausgerichtet, und dann konzentriert er sich auf sein Ich. Er ist aber die ganze Zeit über mit seinen eigenen Gedanken beschäftigt gewesen, mit den Gedanken, die er ausgesprochen hat, und mit den Gedanken, die er in der Zeitung zu finden hofft. Im übrigen haben sein Verstummen und seine plötzliche Haltungsänderung vielleicht eine bestimmte Ursache. Hat er etwa gespürt, daß das Publikum seinen Ausführungen mit Zurückhaltung begegnete? Wollte er sich wichtigmachen? Ist er im Grunde schüchtern und plötzlich über seine eigene Kühnheit erschrocken? Handelt es sich um ein

Manöver, das vorher mit einem unwichtigeren Mitarbeiter verabredet wurde, der ihn ablösen und den Schluß der Diskussion
leiten sollte? Der Beobachter muß, bevor er das Etikett
»extravertiert« oder »introvertiert« anbringt, eine ganze
Menge Rätsel lösen.

Für viele Verhaltensweisen kann man keine eindeutige Erklärung finden. Ungewißheit umgibt sie wie ein Nebel, den
man mit einem einzigen Deutungsversuch nicht auflösen kann,
selbst wenn man mit erprobten und anerkannten Methoden an
die Interpretation herangeht.

Die von C. G. Jung entwickelten Begriffe der Extravertiertheit und Introvertiertheit setzten sich weltweit durch,
und die moderne Psychologie kann sich nicht von ihnen
trennen, obwohl sich in der Praxis manche ernste Bedenken ergeben. Es ist daher ratsam, sie mit Vorsicht und immer nur
mit Fingerspitzengefühl zu verwenden, vor allem auch bei der
Entzifferung der nichtverbalen Sprache.

Passanten auf der Straße lassen, ohne es zu wollen, durch
Haltung und Gangart erkennen, wo der augenblickliche An-
ziehungspunkt liegt, auf den sie innerlich ausgerichtet sind.

Ein Junge schlendert umher; er hat die Augen überall. Er
sieht sich die Passanten an, beobachtet Hunde, die sich balgen,
und auffliegende Tauben, tritt etwas abwesend eine schep-
pernde Dose vor sich her, vertieft sich in den Anblick von
Auslagen und schlägt plötzlich Wurzeln vor einer rasanten
Karosserie. Er ist sorglos, begierig auf der Suche nach Unterhaltung, Neuigkeiten, und fängt alle Außenreize ein. Wie viele
andere der Umherflanierenden ist er im Augenblick ein Extra-
vertierter. Eine Frau überholt ihn. Ihr rascher Gang, im
Gleichklang mit ihren lebhaften Schulterbewegungen, erweckt
den Eindruck, daß sie sich auf ein bestimmtes Ziel hinbewegt.
Ihre flotte Gangart hindert sie nicht, häufig den Kopf zu
drehen. Ein langer Hupton, Rufe, Schritte in ihrem Rücken,
lösen eine sofortige Reaktion aus. Ohne langsamer zu gehen,
versucht sie die Ursache dieser Geräusche zu erkennen. Sie will
irgendwo rechtzeitig ankommen und muß deshalb ohne Auf-
enthalt diesen Theaterschauplatz – die Straße – überqueren.

Trotzdem bleibt sie die ganze Zeit über wach, aufnahmebereit und fähig, die geringsten Veränderungen der Umgebung wahrzunehmen.

Der Introvertierte kennt diese ständige Wachheit gegenüber der Umwelt nicht. Das unbedeutende Geschehen auf der Straße kann ihn nicht ablenken; er ist mit sich selbst beschäftigt. Während des Gehens verfolgt er seine Gedanken, und seine Gangart bleibt unbeeinflußt durch die verschiedenen Ereignisse um ihn herum. Er verlangsamt seine Schritte nicht, um die Ursache eines Geräusches feststellen zu können. Er streckt nicht seine Hand aus, um den Prospekt eines Reklamemannes entgegenzunehmen. Er geht an schreienden Plakaten gleichgültig vorüber, und die reißerischen Überschriften an den Zeitungskiosken lassen ihn ungerührt. Seine Erscheinung verrät, daß er ganz in sich zurückgezogen ist. Sein Trenchcoat, oder seine Jacke, ist ordentlich zugeknöpft. Bei geneigtem Kopf ist sein Blick auf den Boden gerichtet, wo nichts zu sehen ist. Häufig vergräbt er die Hände in seinen Taschen, gut geschützt vor jedem unvermuteten Kontakt. Oder er hält sie auf dem Rücken, wodurch ausgeschlossen erscheint, sich ihrer rasch und tatkräftig zu bedienen. Er sucht auf der Straße weder Abwechslung noch flüchtige Begegnungen. Sein Ich beschäftigt ihn voll und ganz.

Ein Photograph, der dazu noch ausgebildeter Psychologe ist, findet es auch nach Jahren seiner Berufsausübung immer noch interessant, die aufschlußreichen Reaktionen zu beobachten, die seine Tätigkeit auf den Straßen auslöst.

Sein Vorschlag: Stellen Sie ein Mannequin in einem Haute-Couture-Kleid auf ein Pariser Trottoir. Installieren Sie einen Photoapparat mit Elektronenblitz in fünf Meter Entfernung und warten Sie ab, was passiert.

○ Ein paar lustige Brüder versammeln sich und werfen neugierige Blicke auf die Szene. Da sie nicht wagen, näher an das hübsche Mädchen heranzutreten, machen sich einige von ihnen an der Photoeinrichtung zu schaffen, um so der Erfüllung des Kontaktwunsches ein bißchen näherzukommen. Die Kühnsten unter ihnen stellen den Phototechnikern Fragen oder geben lautstark humoristische Kommentare ab. Das sind die Extravertierten.

○ Weitere Passanten fechten in ihrem Innern einen Kampf zwischen Extraversion und Introversion aus; einen Moment lang werden sie angezogen und entfernen sich dann sehr schnell, mit einem Seufzer oder einem entmutigten Schulterzucken, als wären sie verärgert, daß sie für einen Augenblick der Außenwelt auf den Leim gegangen sind. Haben sie etwa nicht ganz andere Sorgen und wichtigere Gedanken im Kopf?

○ Die Introvertierten gehen weiter, ohne ihre Schritte zu verlangsamen. Ein kurzer Blick reicht ihnen, um die Menschenansammlung, dieses Hindernis auf ihrem Weg, abzuschätzen. Sie machen sich nichts aus dieser Volksbelustigung. Sie gehen um sie herum und lassen sich nicht in ihren Gedankengängen stören.

Mit ziemlicher Sicherheit kann man das soziale Verhalten eines Menschen und seine Anpassungsfähigkeit beurteilen, wenn man einige Zeit an seiner Seite geht oder wenn man zwei Menschen beobachtet, die nebeneinander gehen. Wenn jemand Wert darauf legt, mit anderen ein gutes Einvernehmen herzustellen und gewohnt ist, sich darum zu bemühen, wird er seine Gangart ganz spontan seinem Begleiter anpassen. Er stellt sich auf dessen Rhythmus ein und stimmt sogar den Wechsel von rechts und links der Schritte auf den Partner ab. Wenn irgendwelche Hindernisse beide trennen, beschleunigt oder verlangsamt er instinktiv seine Schritte, um so schnell wie möglich wieder neben seinem Begleiter und im Gleichschritt mit ihm zu gehen. Der Introvertierte dagegen wird vielmehr dazu neigen, unbeirrt seinem eigenen Rhythmus zu folgen, den ihm seine innere Verfassung vorschreibt und der von äußeren Zufällen kaum beeinflußt wird.

Zwei Menschen, die absichtslos und natürlich im Gleichschritt gehen, stehen aller Wahrscheinlichkeit nach in guten Beziehungen zueinander. Plötzlich hält einer von ihnen sekundenlang an und geht dann ohne Gleichschritt weiter. Ein kundiger Beobachter schließt daraus, daß eine Unstimmigkeit zwischen den beiden aufgetaucht ist, die für den Augenblick die Harmonie ihrer Schritte stört. Ein versierter Experte kann auch noch aus der Entfernung aus ihrer Haltung und den beiderseitigen Bewegungen ableiten, welcher der beiden versucht, die Initiative für eine Verständigung zu ergreifen.

Bei Zusammenkünften, deren Teilnehmer sich kennen oder durch ein gemeinsames Interesse verbunden sind, finden Extravertiertheit und Introvertiertheit ihren Ausdruck durch das Aufrichten oder Entfernen symbolischer Barrieren, durch Verstärken oder Verdünnen von »Verteidigungslinien«, durch Verkleinerung oder Vergrößerung der Entfernung zwischen den Mitgliedern der Gruppe.

Wenn jemand sich in Gegenwart eines andern von einem Kleidungsstück trennt, ist das ein gutes Zeichen für seine offene Einstellung gegenüber diesem anderen. Ein Mann, der in Gegenwart anderer seinen Rock aufknöpft, seine Krawatte oder sogar seinen Gürtel lockert, schält sich sozusagen aus seinem Schutzpanzer. Nur in einer Gesellschaft von Leuten, die spannungsfrei miteinander umgehen, kann man »die Jacke ausziehen«. Männer, die sich so von ihrer Rüstung trennen, zeigen damit, daß sie ihrer Umgebung trauen; sie sind nun verwundbarer als die anderen, vertrauen aber darauf, daß diese anderen ihre Schwäche nicht ausnutzen werden.

Frauen verfügen über eine ganze Palette subtiler Ausdrucksmöglichkeiten, um bei gesellschaftlichen Anlässen den Grad ihres Vertrauens, ihres Einverständnisses und ihrer Anteilnahme zu zeigen. Nach und nach trennen sie sich etwa von Schirm, Mantel, Handschuhen, Jacke und Tuch. In einer entspannten Atmosphäre nehmen sie manchmal ihre Ohrklips ab, und wenn sie ihre Beine hinter irgendwelchen Möbeln versteckt wissen, ziehen sie auch ihre Schuhe aus. Das einzige, von dem sich eine Frau niemals trennt, es sei denn zu Hause, im Hause einer Freundin oder an ihrem Arbeitsplatz, ist ihre Handtasche.

Wenn man in Gesellschaft anderer Leute – und das gilt für beide Geschlechter – seine dunkle Brille abnimmt, zeigt man damit klar und deutlich, daß man einen direkten Blickkontakt

akzeptiert und daß man eine freimütige Verständigung anstrebt.

Haltung und Wahl des Standortes im Raum lassen ebenfalls
Ausdeutungen von Introvertiertheit und Extravertiertheit zu.
Man muß sich einmal vorstellen, wie Reisende sich in einem
Bahnabteil installieren. Viele stürzen sich auf die Eckplätze
und geben dafür als Begründung an: »Man kann etwas von
der Landschaft sehen.« Was man weniger gern eingesteht, ist
die Tatsache, daß man auf diesem Platz nur einen einzigen
Nachbarn neben sich hat. Der Introvertierte, der sich einen
Fensterplatz sichert, läßt das Rouleau herab und demonstriert
so auf stumme Weise, daß ihm die Landschaft gleichgültig ist.
Wenn möglich, richtet er den Klapptisch zwischen sich und
seinem Gegenüber auf und zieht die Armstütze herunter, die
ihn von seinem Nachbarn trennt. Er entfaltet eine Zeitung als
breiten Schutzschild, hinter dem er sich von allen anderen Ab-
teilinsassen isolieren kann; oder er schließt die Augen, um sich
dem Angriff zufälliger Blicke zu entziehen. Mit diesen Vorsichtsmaßnahmen möchte er sich ganz fest gegenüber seiner
Umgebung verschanzen. Niemand soll ihn stören können in
seinem Schlaf oder in seiner vorgetäuschten Lektüre.

Eine Frau erscheint in der Tür des Zugabteils. Zwei Plätze
sind offensichtlich unbesetzt. Die Frau erkundigt sich trotzdem
mit lauter Stimme, ob die Plätze frei sind. Mit entsprechenden
mimischen Bewegungen, geräuschvollem Seufzen und Stöhnen
gibt sie den sitzenden Mitreisenden zu verstehen, daß ihr
Gepäck zu schwer für sie ist. Irgend jemand steht auf, um ihre
Koffer im Gepäcknetz unterzubringen, und zwar genau dort,
wo ihr ausgestreckter Zeigefinger hinweist. Nun zieht sie mit
lebhaften Bewegungen einen Teil ihrer Sachen aus, wobei
Mantel und Schal immer wieder mit ihren nächsten Nachbarn
in Berührung kommen. Schließlich setzt sie sich hin, nachdem
sie allerdings vorher an den Knöpfen der Heizungsregulierung
gedreht und aus ihrer Tasche eine Handarbeit und ein Pick-
nickpaket hervorgeholt hat, das sie nun ungerührt auspackt.
Kurz darauf zieht der Duft ihrer Butterbrote in die Nasen
ihrer Mitreisenden. Kein Zweifel, eine Extravertierte hat soeben Einzug gehalten.

KONFORMISMUS UND NONKONFORMISMUS

Wir alle sind unablässig sozialen Zwängen ausgesetzt. Sie bestimmen unsichtbar und unausweichlich unser Leben bis in die kleinsten Einzelheiten. Wir müssen die Straße auf dem Zebrastreifen überqueren, in der Kirche den Hut abnehmen, ihn aufbehalten in der Synagoge. Unsere Mahlzeiten beenden wir mit einem süßen Gericht und unsere Briefe mit einer Höflichkeitsformel. Es wird erwartet, daß wir uns vor dem Kino brav in einer Schlange anstellen, bei einer Begrüßung die Hand ausstrecken und Leuten, die befördert oder ausgezeichnet wurden, unsere Glückwünsche aussprechen. Wir sind eingespannt in ein dichtes Netz von Konventionen und Vorschriften.

Bestimmte Menschen fühlen sich eins mit den Ansprüchen der Gesellschaft; sie assimilieren sich ihren Regeln so ohne jeden Bruch, daß sie sich mit deren Inhalten zu identifizieren vermögen. Diese Menschen unterwerfen sich sozialen Forderungen, ohne auch nur darüber nachzudenken, eben weil sie sie natürlich finden; sie würden niemals den Versuch machen, sich ihnen zu entziehen. Das sind die Konformisten mit ihrem fügsamen und braven Naturell.

Die Nonkonformisten und Antikonformisten stehen den Vorschriften und Sitten der Gesellschaft kritisch gegenüber. Sie fühlen sich in ihrer Unabhängigkeit beeinträchtigt und meinen, daß die ihnen aufgezwungenen Konventionen und Normen ihre Persönlichkeit, ihre Phantasie und ihre schöpferischen Fähigkeiten einschränken. Sie sträuben sich dagegen, diskutieren, lehnen sich auf, rebellieren. Das Zusammenleben mit ihnen ist nicht einfach, und man kann sie nicht bequem dirigieren; aber die originellen Ideen und neuen Gesichtspunkte, die manche von ihnen entwickeln, sind sicherlich nicht uninteressant.

Ganz allgemein kann man sagen, daß der Grad unserer Anpassung an die Vorschriften, nach denen wir unsere äußere Erscheinung und unser soziales Verhalten ausrichten, zugleich beweist, inwieweit wir mit der Gesellschaft, die diese Vorschriften diktiert, einverstanden sind. Die Weigerung, sich anzupassen, läßt eine ablehnende Haltung gegenüber der Gesellschaft erkennen, die viel tiefgreifender ist, als es den Anschein hat. Jemand, der sich anders kleidet als die Leute, in deren Mitte er seit jeher lebt, stellt damit zugleich die Lebensweise, Sitten, Moral und Ideologie, die diese Gruppe prägen, in Frage.

In seinem Werk *Der Mensch im Zwang des Territoriums* analysiert Robert Ardrey ein frappantes Beispiel einer kollektiven Integrationsverweigerung, eines Widerstandes, der sich durch die Kleidung und äußere Erscheinung ausdrückte. Es handelt sich um die Juden in der Diaspora und deren allgemeines Verhalten im Westen. Die christlichen Völker empfingen sie, wie man weiß, mit gemischten Gefühlen.

»Wenn der Antisemitismus den christlichen Völkern Vorteile brachte, so hatte er auch für die Juden selbst ein günstiges Ergebnis. Sie mußten das Problem ihrer völkischen Integrität lösen, mit dem keine westliche Nation je konfrontiert war. Wie sollten sie das bewerkstelligen, da sie doch kein Territorium besaßen, das ihre Abgrenzung nach außen garantiert hätte. Sie hatten nichts als ihre Erinnerungen. Der Antisemitismus half ihnen und sandte sie in den düsteren Schutz des Ghettos. Sie verboten ihren Kindern den Umgang mit Christen. Ihre Rabbis hielten ihre Erinnerung frisch. Die jüdische Familie wurde das Gegenstück der griechischen Phalanx. Die Juden verweigerten sich mit Entschiedenheit den Bräuchen ihres Gastlandes und unterschieden sich von dessen Bewohnern durch ihre bizarre Kleidung, ihren langen Bart und ihre Eßgewohnheiten.«

Langer Bart, bizarre Kleidungsstücke . . . Die Hippies, Rocker, Provos, Protestler aller Zeiten verfallen auf die gleichen Attribute, um ihre Unzufriedenheit mit der Gesellschaft zu zeigen und Individualität eigensinnig zu betonen.

Zwischen Rebellentum und Provokation einerseits und striktem Konformismus andererseits öffnet sich ein breiter Fächer von Verhaltensweisen, die Abhängigkeit und Unabhängigkeit in wechselnden Kombinationen demonstrieren. Auf beiden Seiten des Atlantiks hat man Forschungsarbeiten betrieben, die zu dem Ergebnis führten, daß die Konformisten in einer beliebigen Gesellschaft einen Prozentsatz von 75 bis 90 Prozent ausmachen, wogegen die Nonkonformisten sich zwischen 25 und 10 Prozent bewegen. Zu den Nonkonformisten zählt man auch die Leute, die geschickt zwischen beiden Verhaltensweisen pendeln, was ihnen ein Maximum an Vorteilen verschafft. Das Mischungsverhältnis, das jeder einzelne für sich wählt, zeigt sich sehr oft im Stil seiner Kleidung und seiner äußeren Erscheinung.

Unsere heutigen Normen verlangen von einem Mann im Geschäftsleben, daß er tadellos und akkurat angezogen und sauber rasiert ist. Sein Haarschnitt sollte kurz genug und ordentlich sein.

Andere berufliche Milieus mit liberaleren, weniger starren Strukturen erlauben dagegen in Kleidung und Frisur jede Kühnheit. Intellektuelle und Künstler sowie Angehörige humanwissenschaftlicher Berufe heben sich häufig durch farbenfreudige Kleidung aus ungewöhnlichem oder geradezu seltsamem Material und durch eine höchst phantasievolle Haartracht vom einheitlichen Erscheinungsbild der Menge ab.

Diese zwei ganz gegensätzlichen Verhaltensweisen überlagern und verbinden sich auf sehr pittoreske Weise in bestimmten Berufszweigen: bei der Presse, der Haute Couture, beim Design. In der Werbebranche herrscht das schönste Durcheinander beider Gruppen: in einer Werbeagentur arbeitet der Geschäftsführer, ein Anzug-Krawatte-Typ in Reinkultur, Hand in Hand mit dem struppigen langmähnigen Zeichner, der in Wildleder mit Silberborten gewandet ist.

Bei einem Mann, den man nach seiner Gesamterscheinung auf den ersten Blick in die Gruppe »Geschäftsmann« einstuft, verrät schon eine geringfügige Abweichung vom Üblichen seine Abneigung und seinen versteckten Protest gegenüber dem Gewohnten. Eine flammende Krawatte im Rahmen eines ultraklassischen Anzugs läßt auf Exhibitionismus schließen; die Psychoanalyse hat seit geraumer Zeit die Krawatte als eines der modernen Symbole für das männliche Glied klassifiziert. Der riesengroße Siegelring mit phantastisch verschlungenen Initialen weist häufig seinen Träger als

Selfmademan aus. Trotz seines persönlichen Erfolgs bedrückt
ihn sein bescheidenes Herkommen. Mehr als er zugeben
würde, beeindrucken ihn Lebensformen und Wertvorstellun-
gen, die er für aristokratisch hält und die er sich insgeheim zu
eigen machen möchte. Die goldene Uhr in der Westentasche
verrät eine starke Sehnsucht nach der Vergangenheit, nach der
Kindheit – oder eine lange Ahnenreihe von Uhrmachern! Ein
unverhältnismäßig langer Fingernagel am kleinen Finger
deutet auf Narzißmus und feminine Züge hin. Der Schirm mit
einem Knauf in Tierform steht für Anglomanie, Snobismus
oder einen weitgetriebenen Ästhetizismus. Wer eine Militär-
satteltasche zur Aktentasche umfunktioniert, beweist damit,
wie sehr er von Soldatentum und Kriegsgeist fasziniert ist.

Alle diese exzentrischen Details sind stumme Proteste gegen
die Normalausführung einer Kleidung, wie sie ein Beruf vorschreibt. Wer sich mit ihnen schmückt, möchte – zumindest
auf einem bestimmten Gebiet, wo er keine Einmischung duldet
– seine Unabhängigkeit retten.

Bestimmte Berufszweige verlangen von ihren Mitgliedern,
daß sie eine vorgeschriebene Uniform oder ein besonderes,
ihrer Tätigkeit angepaßtes Kleidungsstück tragen: Beispiele
sind der weiße Kittel der medizinischen Berufe, die uniform-
ähnliche Kleidung der Hostessen und Verkäuferinnen, der
tressenbesetzte Anzug des Portiers, Smoking und Küferschurz
des Hotelpersonals, der weiße Anzug und die blütenweiße
Kochmütze des Küchenchefs, Mechanikeranzüge . . .

Immer seltener tritt die Uniform im öffentlichen Leben in
Erscheinung, aber auf dem privaten Sektor verhilft sie dazu,
das Personal mit einem Blick ausfindig zu machen. Sie
markiert außerdem die verschiedenen Stufen der jeweiligen
Hierarchie.

Das Personal eines Restaurants – Kellner, Getränkekellner,
Oberkellner – trägt eine jeweils auf seine Tätigkeit bezogene,
von der Tradition bestimmte Kleidung; der Besitzer oder die
Besitzerin des Lokals dagegen zieht sich nach dem eigenen
Geschmack an. Das gleiche gilt für Frisiersalons, Kosmetik-
institute und viele Geschäfte. Angestellte, die zur Bedienung
des Publikums da sind, werden kenntlich gemacht durch

ihre gleichartige Kleidung, die sie entpersonalisiert und sie austauschbar macht. Ranghöhere Angestellte – beispielsweise der Friseurmeister oder Abteilungsleiter in einem Warenhaus – haben das Recht, sich nach eigenem Geschmack anzuziehen. In verschiedenen Berufen stellt die freie Wahl der Kleidung ein hart umkämpftes Privileg dar.

Die Armee, religiöse Orden, Jugendorganisationen, die Strafvollzugsorgane und große Institutionen, die den Willen des Individuums brechen müssen, um Gehorsam und Homogenität ihrer Mitglieder zu erzielen, haben seit jeher ähnliche Maßnahmen ergriffen und tun es zweifellos noch immer. Dem Neuankömmling werden seine Kleidung und seine persönlichen Sachen ganz oder teilweise weggenommen. Seine Haare werden geschnitten oder sein Kopf kahl geschoren. Erst dann wird er in die neue Uniform eingekleidet.

Nun läßt sich die Unterwerfung der Betroffenen noch erklären, wenn man an das frühere Prestige der Armee, an religiöse Ideale oder die nackte Gewalt der Ketten denkt; aber bei Laien und Zivilpersonen steht das Ansehen der Uniform heutzutage nicht hoch im Kurs.

Vielleicht sind manche Hostessen von ihren netten knappen Kostümen noch ganz angetan, aber wie viele junge Verkäuferinnen sind unglücklich über die Berufskleidung, die man ihnen aufzwingt. Wer aus Berufsgründen eine Uniform tragen muß, ist meistens überhaupt nicht damit einverstanden. Passive und ergebene Charaktere fügen sich in die langweilige Gleichförmigkeit. Mutigere, entschlossenere, dynamischere Temperamente suchen und finden tausend kleine Tricks, um die Trostlosigkeit der Einheitskleidung aufzuheitern, die Strenge eines Kostüms abzumildern oder einer weißen Bluse persönlichen Pfiff zu geben. Mit Make-up, Schmuck, Brille, Frisur und anderen Accessoires unterlaufen die Antikonformisten geschickt und unbekümmert alle Vorschriften.

Auf Kongressen versammeln sich Leute, die durch gleiche Interessen, ähnliche Berufe oder eine ähnliche Ausbildung miteinander verbunden sind. Dort erkennt man unverbesserliche Individualisten etwa daran, daß sie sich sträuben, die für alle

Teilnehmer vorgesehene Namensplakette zu tragen. Manche
lassen sie in den Tiefen einer Tasche verschwinden oder
stecken sie an ihren Mantel, den sie an der Garderobe
abgeben. Andere befestigen sie so an ihrer Jacke, daß sie vom
Revers verdeckt wird. In anderen Fällen ist die Plakette zwar
schön sichtbar plaziert, nur leider total verkehrt herum, und
man muß sich den Kopf verrenken, um den Namen des
Trägers zu lesen. Schließlich sieht man noch Kongreßteilnehmer, die ganz ungeniert eine leere Plastikhülle an ihrem Revers
spazierenführen; das Namensetikett ist daraus verschwunden.

Diese Tricks werden mehr oder weniger offen und bewußt
angewandt, führen aber in jedem Fall zum gleichen Ziel. Ohne
Plakette sind Kongreßteilnehmer sehr schwer zu identifizieren.
Manche möchten aber so lange wie möglich in der
Anonymität ihre volle Bewegungsfreiheit behalten. Sie wollen
in aller Ruhe nur die Kontakte knüpfen, die ihnen interessant
erscheinen, ohne von Langweilern oder Schmarotzern
aufgehalten zu werden. Ihr Verhalten hat aber wohl auch
tiefere Ursachen: Sie ertragen es nur schwer, mit einem Etikett
versehen zu werden, durch ein paar berufliche Übereinstim-
mungen abgestempelt zu werden, in den Augen der anderen
auf diese Funktionen verkürzt zu sein.

Geistig unabhängige Frauen beweisen oft einen entschlos-
senen Widerstand gegenüber dem Diktat der Mode. Je
verrückter die Mode wird, je mehr sie wechselt, je unharmo-
nischer und marktschreierischer sie wird, um so entschiedener
bleiben wirklich originelle Frauen ihrem eigenen Stil treu. Sie
brauchen echte Charakterstärke, um sich dem Diktat der
Mode und den kategorischen Empfehlungen der Modezeit-
schriften zu entziehen; ihnen liegt daran, ihre äußere Erscheinung mit ihrer eigenen Persönlichkeit in Einklang zu bringen
und nicht blind modischen Zufälligkeiten zu folgen.

Frauen beweisen ihren Nonkonformismus auch, wenn sie
darauf verzichten, ihre Kleidung einem bestimmten Anlaß
anzupassen, oder wenn sie sich kleine Abweichungen vom
allgemein Üblichen leisten. Wer in Tenniskleidung ins
Kaufhaus, ohne Make-up ins Büro, im Laborkittel ins Selbst-

bedienungsrestaurant, zu einer Premiere ohne Schmuck geht, läßt eine gewisse Mißachtung der Konventionen erkennen und genügend Selbstsicherheit, um sich über diese hinwegzusetzen.

Unabhängigkeitsstreben oder die Bereitschaft zur Unterordnung bestimmen auch die Haltung des einzelnen gegenüber geschriebenen oder ungeschriebenen Vorschriften auf der Straße und in der Öffentlichkeit.

Der Konformist folgt allen Anweisungen peinlich genau. Er schließt die Tür, wenn ein Schild es ihm befiehlt; die Fußmatte vor der Treppe veranlaßt ihn, gewissenhaft seine Schuhe abzutreten; er wartet auf »Grün«, bevor er die Straße überquert. Erst wenn der Zug tatsächlich hält, steigt er aus. Um den Rasen mit dem Schild »Betreten verboten« macht er einen Bogen, und er würde nicht auf den Gedanken kommen, eine Tür mit der Aufschrift »privat« zu öffnen. Er versucht nicht, sich in einen überfüllten Aufzug hineinzudrängen oder eine automatisch schließende Straßenbahntür mit Gewalt zu öffnen. Er stellt sich fügsam in einer Schlange an und holt seine Fahrkarte heraus, sobald ein Schaffner erscheint. Selbstverständlich läßt er Frauen an der Tür den Vortritt und nimmt in ihrer Gegenwart den Hut ab. Niemals mißachtet er ein »Rauchen verboten«. Anmeldezettel im Hotel und jedes amtliche Formular, das in seine Hände gerät, wird von ihm von A bis Z ausgefüllt. Im Kino setzt er sich auf den Platz, den die Platzanweiserin ihm zuweist; im Restaurant folgt er bereitwillig den Empfehlungen des Kellners und wählt häufig das Tagesmenü. Er ist durchdrungen von dem Bewußtsein, daß bestimmte Dinge »sich gehören« und andere »sich nicht gehören«; sein Benehmen ist förmlich und untadelig; er legt das Gesetz nach dem Buchstaben aus. Niemals überrascht oder schockiert er seine Umgebung; er ist ein Herr, wie er im Buche steht.

Der Nonkonformist setzt sich leichten Herzens über Brauch und Sitte hinweg. Wenn er in Eile ist, stürmt er im Laufschritt über die Straße, über Treppen, durch Flure; Transportmittel besteigt und verläßt er fliegenden Fußes; er drängt sich vor, um schneller am Schalter oder an der Kasse anzukommen. Wo andere flüstern, spricht er mit lauter Stimme. Er kämmt sich in aller Öffentlichkeit, durchstöbert Wartesäle bis in den letzten Winkel, stellt sich nicht vor, wenn man es erwarten würde, und leistet sich überhaupt Verhaltensweisen, die allgemein als »unmöglich« gelten; er schwingt seinen Regenschirm, zeigt mit dem Finger auf andere, setzt sich, bevor die Dame des Hauses Platz genommen hat, fischt ohne Scheu das beste Stück aus der Schüssel. Im Restaurant wirft er die Reihenfolge der Gänge durcheinander und interessiert sich vorzugsweise für ungewöhnliche Gerichte. Er raucht, wenn es ihm Spaß macht, auch wenn kein Aschenbecher im Raum zu entdecken ist; er zieht seinen Mantel aus, auch wenn er nicht dazu aufgefordert wird, Leute, die er überhaupt nicht kennt, spricht er in vertraulicher Weise an. Seinen Wagen stellt er ab auf Parkplätzen, die anderen gehören, beim Autofahren wechselt er dauernd die Fahrbahn, fährt schnell oder langsam, wie es ihm gerade gefällt, ohne Rücksicht auf Motorleistung oder Durchschnittsgeschwindigkeit. Er hat weder Angst vor der Polizei noch vor der Meinung anderer Leute.

DER MENSCH, DEN ICH BEOBACHTE

Der Amerikaner Lawrence Wylie, Professor für französische Literatur an der Harvard-Universität, teilte dem französischen Publikum im Laufe eines Fernsehinterviews eine sehr lehrreiche Entdeckung mit. Nach seinen Beobachtungen und Untersuchungen auf dem Gebiet der körperlichen Ausdruckssprache hat dieser Mann, der Frankreich genauso gut wie die USA kennt, festgestellt, daß die Körperhaltungen eines Amerikaners und eines Franzosen genau die jeweilige Sprechweise widerspiegeln.

Französisch, sagte er, wird in gleichbleibender Tonlage gesprochen; Betonungen und Modulationen sind selten. Dabei erhob sich Lawrence Wylie von seinem Platz. Während er in tadellosem Französisch mit neutraler Stimme seine Sätze formulierte, ging er vor der Kamera auf und ab, mit erhobenem Kopf, geraden Schultern, angelegten Ellbogen; seine Beine und Oberschenkel bewegten sich, aber oberhalb seines Gürtels blieb sein Körper ruhig, fast starr. Plötzlich fiel er in seine Muttersprache zurück, sprach seinen näselnden Akzent mit häufig wechselndem Tonfall und Tempoänderungen. Gleichzeitig nahm seine Erscheinung ein gelockertes, lässiges Aussehen an. Seine Schultern und Hüften vollführten ungenierte Rollbewegungen nach reinster nordamerikanischer Tradition. Der Vorgang war sehr komisch und liefert gleichzeitig den besten Beweis für die vorgetragene Theorie.

Lawrence Wylie hat sein letztes Studienjahr außerhalb der Universität Paris an der Schule »Mimik, Bewegung, Theater« von Jacques Lecoq (den wir bereits erwähnt haben) verbracht. Dort entdeckte er die Ausdrucksmöglichkeiten seines eigenen Körpers und lernte die Körpersprache der anderen kennen.

Haltung und Gangart seiner Arbeitskollegen beschreibt er in der französischen Zeitschrift *Psychologie* (Nummer 43/1973) folgendermaßen:

»Franzosen gehen sehr aufrecht mit gerade ausgerichteten Schultern und steifem Oberkörper; sie bewegen die Schultern so sparsam, als ob der Raum um sie herum begrenzt wäre.

Ganz anders die Angelsachsen: sie wiegen unbekümmert Schultern und Hüften und schleudern ihre Arme, als ob sie sich in unbegrenzten Weiten bewegten und weder von Menschen noch von Gegenständen eingeengt werden könnten. Amerikaner gehen übrigens leicht vorgebeugt; ihre Armhaltung erlaubt es ihnen, rasch in Aktion zu treten; sie ähnelt der eines Kämpfers, der seinem Feind gegenübertritt.

Nicht zu vergleichen mit ihnen allen sind die Dänen Ingrid und Jakob, die sich sehr gerade halten; wenn sie sich aber mit jemandem unterhalten, drehen sie den ganzen Körper von den Hüften ab in einer ziemlich starren Haltung zu ihm hin. Eine ihrer typischen Gesten ist ein Kopfnicken, das an einen Vogel erinnert. Die Japanerin Hiroico hat einen seltsam steifen Hals. Sie erklärt uns, daß man den japanischen Kindern verbietet, den Kopf zu drehen. Die Höflichkeit gebietet, daß man sich mit Kopf und Schultern zugleich umwendet und nicht nur den Hals dreht, um nach rechts oder links zu sehen. Der Kongolese Joseph wirkt leicht angespannt wie eine gut geölte Feder, aber diese Spannung in seiner Haltung wird verdeckt durch eine anmutige Geschicklichkeit, die bei oberflächlicher Betrachtung an amerikanische Lässigkeit erinnert.«

HÄNDEDRUCK UND WILLKOMMENSGESTEN

Politische Beobachter und Journalisten haben sich angewöhnt, die Dauer der körperlichen Kontakte zwischen Staatsmännern, denen das Schicksal der Nationen anvertraut ist, sorgfältig zu verzeichnen. Ein in die Länge gezogener Händedruck ist nach ihrer Meinung als günstiges Zeichen zu werten, besonders wenn die handelnden Personen gleichzeitig Blickkontakt halten. Das war der Fall bei einem historischen Händedruck zwischen dem Vorsitzenden Mao und Henry Kissinger: er dauerte neunzig Sekunden.

Eine Nummer der Zeitschrift *Le Spectacle du Monde* (Nummer 141, Dezember 1973) enthält ein ähnliches Dokument von einem Treffen Giscard d'Estaings mit Rapine. Ihr Händedruck läßt den relativen Mißerfolg des Treffens bereits ahnen.

Die Entfernung zwischen den Partnern ist sehr groß. Giscard d'Estaing hält seinen Arm fast ganz ausgestreckt, um die Hand seines Gegenübers zu ergreifen, und sein Daumen legt sich wie eine Barriere quer über den Handrücken von Herrn Rapine; fast berührt er seinen Ärmel. Seine freie Hand hält er gut verborgen in der Tasche, was ein ganz eindeutiges Zeichen von Vorsicht und Reserve ist. Es sieht zwar so aus, als sei der Blickkontakt hergestellt, aber der steif aufgereckte Kopf Giscard d'Estaings und sein sehr gemessenes Lächeln halten seinen Partner auch moralisch auf Abstand. Dagegen zeigt Herr Rapine mit vorgeneigtem Kopf, hochgezogenen Brauen und gerunzelter Stirn ganz deutlich, daß er in der schwierigen moralischen Situation des Bittstellers auftritt.

Die Photographie kann leider nicht die innere Dynamik dieses Gestenaustauschs wiedergeben. Wer von beiden war es zum Beispiel im Fall Mao Tse-tungs und Henry Kissingers, der so lange und besitzergreifend oder nur einwilligend und eher passiv die Hand des andern hielt? Von wem ging der Impuls aus, der dieses Händeschütteln so schwungvoll in Bewegung setzte? Wer gab das Zeichen zum Aufhören? Und welche

Energiemenge wurde von den Muskeln der vereinigten Hände im zweiten Beispiel mobilisiert? Diese präzisen Fragen könnten in jedem einzelnen Fall nur von den handelnden Personen selbst beantwortet werden. Forschungsarbeiten und Versuchsreihen haben jedoch die Bedeutung bestimmter Formen des Informationsaustauschs im Zuge eines Händedrucks entziffern können.

Der Händedruck beginnt mit einer Bewegung des Unterarms, die von beiden Partnern gleichzeitig oder von einem der Partner mit Verzögerung ausgeführt wird. Bei uns ist ein Händedruck, übrigens fälschlicherweise Shakehands genannt (die Engländer sagen *hand-shake),* üblich, wenn zwei Personen, die sich nicht kennen, einander vorgestellt werden; außerdem, wenn zwei Personen, die sich kennen, zum erstenmal im Laufe des Tages sich treffen. Es besteht praktisch kaum Unsicherheit darüber, ob ein Händedruck jeweils angebracht ist.

Schon das kleinste Zögern bei der Anfangsbewegung des Unterarms läßt die Einstellung der beiden Partner zueinander teilweise erkennen. Wenn jemand die Hand ausstreckt, zurückzieht, erneut ausstreckt, beweist er damit entweder seinen Widerwillen gegen den Kontakt mit der Hand des andern, oder er fürchtet, daß seine Geste unerwünscht ist und seine ausgestreckte Hand ins Leere stößt oder eine Hand ergreift, die ihm nur zögernd und widerwillig überlassen wird.

Ziemlich eindeutig ist es, wenn jemand als Reaktion auf die bereits ausgestreckte Hand des andern seinen Arm in sparsamster Weise vorstreckt, ihn nah bei sich behält, wodurch er seinen Partner zwingt, seinerseits drei Viertel der Entfernung zu überwinden. Damit versetzt er den anderen zwangsläufig in die Lage des Bittstellers. »Meine Hand ist bereit, die Ihre anzunehmen«, will er eigentlich sagen, »aber nur, weil Sie Wert darauf legen. Sie sollten sich darüber klar sein, daß die Bemühung auf Ihrer Seite liegen muß und daher Sie die ganze Wegstrecke allein zurücklegen müssen.«

Es kann dagegen auch sein, daß derjenige, der die Initiative ergreift, mit einer schnellen Bewegung seinen Arm in ganzer Länge ausstreckt und damit eine Grenze markiert, die der andere nicht überschreiten darf. »Es ist eben unvermeidlich, daß wir uns die Hand geben«, sagt der ausgestreckte Arm, »aber versprechen Sie sich davon bloß keine Vertraulichkeit.«

Wer dem Händedruck des Partners drei passive Finger überläßt, beweist damit Herablassung. Daraus spricht eine gewisse Geringschätzung, die übrigens auch dem Händedruck als institutionalisiertem Ritus gelten kann. Der gleichgültige Händedruck gehört oft zu einem Intellektuellen, dessen wahres Leben sich in der Sphäre der Abstraktion und der Begriffe abspielt. Er mißt körperlichen Kontakten, der körperlichen Existenz überhaupt, wenig Bedeutung zu. Seine Geste gibt zu verstehen: »Fügen wir uns dem Brauch, obwohl dieser Kontakt unserer Hände höchst uninteressant ist. Für mich zählt etwas anderes; wir können uns auf einem anderen Gebiet begegnen.«

Ein plötzliches Zurückziehen der Hand nach dem Händedruck verrät oft einen Mangel an Sicherheit. Der Mensch, dessen Hand sich auf den Händedruck eingelassen hat, erschrickt auf einmal über seine Kühnheit und möchte so schnell wie möglich den Rückzug antreten. Vielleicht wohnt in tiefen Schichten seines Bewußtseins noch eine archaische Furcht: seine Hand könnte verschwinden oder im Griff der anderen Hand auf immer verlorengehen.

Eine freimütige Hand, die die andere fest ergreift und Kontakt mit Fingern und Handteller sucht, beweist eine offene und freundliche Einstellung. Sie zieht sich nicht heimlich zurück, hält sich aber auch nicht überlang auf und erfüllt einfach ihre Funktion: die einer Kontaktaufnahme zwischen freundlichen Menschen.

Der Händedruck ist aus einer viel älteren Geste entstanden, die uns zurückführt zum Anfang der geschichtlichen Zeit. Wenn zwei Männer sich begegneten, hoben sie beide gleichzeitig ihre Hände über den Kopf, um zu signalisieren und auch zu beweisen, daß sie keine Waffen trugen. Zwischen diesem primitiven Gruß – der in Kriegszeiten und beim Ausbruch offener Feindseligkeiten auch heute noch üblich ist – und unserer heutigen Grußgeste ist der »römische Gruß« einzuordnen. Die Römer ergriffen, um sich zu begrüßen, gegenseitig ihre Unterarme; man kann diese Geste in den Ländern rund um das Mittelmeer auch heute noch häufig sehen.

Unserem westlichen Bewußtsein ist nicht mehr gegenwärtig, daß unser Händedruck, den wir mit unseren Gästen oder im Büro austauschen, einmal zum Ausdruck bringen sollte, daß wir keine Angriffswaffen mit uns führen. Wir sind vielmehr überzeugt, daß wir lediglich eine banale Geste der Höflichkeit ausführen.

Viele Leute machen sich den Händedruck zunutze, um ihre körperliche Kraft zur Schau zu stellen. Sie greifen voller Eifer nach der ausgestreckten Hand, drücken sie, pressen sie und brechen einem fast die Finger. Der Händedruck artet zu einem Kampf aus, wobei derjenige, der die Feindseligkeiten mit seinem zermalmenden Druck eröffnet, die besten Siegeschancen hat. Der Überraschungseffekt kommt ihm zugute, und die Muskulatur der Hand, die blitzschnell in seinen Schraubstock gerät, kann nicht rechtzeitig reagieren. Offenbar ist der Schnellere immer im Vorteil.

Häufig wird physische Kraft mit Männlichkeit verwechselt; daher gewöhnen sich viele Heranwachsende einen energischen Händedruck an, aus dem man seine eigene Hand nur halb zerquetscht retten kann. Diese sinnlose Kraftentfaltung verrät die Unsicherheit des Halbwüchsigen über seine sexuelle Identität, die er überwinden möchte. Ungeschickt versucht er, seine Männlichkeit zu beweisen, indem er seine junge, stürmische Energie zur Schau stellt.

Auch manche Frauen reichen ihrem Partner eine spröde und harte Hand. Ihr Händedruck ist aktiv und eindringlich; er wird für männlich gehalten, deutet aber nicht unbedingt auf Aggressivität hin, sondern verrät eher den Entschluß, die Weiblichkeit für den Augenblick einmal beiseite zu lassen. »Nein«, sagt diese feste Hand, »ich bin nicht dieses kleine, weiche, zarte und passive Etwas des weiblichen Stereotyps. Ersparen sie mir die Aufmerksamkeiten, die meinem Geschlecht aus Tradition erwiesen werden. Behandeln Sie mich als gleich und ebenbürtig. Meine Entschlußkraft, meine Energie stehen nicht hinter der Ihrigen zurück.«

Frauen, die sich im Beruf durchsetzen, haben schließlich meist auch privat einen Händedruck, der sich kaum von dem Händedruck unterscheidet, den sie zunächst hauptsächlich ihren geschäftlichen Beziehungen vorbehalten hatten.

Den wirklich autoritären und aggressiven Händedruck kann man leicht erkennen. Jemand ergreift Ihre Hand, drückt sie fest und zwingt Sie plötzlich zu einer Drehung. Auf Ihre horizontal nach oben gewendete Handfläche legt sich die seine mit Herrschergeste und veranschaulicht haargenau die Situation, die er für Ihre Beziehungen anstrebt: Sie unten, er oben. Wenn Ihnen andererseits jemand die Hand reicht mit gedrehtem Handgelenk und von vornherein nach oben gewendeter Handfläche, so signalisiert er Ihnen seine vollständig ergebene Einstellung.

Die Amerikaner haben die anschauliche Bezeichnung *cold fish* für die unbewegte, formlose, inaktive Hand, die in der Hand des Partners strandet. Dr. Jean Bergès nennt in seinem Buch *Les gestes et la personnalité* diese Hand die Hand der Verweigerung. »Weigerung, der zu sein, der die Hand ausstreckt, oder dem man die Hand reicht, Weigerung, zu geben oder entgegenzunehmen, Weigerung, dem anderen auf gleicher Ebene zu begegnen.«

Die Hand vom Typ »cold fish« gehört paradoxerweise nicht selten einem stämmigen Mann oder einem Athleten. Da er die vernichtende Überlegenheit seiner Körperkräfte kennt und weiß, daß er Schwächere unabsichtlich verletzen könnte, reduziert er seinen Händedruck bis zur Bewegungslosigkeit. Eine derart wesenlos wirkende Hand kann der Ausweis eines Künstlers, Gynäkologen, Chirurgen, Kunsthandwerkers, Boxers . . . sein. Er möchte die Hand als sein wertvollstes Werkzeug schützen und versucht, die eventuelle Aggressivität der ihm entgegengestreckten Hand zu entschärfen, indem er seine eigene Hand ganz leblos wirken läßt. Der Händedruck Marke »cold fish« wird niemals als sympathisch empfunden, ob man nun die Ursache für seine Laschheit kennt oder nicht. In den USA bezeichnet man ihn schlicht und einfach als »unamerikanisch«.

Noch schlechter im Ruf steht der klamme, warme, feuchte Händedruck. Er ruft ausnahmslos Abneigung hervor. Wer mit schwitzenden Handflächen geschlagen ist, leidet gewöhnlich ganz furchtbar unter diesem Übel. Schon die Aussicht auf einen Händedruck verzehnfacht die ohnehin vorhandene Angst und löst einen gerade dann höchst unpassenden Schweißausbruch aus. Fieberhaft knüllt der Unglückliche ein Taschentuch in seiner Hand zusammen; hat er kein Taschentuch, trocknet er seine Handflächen hastig, indem er über den Anzugstoff seiner Hose fährt oder sie gegen irgendeine frische, trockene Fläche in seiner Reichweite preßt. Bei Heranwachsenden sind feuchte Hände eine häufige und beinahe normale Erscheinung; bei Erwachsenen lassen sie auf eine starke Erregbarkeit und Angstgefühle schließen, die für die Betroffenen zeitweise unerträglich werden können.

Als letzte Möglichkeit bleibt noch übrig die Hand, die verweigert wird. Sie strecken die Hand aus, und Ihr Partner reagiert nicht auf Ihre Geste. Wenn er Sie dabei klar und deutlich ansieht, ist seine Absicht nicht schwer zu deuten. Dieser Mann will Sie beleidigen; er greift Sie aktiv an. Er weist Ihr Entgegenkommen zurück, Ihre Versöhnungsversuche, leugnet Ihre Anwesenheit, Ihre Person, jeden Kontakt. Er bietet Ihnen die Stirn, er erklärt Ihnen den Krieg.

Wenn jemand sich den Anschein gibt, Ihre ausgestreckte Hand nicht zu sehen, wenn er so tut, als bemerke er Ihre Geste nicht, so ist bei seiner Ablehnung Vorsicht im Spiel. Natürlich bringt er Ihnen eine unübersehbare Abneigung entgegen; aber er will Unannehmlichkeiten vermeiden; oder aber er verachtet Sie wirklich grenzenlos; in seinen Augen existieren Sie nicht, und er erwartet von Ihnen nicht die kleinste Reaktion auf diesen absichtlichen Affront.

DREIMAL EIN GESCHICHTLICHER HÄNDEDRUCK

Ein Händedruck, den er verweigert, ein Händedruck, der ihm verweigert wird, und ein gelungener, aber höchst dramatischer Händedruck markieren die militärische und politische Karriere des Marschalls Pétain.

Im Jahre 1902 hatte Major Pétain den Lehrstuhl für Infanterietaktik an der Kriegsschule inne. »Es war üblich«, so berichtet uns Louis-Dominique Girard in *Mazinghem ou la vie secrète de Philippe Pétain,* »daß der Kriegsminister am Ende des Studienjahres in der Kriegsschule empfangen wurde und er während einer Veranstaltung im Hof der Schule die einzelnen Kurse Revue passieren ließ. Die Lehrer führten ihre Klassen vor, wobei sie sich jeweils vor der ersten Reihe ihrer Schüler aufstellten. General André, damals Minister, machte eines Tages seinen Besuch. Als er im Zuge der Inspektion an den einzelnen Klassen vorüberschritt, hielt er jeweils vor den Lehrern an und beglückwünschte sie mit Händedruck. Als er bei Major Pétain ankam, trat er auf ihn zu, sprach seinen Glückwunsch aus und streckte ihm die Hand entgegen. Aber Pétain blieb ungerührt und reagierte mit keiner Bewegung auf die Geste des Ministers... Der Anhänger St. Bernhards [gemeint ist Bernhard von Clairvaux, der Begründer des Zisterzienserordens] hatte mit dieser Haltung dem General André seine Mißbilligung darüber zum Ausdruck gebracht, daß er der Regierung eines Monsieur Combes, der als Gegner der kirchlichen Kongregationen bekannt war, angehörte.«

Etwa vierzig Jahre später schlägt ein anderer Händedruck fehl, aber diesmal ist der Brüskierte Philippe Pétain.

Im April 1945 verläßt Marschall Pétain Sigmaringen. Er will unter allen Umständen nach Frankreich zurückkehren, um an seinem Prozeß teilzunehmen. Am 26., zwei Tage nach seinem 89. Geburtstag, überschreitet er die Grenze in Vallorbes. Robert Aron berichtet in *Histoire de Vichy* über die öffentliche Demütigung, die er dort erfahren muß: »An der Grenze hebt sich der Schlagbaum; die Autos fahren auf französisches Gebiet, halten an, einige Soldaten und Polizisten stehen zögernd umher, wissen nicht, ob sie das Gewehr präsentieren sollen oder nicht. Ein General tritt vor und sagt dem Marschall, er möge aussteigen; es handelt sich um General Koenig, den Pétain nicht kennt. Sobald er ausgestiegen ist, reicht der Marschall ihm die Hand. Koenig verweigert ihm die seine.« Am Anfang und am Ende ein Händedruck, der scheitert; dazwischen ereignet sich ein gelungener, aber sehr

folgenschwerer Händedruck, den uns ebenfalls Robert Aron
überliefert hat.

Zeitpunkt und Ort der Handlung: der 24. Oktober 1940 in
Montoire. »Der Führer löst sich aus der Gruppe, geht auf
Pétain zu. Die beiden Männer schütteln sich die Hände. Hitler
versichert: ›Ich bin glücklich, einem Franzosen die Hand zu
drücken, der für diesen Krieg nicht verantwortlich ist . . .‹
Kamerablitze von allen Seiten: Dieser Händedruck muß als
Symbol der französisch-deutschen Versöhnung für die
Nachwelt erhalten werden. Einige Jahre später wird Pétain
behaupten, zu diesem Händedruck nur seine Fingerspitzen ge-
liehen zu haben, was er sowohl tatsächlich als auch im über-
tragenen Sinne verstanden wissen wollte. Eine solche Zurückhaltung war allerdings im Augenblick des Geschehens nicht
festzustellen; die Geste der beiden Staatschefs läßt das
Propagandaministerium durch sämtliche Zeitungen verbreiten
und stürzt die Franzosen in größte Verwirrung.«

Manchen überschwenglichen Menschen genügt ein einfacher
Händedruck nicht, wenn sie einen Verwandten oder Freund
treffen. Ihre Freude ist so lebhaft, daß beide Hände in Aktion
treten müssen. Zwischen diesen beiden Händen halten sie die
Hand des andern gefangen und drücken sie liebevoll. Für den
Augenblick ist der Partner das einzige Objekt ihres
Entzückens.

Dieser ehrliche, warmherzige Händedruck, der bei
impulsiven Naturen einen ganz spontanen Charakter hat, wird
von Politikern mit voller Absicht usurpiert und angewandt.
Während der Wahlkampagnen findet er eine unglaubliche Ver-
breitung. Die vermeintliche Herzlichkeit verschleiert die unangenehme Tatsache, daß man den Namen seines Partners vergessen hat. »Mein Lieber« oder »Lieber Freund«, redet so ein
Regionalpolitiker Sie an, und seine Hände drücken die Ihre
um so leidenschaftlicher, als er sich vergeblich zu erinnern versucht, wer Sie wohl sein mögen, welchen Einfluß Sie in diesem
Bezirk haben und welcher Art Ihre politischen Überzeugungen
sind.

Zwischen diesem überschwenglichen Händedruck und der eigentlichen Umarmung gibt es einen breiten Fächer von nicht genauer zu bezeichnenden Willkommensgesten. So faßt etwa einer die Oberarme seines Gegenübers zwischen Schultern und Ellbogen; er hält ihn auf diese Weise fest und gibt ihm leichte rhythmische Schubser. Diese zur Schau getragene Freundlichkeit des Empfangs verdeckt manchmal einen Zweifel, ein Unbehagen. So begrüßt man vielleicht einen alten Studienkollegen, den man seit Jahren aus den Augen verloren hat. Früher hat man ihn sehr gut gekannt, heute fragt man sich aber, wie zum Teufel er sich wohl entwickelt hat. Die freundliche Geste soll Ausdruck der Freude sein, die diese unerwartete Wiederbegegnung natürlich hervorrufen muß. Gleichzeitig macht der Zupackende seinen lieben, alten Kameraden auf diese Weise aktionsunfähig und braucht von ihm keine weiteren Herzlichkeitsbeweise zu erwarten, die er vielleicht insgeheim befürchtet.

Wer seinen Partner rundweg bei den Schultern faßt, um ihn aus sicherer Entfernung in aller Ruhe betrachten zu können, zeigt außer seiner Wiedersehensfreude und Neugier, daß er eine übergeordnete Stellung ihm gegenüber beansprucht. Indem er die Bewegungsfreiheit seiner Schultern blockiert, versetzt er seinen Partner in die Lage eines passiven Untersuchungsobjekts. »Na, mein junger Freund, was machen Sie augenblicklich?« fragt der liebenswürdige alte Herr, ehrlich erfreut, einen Mann wiederzusehen, den er als bescheidenen Anfänger erlebt hat. Der »junge Freund« hat überhaupt keine Möglichkeit, sich Griff, Blick und Frage zu entziehen, ohne unhöflich zu erscheinen. Einem Gleichgestellten gegenüber verrät diese Geste eher starke autoritäre Bestrebungen als wohlmeinendes Interesse.

Liebende und junge Leute legen in einer natürlichen Bewegung einander häufig den Arm um die Schulter. Wenn das unter Erwachsenen geschieht, ist es ein Zeichen für eine ziemlich üble Bevormundung.

Hektisches Schulterklopfen und Rippenstöße, mit denen sich zwei Männer traktieren, sind der Ausdruck einer ungeschickten und primitiven Kameraderie, die ganz besonders auffällig zur Schau gestellt wird, wenn die beiden in ein ungewohntes Milieu geraten. In aller Eile finden sie sich zu einem flauen und oberflächlichen Bündnis zusammen, das ihnen gegenseitig Halt geben soll und das ihnen erlaubt, gemeinsam gegen die anderen Front zu machen.

GESTEN UND HALTUNGEN

Der Direktor eines Gymnasiums hat beschlossen, in den Klassen der Unterstufe seiner Privatschule Sexualunterricht einzuführen. Unbedingt erforderlich für die Gestaltung dieses Unterrichts ist das Einverständnis der Eltern, die auch für den Besuch und Erfolg der Kurse sorgen müssen.

Bevor er an sämtliche Eltern ein Rundschreiben schickt, bittet der Direktor die Mitglieder des Schulrats zu einer Diskussion, die er zusammen mit einer Psychologin, die mit der Durchführung der Kurse beauftragt werden soll, moderieren wird. Gemeinsam haben Direktor und Psychologin das Programm der Veranstaltung erarbeitet. Der Direktor wird etwa eine halbe Stunde lang über das Projekt sprechen, die Psychologin vorstellen, die wesentlichen Themen aufzählen, die sie mit den Schülern besprechen wird, und schließlich ausführen, welche Ansichten und Meinungen sie dazu äußern wird. Nach diesem kurzen Exposé soll den Eltern das Wort erteilt werden, die den Direktor und die Psychologin befragen können.

Um dem Gespräch einen freundlichen Charakter zu geben, hat der Direktor Herrn und Frau Ziegler*, die er bereits für die Idee gewonnen weiß, um ihre Unterstützung gebeten. Sie haben sich bereit erklärt, die Eltern bei sich zu empfangen. Der Direktor war damit einverstanden, daß ein Soziologe als Beobachter an der Sitzung teilnimmt. Dieser hat in den Ablauf der Veranstaltung in keiner Weise eingegriffen; er hat jedoch ein Protokoll der Sitzung und ein Soziogramm, das heißt ein Schaubild über die Beziehungen innerhalb der diskutierenden Gruppe, erarbeitet, die unserer Beschreibung zugrunde liegen.

---

* Da der Bericht auf tatsächlichen Beobachtungen beruht, wurden die Eigennamen durch Pseudonyme ersetzt.

Den Rahmen bildet ein bequemes und weiträumiges Wohn-
zimmer. Frau Ziegler hat sämtliche Stühle der Wohnung zwischen den Sesseln des Wohnraumes aufgestellt, um die siebzehn Eltern, die auf die Einladung des Direktors mit einer
Zusage geantwortet haben, unterbringen zu können. Sie hat
Erfrischungen vorbereitet und Aschenbecher sowie einige
Päckchen Zigaretten im Raum verteilt.

Die Versammlung bildet ein langgezogenes Oval, was allen
Teilnehmern erlaubt, sich gegenseitig zu sehen und sich durch
Zeichen zu verständigen. Es fällt aber sogleich auf, daß drei
Personen offenbar im Hintergrund bleiben wollen: Herr und
Frau Alland sowie Frau Benat sitzen in der zweiten Reihe,
ganz nahe an der Tür. Vielleicht möchten sie sich zu einem
bestimmten Zeitpunkt aus dem Staube machen, auch wenn die
Sitzung noch nicht beendet ist. Tatsächlich haben alle drei
ihren Mantel anbehalten. Ihre zusammengepreßten Lippen und
gerunzelten Brauen lassen erkennen, daß sie sich mehr aus
Pflichtgefühl als aus Überzeugung hier eingefunden haben.

Am Ende des Ovals befindet sich der Direktor, als einziger
stehend, mit leicht gespreizten Beinen, weit geöffneter Weste.
Er hat soeben einen Vermittlungsversuch gemacht. Immer
noch hält er seine Vorderarme ausgestreckt mit offenen, nach
oben gerichteten Handflächen, in der Haltung des ehrlichen
Menschen, der überzeugen möchte und der versucht, auch die
Gründe für das Zurückweichen seines Gesprächspartners zu
verstehen. Seine Körperhaltung ist auf Frau Courths ausgerichtet.

Diese Dame sitzt sehr aufrecht mit gekreuzten Beinen; mit
behandschuhten gekreuzten Händen preßt sie ihre Handtasche
gegen die Brust. Ihre verzerrten Züge und ihre starre Körperhaltung drücken heftige Abneigung aus. Zweifellos hat sie
soeben einen seelischen Schock erlitten, der ihre völlige Ver-
krampftheit bewirkt hat.

Ihre Nachbarin, Frau Dukas, reagiert auf den gleichen
Zwischenfall offensichtlich mit einer aktiven Haltung. Vorge-
beugt, mit weitgeöffneten Augen, offenem Mund, eckiger
Beinstellung wirkt sie aggressiv; sie schwenkt eine Zeitung in
Richtung des Direktors.

Neben ihr sitzt ihr Mann. Tief zurückgelehnt in die Ecke des Sofas, verfolgt Herr Dukas die Szene aufmerksam, aber ohne davon auch nur im geringsten berührt zu sein. Seine Arme sind über den Kopf erhoben und seine Hände im Nacken verschränkt. Sein rechtes Bein ist angehoben und horizontal geknickt; die Fessel ruht auf seinem linken Oberschenkel in der Haltung, die amerikanische Autoren mit »figure four« bezeichnen. Seine Haltung zeigt an, daß er glaubt, hoch über dieser Debatte zu stehen; das leicht amüsierte Lächeln, das seine Lippen umspielt, bestätigt diesen Eindruck.

Auf dem Sofa sitzen außer ihm, sehr nahe beieinander, zwei Damen. Sie blicken sich an, und ihre Knie berühren sich. Frau Erhard raucht; Frau Flock hält einen Aschenbecher für sie. Ihre freundschaftliche Vertrautheit ist offensichtlich. Sie führen ein Gespräch unter sich. Die Debatte erreicht sie gar nicht, und man darf annehmen, daß ihre Meinung bereits feststeht und daß sie beide den Plan befürworten, sonst würden sie sich aktiv beteiligen, oder sie wären zumindest weniger friedlich und unbekümmert.

Herr Flock ist in einen Sessel zurückgesunken, der ein wenig hinter dem Platz seiner Frau steht. Er stützt einen Arm auf die Sessellehne; schwer ruht sein Kopf in den gespreizten Fingern seiner Hand. Mund und Nase verformen sich unter dem Druck der Handfläche, und ein Ohr verschwindet fast hinter dem Gitter seiner Finger. Sein Blick dringt unter halbgeöffneten Lidern hervor. Herr Flock langweilt sich maßlos. Ohne Zweifel ist er von seiner Frau hergeschleppt worden, und aller Wahrscheinlichkeit nach wird er sich ebenso brav ihrer Meinung anschließen.

Die Psychologin sitzt neben dem Direktor, auf der äußersten Kante ihres Stuhles. Sie hält ihre Beine parallel, eng nebeneinander. Ihr Oberkörper ist vorgeneigt, ihre Hände ruhen auf den Knien. Sie ist bereit, jeden möglichen Zwischenfall zu parieren. Ihr gespanntes Gesicht ist Herrn Gunter zugewandt, dessen Sitz den ihren berührt. Ihre Augen lassen ihn nicht los; sie erwartet wahrscheinlich eine Antwort, die jedoch nicht so schnell erfolgt, weil Herr Gunter verwirrt ist.

Er hat seine Brille abgenommen und hält sie in der Hand.
Starren Blickes lutscht er am Ende eines Brillenbügels, den er
in den Mund geschoben hat. Das ist ein harmloses Aufschub-
manöver, das häufig von Leuten angewandt wird, die in einer
Diskussion nicht weiterwissen und die unauffällig ein paar
wertvolle Sekunden der Überlegung gewinnen wollen.

Die Psychologin hat soeben eine zweifellos heikle Frage
gestellt; denn neben dem Herrn Gunter vollführen zwei
Damen in einer ihnen unbewußten, aber aufschlußreichen
Gleichzeitigkeit zwei Gesten, die als stummer Ausdruck eines
Zweifels wohlbekannt sind. Frau Hodel reibt sich energisch
den inneren Augenwinkel. »Ich verstehe wirklich nicht, was
Sie sagen wollen«, drücken die gehobenen Augenbrauen, die
gerunzelte Stirn und die nervöse Bewegung ihrer Finger aus,
die unentwegt das Auge reiben, um die Sicht zu klären.

Frau Ibert hat ihre Nase zwischen Daumen und Zeigefinger
gefaßt, die sich zu beiden Seiten längs des Nasenrückens auf-
und abbewegen. Sie hält die Augen geschlossen; eine tiefe Falte
zwischen den Brauen und ihre übrige Mimik drücken ihre
Bemühung aus, das vorliegende Problem klar zu erfassen.

Die gleiche schwierige Frage macht auch zwei Herren zu
schaffen, die nahe beieinandersitzen, da sie den gleichen
Aschenbecher benutzen, der auf einem Tischchen zwischen
ihnen steht. Beide verhalten sich vorsichtig abwartend:
gekreuzte Beine, zugeknöpfte Weste, aber interessiert: sie
beugen sich vor, die linke Hand umfaßt mit festem Griff die
Sessellehne, der rechte Ellbogen ruht auf der anderen Sessellehne.

Herr Johannes stützt sein Kinn in den Winkel von Daumen
und Zeigefinger, wobei der Zeigefinger bis zu seiner Nasenspitze reicht. Herr Kramer umfaßt mit seiner rechten Hand
sein vorgestrecktes Kinn und streicht nachdenklich seinen Bart.
Es handelt sich hier um zwei klassische Gesten, die auf eine
intensive Gedankentätigkeit hindeuten und im ersten Fall mehr
kritischer, im zweiten Fall mehr spekulativer Natur sind.

Am Ende des Ovals sitzt Herr Lohner, der als einziger der
Männer einen Pullover und einen Seidenschal trägt. Er sitzt
dem Direktor genau gegenüber, aber so weit entfernt von ihm,

wie es in diesem Raum möglich ist. Er sitzt rittlings auf seinem herumgedrehten Stuhl; seine Arme ruhen auf den Lehnen. Diese anscheinend lässige Haltung enthüllt in Wahrheit eine Geistesverfassung, die nicht im geringsten kooperativ, sondern oft geradezu feindselig ist. Der unkonventionelle Gebrauch des Stuhles soll auf eine lässig spöttische Weise verdeutlichen: »Ich finde Ihre Gewohnheiten lästig, und ich verhalte mich immer, wie es mir paßt.« Die Stuhllehne, die Herr Lohner zwischen sich und der Versammlung aufrichtet, dient ihm übrigens als Barrikade, hinter der er sich verschanzt. Seine weit gespreizten Beine mit nach außen gewendeten Füßen halten außerdem seine beiden Nachbarn auf Distanz. Herr Lohner spielt den Einzelgänger.

Frau Maiberg, die rechts von ihm sitzt, dreht ihm fast den Rücken zu. Sie hält ihre Blicke auf die Tür geheftet, und ihr rhythmisch wippender Fuß zeigt in die gleiche Richtung. Ganz offensichtlich ist sie ungeduldig und möchte am liebsten den Raum verlassen.

Frau Nußbaumer dagegen spricht mit solcher Lebhaftigkeit, daß ihr Stuhl in Gefahr ist umzukippen. Mit ihrer linken Hand schnappt sie den Block, der von ihren Knien gleitet, während der Schreibstift in ihrer rechten Hand auf den Direktor zielt. Zu ihren Füßen verstreut liegen eine offene Handtasche, ein Schal, Handschuhe, eine Aktenmappe und ein Regenmantel.

Herr und Frau Ziegler, die sich den gleichen Sitz teilen, schließen das Oval auf der rechten Seite des Direktors. Frau Ziegler hat sich quer auf der Sessellehne niedergelassen und legt soeben die Hand auf den Arm ihres Mannes, der zu einer Bewegung nach vorn ansetzen wollte. Sie vollführt damit eine Geste der Beschwichtigung, die zwischen Ehepartnern und zwischen Menschen, die einander nahestehen, sehr üblich ist, wenn eine Aktion oder eine verbale Einmischung des Partners, die für verfrüht oder im Moment unpassend gehalten wird, verhindert werden soll.

Die verschiedenen Geistesverfassungen tiefenpsychologisch durch körperliche Verhaltensformen zu enträtseln, hat nur theoretisches Interesse, wenn man die so gewonnenen Erkenntnisse nicht auch nutzen kann. Was müssen der Direktor, die Psychologin und die beiden Gastgeber tun, wie müssen sie handeln oder auch nicht handeln, um die Teilnehmer an der Veranstaltung zur Mitarbeit zu bewegen? Kann ihre eigene physische Verhaltensweise im Raum den Ablauf der Sitzung in diesem Sinne günstig beeinflussen?

Es wäre sehr anmaßend zu behaupten, man könne diese Fragen eindeutig beantworten. Im Laufe der letzten Jahre wurden jedoch die Forschung auf dem Gebiet der Verhaltensweisen und körperlicher und verbaler Ausdrucksformen sowie das Studium der inneren Dynamik kleiner Gruppen intensiviert. Die dabei gewonnenen Erkenntnisse ermöglichen es manchmal, unter bestimmten Voraussetzungen den wahrscheinlichen Ablauf der Ereignisse innerhalb der Gruppe vorauszusagen. Bestimmte Beziehungen, die sich in einer Gruppe aufbauen, können zu Gefahrenpunkten werden; diese Gefahrenpunkte hat man ermittelt und analysiert. Gleichzeitig hat man Versuchsreihen durchgeführt, deren Ergebnis bestimmte Vorsichtsmaßnahmen oder Eingriffe nahelegen, die ein Auseinanderbrechen der Gruppe oder die Aufgabe des gemeinsam angestrebten Ziels verhindern können.

Wenn man Mimik und Gesten, die der Soziologe bei den Teilnehmern an unserer Sitzung beobachtet hat, einer Prüfung unterzieht, so ergibt sich daraus, daß drei Personen im Augenblick eine heftige Krisensituation durchleben und ein aktives Einschreiten der Versammlungsleiter nötig hätten.

Frau Courths müßte angesprochen werden, damit sie sich entspannt und beruhigt. Ihre behandschuhten Hände, gekreuzten Beine und die wie ein Schutzschild gehaltene Handtasche sind deutliche Zeichen für ihr ungewöhnliches Schutzbedürfnis. Ihr körperliches Zurückweichen legt nahe, sie möglichst vorsichtig anzusprechen, um zu vermeiden, daß sie sich hinter einem undurchdringlichen Schutzwall verbirgt. Man müßte sie mit Takt und Liebenswürdigkeit auffordern, sich auszusprechen, um dann nach Möglichkeit die Schockwirkung abzumildern. Wenn es dem Direktor, der sie ja mit seinen Äußerungen verletzt hat, nicht wenigstens teilweise gelingt, sie zu beruhigen, wird sie in Verschlossenheit und Ablehnung erstarren, und nichts und niemand wird ihre angstvolle Flucht aufhalten können, in der ihre Verletzlichkeit Schutz sucht.

Im Gegensatz zu ihr verfügt Frau Dukas über sehr solide Abwehr- und Angriffswaffen, und man sollte mit ihr weniger Umstände machen. Die etwas geistesabwesende Duldsamkeit ihres Mannes und sein amüsiertes Lächeln lassen darauf schließen, daß bei ihr Wutanfälle und Tätlichkeiten nicht ungewöhnlich sind. Solchen vulkanischen Temperamenten muß man mit absoluter Gleichgültigkeit oder unbeugsamer Festigkeit entgegentreten. In diesem Fall verbietet sich die Waffe der Gleichgültigkeit als eine zwar wirkungsvolle, aber zu langfristige Taktik, die Frau Dukas jede Möglichkeit ließe, Unruhe zu stiften und die Sitzung platzen zu lassen. Sagen wir es ganz deutlich: Man müßte ihr ein unangreifbares Argument entgegenhalten, wobei es letzten Endes wenig darauf ankäme, ob dieses Argument ganz stichhaltig ist. Ihr eigener Redeschwall läßt vermuten, daß sie ihre persönlichen Überzeugungen von den Meinungen anderer Leute ableitet, wenn sie nur entschieden genug vorgebracht werden.

Frau Nußbaumer, die dritte Person in einem krisenhaften Zustand, scheint eher impulsiv als aggressiv zu sein. Block und Kugelschreiber zeigen deutlich, mit welchem Ernst und welcher Aufmerksamkeit sie an der Debatte teilnimmt. Aber die Unordnung, die sie umgibt, und die hektische Ungeschicklichkeit ihres Benehmens verraten die Zusammenhanglosigkeit ihrer Gedanken, die sie ja ordnen möchte, indem sie sich Notizen macht. Man muß ihr helfen, ihre Fragen zu sortieren; man muß ihr ein paar einfache Begriffe an die Hand geben, zu denen sie ihre Ideen entwickeln kann. Sie hat nicht die geringste Methodik, aber ganz sicher hat sie etwas zu sagen. Wenn man ihr Zeit und Aufmerksamkeit widmet, kann man aus ihr eine dankbare und loyale Verbündete machen.

Halten wir fest, daß diese drei eigenwilligen und problematischen Damen alle auf die Worte oder die Person des Direktors reagieren.

Weitere dringende Fälle sind Herr und Frau Alland, Frau Benat und Frau Maiberg. Die ersten drei, die noch mit ihrem Mantel angetan in der zweiten Reihe des Ovals sitzen, erwarten vielleicht nur eine freundschaftliche Aufforderung, um sich in den Kreis einzugliedern. Schließlich sind sie ja hier; sie haben sich die Mühe gemacht herzukommen, wenn auch vielleicht mit Blei in den Sohlen. Welche Gründe auch immer sie für ihre Zurückhaltung haben mögen, ihre festgefahrene Situation ist unerfreulich. Man muß sie da herausholen, auf die Gefahr hin, daß sie beim ersten Ton einer solchen Aufforderung vielleicht das Weite suchen. Frau Ziegler würde aber nur eine selbstverständliche Gastgeberinnenpflicht erfüllen, wenn sie die Versammelten aufforderte, das Oval zu erweitern, damit alle darin Platz finden. Das Trio scheint zwar nicht leicht zu überzeugen zu sein, aber es ist kaum wahrscheinlich, daß es schmählich die Flucht ergreift, wenn es in aller Öffentlichkeit aufgefordert wird, sich mehr zu beteiligen.

Der Fall von Frau Maiberg scheint noch schwieriger zu sein. Vielleicht fühlt sie sich belästigt durch den Mann, der neben ihr rittlings auf einem Stuhl sitzt und von dem sie sich abgewendet hat. Es ist schwer zu sagen, wie man hier Abhilfe schaffen könnte. Vielleicht sollte man sie persönlich bitten, ihre Ansicht zu einem bestimmten, nicht allzu komplizierten Punkt mitzuteilen. Vielleicht fände sie es schmeichelhaft, daß man ihr soviel Interesse entgegenbringt, und sie würde darüber ihren Nachbarn vergessen, sie würde aufhören, die Tür zu fixieren, und sich darauf konzentrieren, eine gute Antwort zu finden.

Die Gruppe um die Psychologin hat mit ihr eine lebhafte Diskussion begonnen und bemüht sich, das Problem von allen Seiten zu beleuchten. Die geistige Anspannung, die sich in der Haltung der einzelnen Personen ausdrückt, kann aber nicht allzu lang aufrechterhalten werden, ohne sich nachteilig auszuwirken. Sie können sie zwar für eine Weile ertragen, aber die Psychologin hat die Debatte auf ein abstraktes und rein intellektuelles Niveau verlegt und ist damit ein ernstes Risiko eingegangen. Das Bild, das sie für die Eltern entwirft, ruft Zweifel und Unruhe in ihnen wach; es regt ihre Vorstellungskraft an, erschreckt sie aber gleichzeitig unterschwellig, wenn sie an ihre Kinder denken. Sie werden undeutlich befürchten, daß die Psychologin deren sexuelle Erziehung mit der gleichen

Strenge und Unerbittlichkeit vornehmen wird, die augenblicklich aus ihrem Benehmen spricht. Nun ist aber doch gerade die Sexualität untrennbar vom Gefühlsleben, sie ist die Quelle von Empfindung und Gemütsregung, von lebhaften und vielfältigen Emotionen, vor allem bei Kindern und Jugendlichen. Die Probleme, die die Sexualität umgeben, können niemals durch noch so tadellose Demonstrationen gelöst werden.

Die Psychologin kennt nur Logik und Vernunft und breitet ihre theoretischen Kenntnisse aus. Für den Augenblick blockiert sie damit jede gefühlsmäßige Bereitschaft ihrer Zuhörer. Sie hat sich auf einem Hocker niedergelassen; leider vergißt sie ganz und gar, freundlich, verständnisvoll und warmherzig zu sein. Man wünschte ihr eine etwas geschmeidigere Haltung, weniger verkrampfte Muskeln. Ein Lächeln würde eine liebenswürdige Nuance in ihren inquisitorischen Ausdruck bringen. Damit könnte sie viel leichter das Vertrauen der Eltern gewinnen, für die schließlich ihre Persönlichkeit viel mehr zählt als die Ansichten, die sie vertritt. Außerdem wäre es nach unserer Meinung die Aufgabe der Psychologin, die Privatunterhaltung zwischen den Damen Erhard und Flock zu unterbrechen, die auf die Dauer die anderen Teilnehmer unweigerlich verstimmen muß. Am besten wäre es, wenn sie einen Blickkontakt mit Frau Flock herstellen könnte. Eine kreisförmige Kopfbewegung, ein etwas verschwörerischer Ausdruck könnten als stumme Aufforderung, sich an der allgemeinen Diskussion zu beteiligen, genügen.

Die Haltung von Herrn Flock kann auch den besten Willen nur entmutigen. Er hält seine Augen zu, Nase, Mund und Ohren sind absichtlich blockiert. Damit entfallen alle normalen Kontaktmöglichkeiten. Es scheint das Klügste zu sein, sich mit seiner Schläfrigkeit abzufinden.

Bleiben noch übrig Herr Dukas, wachsam und überlegen, und Herr Lohner, der feindselige Mann im Reitersitz. Da sie sich herbemüht haben, müssen sie sich trotz ihrer hochmütigen und abwesenden Mienen etwas von der Sitzung erwarten. Herr Dukas beobachtet die Szene zwischen seiner Frau und dem Direktor. Herr Lohner hat seinen Platz dem Direktor genau gegenüber, wenn auch in reichlichem Abstand, gewählt. Der

Direktor steht in beiden Fällen im Mittelpunkt des Interesses und der Erwartung. Da dieser nun seine einleitenden Worte beendet hat, müßte er sich so schnell wie möglich wieder in die Gruppe einfügen, mit anderen Worten: er müßte sich hinsetzen. Er sollte nicht länger den Meister spielen, der *ex cathedra* spricht; er sollte ein Teilnehmer wie alle anderen sein, der mit ihnen auf gleicher Ebene über ein gemeinsames Problem spricht. Er sollte sich mit seinem Stuhl ans andere Ende des Wohnzimmers bewegen und sich neben Herrn Lohner und in der Nähe von Herrn Dukas niederlassen, um dort einen weiteren Kristallisationspunkt zu bilden, der die stürmische Frau Nußbaumer und die beiden separatistischen Damen einbeziehen müßte. Eine solche Initiative des Direktors müßte von den beiden Männern als schmeichelhaft empfunden werden. Da der Direktor den ersten Schritt getan hätte, könnten sie, ohne ihr Gesicht zu verlieren, ihre überlegene und feindselige Pose aufgeben und ein Gespräch beginnen. ˈ

Der Umzug des Direktors hätte noch einen weiteren Vorteil: der Block, der durch die Zieglers, die Psychologin und ihn selbst gebildet wird, würde aufgebrochen. Die Teilnehmer außerhalb dieser Gruppe wissen oder erfassen intuitiv, daß man sich dort bereits über das Thema geeinigt hat und einander nun gegenseitig unterstützt. Ihre Einigkeit, die unterstrichen wird durch ihre räumliche Nähe zueinander, könnte bei den anderen den unangenehmen Eindruck hervorrufen, absichtlich ausgeschlossen und von der Gruppe der Anführer auf Abstand gehalten zu werden.

Herr Ziegler hat Miene gemacht, die Gläser nachzufüllen und Zigaretten anzubieten. Seine Frau hat ganz recht, ihn davon abzuhalten. Der Ausgang der Sitzung entscheidet sich vielleicht in diesem Augenblick. Es wäre ungeschickt, die Spannung auf künstlichem Wege lösen zu wollen und die Teilnehmer abzulenken, indem man ihnen eine Aktionsmöglichkeit eröffnet, die mit dem Kern des Problems in gar keinem Zusammenhang steht.

3

Der Wille zur Macht

»Bei allen menschlichen Verhaltensweisen wird man immer als wesentlichen Antrieb eines feststellen können: das Bestreben, von einer Minussituation in eine Plussituation aufzusteigen, von der Niederlage zum Sieg, vom Darunter zum Darüber zu gelangen. Dieser Kampf beginnt in unserer frühen Kindheit und setzt sich fort bis zum Tod.«

So formuliert es Alfred Adler, und um diesem wesentlichen Antrieb einen Namen zu geben, verwendet er einen Begriff von Friedrich Nietzsche: den Willen zur Macht.

Als Mediziner, Psychologe, Pädagoge und politischer Denker interessierte sich Adler leidenschaftlich für den Menschen. Trotz ihrer rigiden Knappheit, ihres systematischen und verkürzenden Charakters hat die von ihm formulierte These zur menschlichen Verhaltensweise niemals an Überzeugungskraft eingebüßt. Bei den Ethologen, die sich mit dem Studium der Lebensgewohnheiten und der darauf aufgebauten Lehre vom Verhalten der Tiere beschäftigen, findet sie heute allgemein zustimmendes Echo.

Diese Forscher haben bei Tiervölkern vielfach gegliederte Hierarchien festgestellt. Den Gipfel erobern mit Klauen, Beiß- und Stoßzähnen oder aber durch eine ihnen eigene mysteriöse Überlegenheit die Wesen, die zum Herrschen geboren sind. In der Sprache der Ethologen heißen diese Wesen Alphas. Jede organisierte Gesellschaft in der Tierwelt bildet ihr oder ihre Alphas aus. Als großmütige oder grausame, friedliche oder jähzornige Anführer üben sie ihre Oberherrschaft aus, erwirken Ordnung und Gesetz in der anonymen Herde ihres Gefolges, den sogenannten Omegas. Der norwegische Wissenschaftler Schjelderup-Ebbe, der Vogelarten wie Hühner, Spatzen, Fasane, Kakadus, Kanarienvögel studierte, schloß seine

Beobachtungen mit der – von Robert Ardrey in *La Loi naturelle* zitierten – energischen Behauptung ab: »Der Despotismus ist die Grundlage, auf die die Welt beruht. Er ist unmittelbar eins mit unserem Leben.«

In menschlichen Gesellschaften führt die Existenz von Alpha-Wesen mit ihrem Streben und ihren unermüdlichen Aufstiegsbemühungen immer und überall zur Bildung von hierarchischen Ordnungen sowie zur formellen oder unausgesprochenen Wahl eines Anführers. Desmond Morris formuliert das im *Menschenzoo* nun wie folgt: »Man muß lange suchen, um eine menschliche Gesellschaft zu finden ohne Präsidenten oder König, ohne Anführer oder ›Ältere‹, ohne Generale oder Kapitäne, ohne Orakel oder Propheten, ganz ohne Wesen, die einen größeren Einfluß ausüben als die übrigen Individuen.«

Ist es das Geld, der Gewinn, der Profit, die den Ehrgeiz der menschlichen Alphas anstacheln? Reichen die mit der Macht verbundenen materiellen Vorteile aus, um ihren dynamischen Aufstiegswillen zu tragen, sind sie der Anlaß für den gnadenlosen Kampf um diese Macht? Claude Lévi-Strauß ist anderer Meinung. Die Anführer existieren, »weil es in jeder menschlichen Gesellschaft Individuen gibt, die im Gegensatz zu ihren Mitmenschen das Prestige um seiner selbst willen lieben, die ein starkes Bedürfnis nach Verantwortung verspüren und für die in der Bürde öffentlicher Ämter bereits auch der Lohn enthalten ist. Diese individuellen Unterschiede werden sicher noch verstärkt und betont durch verschiedene Kulturen, mit graduellen Abweichungen. Aber ihr unbestrittenes Vorhandensein in einer so wettbewerbsfreien Gesellschaft wie der der Nambiguaras legt den Gedanken sehr nahe, daß ihre Ursache nicht im kulturellen Bereich zu suchen ist. Sie ist vielmehr den psychologischen Grundlagen zuzuordnen, die jede besondere Kultur erst entstehen lassen.«

Die Meinung des Anthropologen deckt sich hier mit der des Psychologen, und der Ethologe untermauert sie mit seinen eigenen Schlußfolgerungen. So wie es Alpha-Paviane gibt und Omega-Löwinnen, ebenso existieren Omega-Beamte und Alpha-Putzfrauen.

Im täglichen Leben erleichtern bestimmte stumme Zeichen
die Unterscheidung zwischen Alpha- und Omega-Menschen.

OBEN UND UNTEN

Ein erhöhter Standort im Raum verrät Machtwillen; er ist
gleichzeitig ein gutes Mittel, Macht und Einfluß auch zur Wirkung kommen zu lassen. Die Könige regieren von Thronen
herab. Der Papst hält das Hochamt von der Höhe der Sedia.
Der Politiker schwingt sich auf eine Tribüne. Bis zu den kürz-
lichen Reformen in der katholischen Kirche richtete der
Prediger das Wort an seine Schäflein von der Höhe der Kan-
zel. Vom erhöhten Podium aus beherrscht der Professor sein
Auditorium. Vor diesen auf eine höhere Ebene versetzten Personen – man nennt sie »hohe Persönlichkeiten« – senkt der
Omega-Typ den Kopf, krümmt er den Rücken, erweist er seine
Reverenz, kniet oder wirft er sich nieder.

Chaplins Film *Der Diktator* illustriert auf schlagende Weise
das wilde Bedürfnis des Alpha-Menschen, sich räumlich höher
zu plazieren als die anderen. Die beiden Hauptdarsteller des
Films, Hitler (Charlie Chaplin) und Mussolini (Jack Oakie),
sitzen Seite an Seite in ihren Sesseln beim Friseur. Ein Mann in
Unterhosen wird seit jeher als der Gipfel der Lächerlichkeit
betrachtet. Ein Mann, der in Handtücher eingepackt, mit
Rasiercreme eingeseift, von der Nähe des Rasiermessers gefährlich bedroht wird, ist ein ebenso klassisches Symbol der
vollkommenen Ohnmacht. Was werden nun Hitler und
Mussolini, in totaler Hilflosigkeit an ihre Sitze gefesselt, tun,
um ihre absolute Überlegenheit einander zu beweisen? Ein
grotesker Wettkampf beginnt; mit der Hand bedienen sie
einen Hebel an ihrem Sessel, der sich in die Höhe schraubt,
immer ein Stück höher als der Nachbar.

Erinnern Sie sich an diese verrückte Szene, wenn Sie ein un-
bekanntes Büro betreten. Viele Menschen unterliegen der
komischen, kindischen, aber sehr menschlichen Versuchung,
höher als ihr Gegenüber zu sitzen.

Der Vertreter, der Aufträge braucht, der Kandidat, der sich
um einen Posten bewirbt, oder der Kranke, der Hilfe sucht,

betritt ein Büro, wird aufgefordert, Platz zu nehmen und fühlt
sich plötzlich seltsam verkleinert, zusammengeschrumpft. Er
konzentriert seine Aufmerksamkeit auf das beginnende Gespräch und findet keine Zeit, die Ursache dieses ungewöhnlichen Schrumpfungsgefühls zu analysieren. Dieser Eindruck
ist von seinem Gesprächspartner beabsichtigt und sorgfältig
geplant worden. Der Firmenchef, Arzt oder Vorgesetzte des
Alpha-Typs leistet sich einen erhöhten Sitz mit ziemlich steifer
Rückenlehne, die ihn zwingt, sich aufrecht zu halten und keinen Zentimeter seiner Größe zu verlieren. Für seinen Klienten
oder Untergebenen dagegen hat er einen niedrigen, weichen
Sessel gewählt: die Gestalt des Besuchers sinkt hinein und
sackt zusammen, verliert Umriß und Schärfe. Dieser stets
wirkungsvolle Trick ist so alt wie das erste Büromobiliar, und
nur wenige Menschen, so bedeutend sie sein mögen, sind
darüber erhaben.

Die folgende Anekdote ist Robert Laffonts Werk *Editeur*
entnommen; sie passierte im Jahre 1954. General de Gaulle
hatte den ersten Band seiner *Memoiren* beendet und suchte
einen Verleger. Zusammen mit anderen Kollegen hatte Robert
Laffont eine Aufforderung erhalten, hatte das Manuskript
gelesen, seinen Bericht an den General geschrieben. Er erzählt:
»Die Lektüre hatte meinen Wunsch, dieses außergewöhnliche Werk zu verlegen, nur noch verstärkt. Mehrere Wochen
verstrichen. Ich hatte bereits jede Hoffnung aufgegeben, als ich
eines schönen Tages die Aufforderung erhielt, vor dem
General zu erscheinen. Ich fand mich wieder am Sitz der
RPF*, Rue Solférino, in einem kleinen, sehr niedrigen Sessel,
vor einem etwas erhöht stehenden Schreibtisch, den der
General mit seiner hohen Statur überragte. ›Laffont‹, sagte er,
›ich danke Ihnen für die Mühe, die Sie der Frage einer Veröffentlichung meiner Memoiren gewidmet haben. Was die
finanziellen Bedingungen angeht, so kommen Sie etwa zu den
gleichen Ergebnissen wie Ihre großen Kollegen. (Ich fühlte
mich plötzlich sehr klein.) Da ist allerdings ein Punkt, den Sie
mir bitte erklären müssen: Ihre großen Kollegen, die auf eine

---

* RPF = Rassemblement du Peuple Français, Partei der Gaullisten.

lange Erfahrung zurückblicken können (ich kam mir noch
kleiner vor!), wollen mit dem Verkauf der vollständigen Ge-
samtausgabe einschließlich der umfangreichen Anmerkungen
beginnen, etwas später folgt die Normalausgabe und
schließlich, sehr viel später, die Volksausgabe. Das scheint mir
logisch zu sein! Sie als einziger vertauschen die Erscheinungs-
folge der ersten beiden Ausgaben. Warum?‹ Ich nahm einen
Anlauf: ›Mein General, man ist sehr gespannt auf Ihre
Memoiren. Es erscheint mir natürlich, wenn ich mich darauf
in der geeigneten Weise einrichte: die Normalausgabe ist der
Allgemeinheit leichter zugänglich und weniger teuer. Anschließend veröffentlicht man für Ihre zahlreichen Anhänger die Ge-
samtausgabe, falls Sie es wünschen, sogar mit Bildmaterial.
Wenn man jedoch mit dieser Ausgabe beginnt, riskiert man,
einen Großteil des Publikums bereits verloren zu haben, wenn
man an die Veröffentlichung der Normalausgabe herangeht.
Wenn einmal die Aktualität der Neuerscheinung vorbei ist,
wird man das Publikum, das die teure Erstausgabe nicht
kaufte, nur sehr schwer zurückgewinnen können.‹ Da ich bemerke, daß der General meinen Ausführungen mit Interesse
gefolgt ist, von meinen Argumenten aber nicht beeindruckt
scheint, schießt mir eine verrückte Idee durch den Kopf. Für
ein paar Sekunden komme ich mir genial vor. Ich füge hinzu:
›Mein General, wenn man einmal die Niveauunterschiede
außer acht läßt, befinde ich mich jetzt in der gleichen Situation
wie Sie, als Sie vor dem Obersten Kriegsrat den taktischen Einsatz von Panzern verteidigten. Dort waren Ihre großen Kollegen, die für sich eine lange Erfahrung in Anspruch nehmen
konnten, und Sie plädierten für eine neue Methode: eine junge
Idee angesichts alter Routine . . .‹ Ich wollte meinen Gedanken
weiter entwickeln, als ich jäh zum Schweigen gebracht wurde.
Mein Blick war auf das Gesicht des Generals gefallen, das sich
vollständig verändert hatte. Seine Augen hatten jeden Ausdruck verloren. Sein zusammengepreßter, nach unten gezogener Mund verriet seine ernste Mißbilligung. Ich hatte soeben
ein unverzeihliches Verbrechen begangen: Ich hatte die
Kühnheit besessen, für einen Augenblick meine armselige Person mit der seinen zu vergleichen. Ich empfand so deutlich,

daß ich einen nicht wieder gutzumachenden Fehler begangen hatte, daß ich mich erhob, wortlos grüßte und mich um einen raschen Abgang bemühte. Natürlich wurde ich nicht als sein Verleger erwählt.«

Die Fernsehnachrichten bemächtigen sich bedeutender Persönlichkeiten traditionsgemäß in dem Augenblick, in dem sie ein Flugzeug verlassen.

Wer Herrn X., den Außenminister von Costa Rica, noch nicht persönlich getroffen hat oder Fräulein Z., die Nummer eins der holländischen Schlagerszene, noch nicht bewundern konnte, kann sie immerhin einen Augenblick lang auf der Plattform der Rolltreppe sichten. Die gewöhnlichen Omegas, die mit gesenktem Kopf die Tür des Jet passieren, machen sich sofort an den Abstieg und halten den Kopf geneigt, um zu sehen, wohin sie ihre Füße setzen. Die Alphas dagegen werfen den Kopf zurück, um mit Herrscherblick den gesamten Flugplatz zu erfassen, und bleiben unbeweglich stehen in Erwartung der Kamerablitze und der erhofften Jubelrufe.

Die Erfordernisse des Protokolls, der Berichterstattung und der Werbung schreiben ihnen dieses Anhalten vor. Menschen, die mit einem überdurchschnittlichen Machtwillen ausgerüstet sind, genießen es auf jeden Fall sehr, wenn sie in dieser Höhe, mit der Presse, der Menge und den Vertretern der Öffentlichkeit gedrängt zu ihren Füßen, verharren dürfen. Sie werfen sich in die Brust, blasen sich auf, werfen mit schwungvoller Geste die Arme zum Himmel. Mit erhobenem Kopf und sozusagen mit Bedauern schreiten sie langsam die Rolltreppe hinunter.

Alphas lieben es auch, den Jubel der Menge von der Höhe eines Schiffsdecks oder vom Balkon eines Gebäudes aus entgegenzunehmen. Wenn sie Besucher bei sich empfangen, erwarten sie sie auf der Höhe der Treppe oder des Treppenabsatzes.

Die kleinen, leicht vulgären Kabaretts, die es in jeder Großstadt gibt, können gelegentlich ein fabelhaftes Experimentierfeld abgeben. Wenn Sie das Machtstreben eines neuen Kollegen oder Geschäftsfreundes testen wollen, nehmen Sie ihn dorthin mit. Richten Sie es so ein, daß Sie an einem Tisch in

der Nähe der Bühne und des Conférenciers sitzen. Früher oder
später wird der Conférencier einen in der Nähe sitzenden Zu-
schauer bitten, ihm während eines einzelnen Sketches zu helfen; er braucht ihn als Assistenten, selbständigen Spaßmacher
oder als Kontrastfigur.

Erste Fassung: Ihr Gast fixiert mit heiter entspanntem Gesicht den Conférencier, um dessen Aufmerksamkeit auf sich zu
lenken; er zappelt vor Ungeduld und Eifer. Seine Bemühungen,
sich bemerkbar zu machen, werden von Erfolg gekrönt. Er
wird aufgefordert, auf die Bühne zu kommen, und steigt ge-
schäftig die Treppen hinauf. Ohne mit der Wimper zu zucken,
stellt er sich dem Scheinwerferlicht, wölbt den Oberkörper
vor, lächelt dem Publikum zu, unterbricht nach kurzer Zeit
das Begrüßungsgerede des Conférenciers und ergreift das
Mikrophon, um seine Erwiderung loszulassen. Kühn hält er
dem professionellen Unterhalter stand und erfindet sogar
eigene Späße, für die ihm der andere eiligst Applaus spendet.
Ihr Mann ist ein Alpha; er versucht, aus dem Durchschnitts-
dasein auszubrechen, und stürzt sich begierig auf jede noch so
flüchtige Gelegenheit, Aufmerksamkeit zu ernten. Der
Conférencier als Experte im Umgang mit Menschen, ist sich
darüber im klaren. Vorsichtig überläßt er ihm einen Teil des
Terrains, teilt ihm die stärkere Rolle zu und beglückwünscht
ihn mit allem Nachdruck. Instinktiv hat er den Machtwillen
dieses Mannes und sein Herrscherbedürfnis gefühlt. Er behandelt ihn daher mit aller Achtung, die seiner Stärke gebührt.

Zweite Fassung: Ihr Gast wird vom Conférencier
aufgefordert und zeigt eine lebhafte Abneigung. Mit ratloser
Miene wendet er sich Ihnen zu, in der Hoffnung, daß Sie etwas
dagegen unternehmen. Von den anderen Tischgästen aufge-
zogen, ermutigt und gedrängt, kapituliert er schließlich und
erklettert mühsam die Bühne. Obwohl der Conférencier ihm
seine Hand helfend entgegenstreckt, kommt er nur langsam
oben an. Schließlich an Ort und Stelle, verharrt er unbeweglich und gebeugt. Er fühlt sich gefangen im Netz der Blicke
und der Scheinwerfer, die auf ihn gerichtet sind. Seine Augen
blinzeln und seine Hände, die er abwechselnd krampfhaft
schließt und öffnet, senden Notsignale aus. Wenn er endlich

die erste Bewegung wagt, verheddern sich seine Füße im Mikrophonkabel, er stößt sich an dem Tischchen, auf dem die Requisiten liegen, und stolpert über unsichtbare Hindernisse. Vom Conférencier angesprochen, beginnt er zu stottern, verhaspelt sich, verbessert sich und verstummt schließlich. Der Conférencier schlachtet seine Ungeschicklichkeit und sein Unbehagen mit Wonne aus, unterstreicht sie noch mit groben Scherzen, wobei er das Publikum, das sich vor Lachen krümmt, mit komplizenhaftem Augenzwinkern traktiert. Betäubt und mit blindem Blick ist Ihr Gast nicht mehr in der Lage, die Situation zu verbessern. Er läßt sich überwältigen, demütigen und vernichten. Von Anfang bis Ende spielt sich der Sketch auf seine Kosten ab. Der Conférencier dankt ihm mit herablassender Ironie für seine Mitwirkung und erlaubt sich dabei unangenehme Vertraulichkeiten: er klopft ihm auf die Schulter, wischt Stäubchen vom Revers seiner Jacke oder richtet ihm die durch die Turbulenz des Spiels verrutschte Krawatte. Ihr Mann ist ein Omega. Er hat keine Ausstrahlung auf andere, findet keinen Geschmack an der Macht und kann sich keinen Respekt verschaffen. Niemals wird er seine Persönlichkeit zur Geltung bringen. Er kann über seltene und wunderbare Eigenschaften verfügen, nur eines ist er nicht: ein Chef.

STEHEN ODER SITZEN

Die allgemeine Regel zum Thema »Hoch und niedrig« lautet: Ein höherer Standort im Raum symbolisiert eine beherrschende psychologische Stellung in der Hierarchie der sozialen Beziehungen. Nach der Regel die Ausnahme – Desmond Morris, der kühne Autor des *Nackten Affen,* formuliert sie so: »Die Vorstellung von Macht, die von der sitzenden Person ausgeht, findet ihre feste Ausprägung in unserem Verhalten. Niemand darf sitzen bleiben, wenn der ›König‹ steht. Wenn der ›König‹ sich erhebt, stehen alle auf. Das ist eine bemerkenswerte Ausnahme von der Regel, die der Vertikalität aggressiven Charakter zuspricht und die besagt, daß die Unterwerfung im gleichen Maße wächst, wie die Höhe abnimmt.«
Die erste praktische Lehre, die aus dieser Beobachtung zu

ziehen ist: Wenn Sie unsicher sind und nicht wissen, wer in einer Gruppe den Status des »Königs« hat, sehen Sie sich einfach an, wer steht und wer sitzt. In einem Bistro, einer Kneipe, erkennt man den Besitzer häufig daran, daß er an der Kasse oder sonstwo sitzt, während das Personal gezwungen ist zu stehen. Kellner dürfen sich, auch wenn sie überhaupt nichts zu tun haben, nicht setzen; es sind übrigens auch gar keine Sitzmöglichkeiten für sie vorgesehen. Es ist ganz ausgeschlossen, daß sie auf den Stühlen Platz nehmen, die für die Gäste bestimmt sind.

In einem Geschäft sitzt die Inhaberin an der Kasse oder an einem kleinen Tisch, vielleicht auch im Hinterzimmer; aber die Angestellten können sich, auch wenn sie zeitweise nichts zu tun haben, nur an die Wand lehnen oder sich mit einem Viertel ihrer Sitzfläche an einem Möbelstück, einer Vitrine oder einem Ladentisch abstützen.

Die hierarchische Pyramide eines Unternehmens oder einer Verwaltung, die Sie zunächst nicht kennen, zeichnet sich alsbald vor Ihren Augen ab, wenn Sie sich die Mühe machen, das Verhalten der einzelnen Angestellten unter dem Gesichtspunkt »Sitzen oder stehen« zu studieren und zu vergleichen. Sowohl die Sitzungen mit ihrem einigermaßen formellen Charakter wie auch die üblichen täglichen Begegnungen zwischen Kollegen bringen eine Vielzahl von Hin- und Herbewegungen mit sich. Von der Herrschaftsgeste des Generaldirektors, der als einziger inmitten seiner stehenden engsten Mitarbeiter sitzt, bis zum bescheiden-würdevollen Büroangestellten, der jedesmal, wenn sich jemand seinem Arbeitsplatz nähert, wie eine Sprungfeder aufspringt, wird das innere Gefüge des Systems schließlich in der Dialektik »Stehen oder sitzen« transparent.

Auch den Charakter der Beziehung, die jemand mit Ihnen herstellen möchte, können Sie schon beim Empfang daran erkennen, wie er es entweder Ihnen überläßt, das Problem »Stehen oder sitzen« zu lösen, oder wie er es selbst löst.

Bleibt er selbst sitzen, wenn Sie sein Territorium betreten? Dann will er Ihnen gegenüber seine Überlegenheit wahren. Erhebt er sich, sobald er Sie sieht? In diesem Fall will er Ihnen auf gleicher Ebene begegnen, zumindest am Anfang. Wenn er

zögert, Ihnen einen Platz anzubieten, möchte er Sie einschüchtern und – noch vor dem ersten Wortaustausch – Ihrer Unterwerfung sicher sein.

Wenn er Sie im Stil »feet on the desk« – mit den Füßen auf
dem Tisch – empfängt? Lassen Sie sich vor allem nicht aus der
Fassung bringen durch eine solche Zurschaustellung von
Selbstgefälligkeit und Arroganz. Unser Unbekannter hat
Amerika entdeckt, in fünf Hochschuljahren oder während
eines achttägigen Kongresses. Das bleibt noch festzustellen. Im
Augenblick will er Sie jedenfalls beeindrucken, um nicht zu
sagen – bluffen. Den amerikanischen Autoren Gerard I.
Nierenberg und Henry H. Calero zufolge ist zu vermuten, daß
Sie auf dieses Verhalten wahrscheinlich negativ reagieren. Ein
Untergebener wird es übelnehmen; ein Vorgesetzter duldet es
nicht; nur ein gleichrangiger, langjähriger Bekannter wird es
gleichmütig hinnehmen.

Wenn unser Unbekannter Ihnen einen wackeligen Stuhl
anbietet, der ungünstig oder weit weg von ihm steht, so ist
ihm Ihr Kommen und Ihre Gegenwart unangenehm. Er legt
Ihnen ziemlich deutlich nahe, so schnell wie möglich wieder zu
verschwinden, ohne daß Sie erst Platz genommen haben.

Ein ähnlich geartetes Mißgeschick ist Sigmund Freud einmal
passiert. Er schildert es in seinem Werk *Zur Psychopathologie
des Alltagslebens* wie folgt:

»Während einer Ferienreise sah ich mich gezwungen, einige
Tage am gleichen Ort zu verbringen, um die Ankunft meines
Begleiters abzuwarten. Ich machte in der Zwischenzeit die
Bekanntschaft eines jungen Mannes, der sich ebenfalls allein
zu fühlen schien und sich gern an mich anschloß. Da wir im
gleichen Hotel wohnten, ergab es sich ganz natürlich, daß wir
unsere Mahlzeiten gemeinsam einnahmen und zusammen
Spaziergänge machten. Am Nachmittag des dritten Tages
kündigte er mir plötzlich an, daß er am gleichen Abend seine
Frau erwarte, die mit dem D-Zug ankommen sollte. Mein
psychologisches Interesse erwachte; denn es war mir schon am
Morgen aufgefallen, daß er meinen Vorschlag, einen größeren
Ausflug zu machen, abgelehnt hatte, und während unseres
kleinen Spaziergangs weigerte er sich, einen bestimmten Weg

einzuschlagen, weil er ihm zu steil und gefährlich erschien. Während unseres Nachmittagsspaziergangs sagte er mir plötzlich, daß ich mit dem Abendessen nicht auf ihn warten solle, daß ich allein essen möge, wenn ich Hunger hätte, denn was ihn anginge, so würde er vor der Ankunft seiner Frau nicht essen. Ich verstand die Anspielung und ging zu Tisch, während er sich zum Bahnhof begab.

Am nächsten Morgen trafen wir uns in der Halle des Hotels. Er stellte mir seine Frau vor und fügte hinzu: ›Sie werden doch mit uns essen?‹ Ich hatte noch etwas zu kaufen in einer Straße ganz in der Nähe des Hotels und versprach, sofort zurückzukommen. Als ich den Speisesaal betrat, fand ich das Paar nebeneinander an einem kleinen Tisch neben einem Fenster sitzend. Ihnen gegenüber war nur noch ein einziger Sessel, dessen Lehne und Sitz mit dem schweren Regenmantel des Ehemannes bedeckt war. Ich habe die Bedeutung dieser Situation sehr wohl begriffen, die sicher nicht beabsichtigt, aber darum um so aufschlußreicher war. Das sollte heißen: ›Hier ist kein Platz für dich, du bist im Moment überflüssig.‹ Der Ehemann bemerkte nicht, daß ich vor dem Tisch stehen blieb, ohne mich hinzusetzen, aber seine Frau stieß ihn mit dem Ellbogen an und flüsterte ihm zu: ›Du hast den Sessel des Herrn mit deinen Sachen belegt.‹«

Die Alternative »Stehen oder sitzen« ermöglicht manchmal die Beurteilung der eigentlichen Alpha-Qualität. Von einem Chef, Geschäftsführer, Staatsmann oder Professor stellen wir mit einem Anflug von Respekt oder Bewunderung in der Stimme fest, daß er die Autorität eines »gesetzten Mannes« habe. Dieser häufig gebrauchte bildhafte Ausdruck beruht tatsächlich auf einer sehr zutreffenden Beobachtung.

Der starke und mächtige Mann, der seiner Autorität und seiner Kraft sicher ist, erteilt seine Befehle sitzend, ohne die Stimme zu heben. Seine Autorität beruht auf seiner Charakterstärke und seiner Willenskraft. Auch wenn er niedriger als seine Untergebenen sitzt, büßt er nicht einen Schimmer seiner Überlegenheit ein. Im Gegensatz dazu reckt sich der Mann mit ungenügender oder schwacher Autorität zu seiner ganzen Höhe, wenn er einen Befehl ausspricht. Er bedient sich der

aggressiv wirkenden Vertikalität, und seine aufgerichtete
Gestalt soll eine physische Bedrohung für seine Untergebenen
darstellen. Dazu spricht er auch noch mit angestrengter
Stimme. Da man ihm nicht spontan Respekt entgegenbringt,
muß er Furcht verbreiten, um sich Gehorsam zu verschaffen.

Eine besondere Variante des Sitzens – mit gekreuzten, eng
aneinandergepreßten Füßen und auf den Armlehnen ver-
krampften Händen – ist mit verblüffender Regelmäßigkeit auf
dem Sessel des Zahnarztes festzustellen. Das hat einen amerikanischen Zahnarzt sogar veranlaßt, dieses Phänomen, das er
an seinen Klienten beobachtete, statistisch auszuwerten.
Aufgrund dieser Beobachtungen kreuzen 128 von 150 männlichen Patienten ihre Füße unmittelbar, nachdem sie sich hin-
gesetzt haben, und von 150 weiblichen Patienten verhalten sich
90 ebenso. Die Männer mit gekreuzten Füßen halten ihre zu-
sammengekrampften Hände in Beckenhöhe oder umklammern
die Armlehnen. Die Frauen neigen insbesondere dazu, die
Hände krampfhaft zusammenzupressen, halten sie aber eher in
Taillenhöhe. Die Patienten, die sich spontan niederlassen, ohne
die Füße zu kreuzen, kommen gewöhnlich zu einer Routine-
untersuchung, von der sie im voraus wissen, daß sie nicht
schmerzhaft sein wird. Auch die Patienten, die sich langwierigen Behandlungen unterziehen, gewöhnen sich an die Situation. Nach vier oder fünf schmerzlosen Sitzungen setzen sie
sich schließlich in den Zahnarztsessel, ohne die Füße zu kreuzen. Für die Spezialisten der nichtverbalen Körpersprache
scheint es daher erwiesen zu sein, daß die Sitzhaltung mit gekreuzten Fesseln und auf den Armlehnen zusammengepreßten
Händen ein extremes Mißbehagen und akute Angst verrät.

SPANNUNG, ENTSPANNUNG, RUHE UND BEWEGUNG

Wir sind immer noch auf der Suche nach Merkmalen, die
Alphas und Omegas kennzeichnen, und wollen einen Besuch
in der Redaktion einer Frauenzeitschrift machen.

Infolge von Vergeßlichkeit, Nachlässigkeit und verschiedenen, im einzelnen festgestellten Irrtümern ist man mit der
Vorbereitung der nächsten Ausgabe der Revue in Verzug ge-

raten. Die Chefredakteurin hat ihre engsten Mitarbeiterinnen eiligst zusammengerufen, um eine kritische Prüfung der Situation und eine Neuverteilung der Aufgaben vorzunehmen, wenn nötig, ohne Rücksicht auf Zuständigkeiten und die gewohnte Rollenverteilung.

Die Sitzung findet im Büro der Chefredakteurin statt. Den Arbeitstisch hat man zum Fenster geschoben, um die notwendigen Sitzgelegenheiten im Kreis aufstellen zu können: zwei Sessel und drei Stühle. Die fünf Teilnehmerinnen haben ungefähr das gleiche Alter, zwischen dreißig und vierzig Jahren. Nach Erscheinung und Kleidung gehören sie der gleichen sozialen und wirtschaftlichen Gruppe an. Trotz dieser sichtbaren Einheitlichkeit ist die kleine Gruppe streng hierarchisch gegliedert. Einige dieser Frauen haben Vorrechte, die anerkannt und respektiert werden. Die Rangordnung ist ganz klar aus ihren Gesten und Haltungen abzulesen.

Beginnen wir am Fuß der Stufenleiter. (Da der Bericht auf tatsächlichen Beobachtungen beruht, wurden die Eigennamen durch Pseudonyme ersetzt.) Helene sitzt auf ihrer Stuhlkante. Ihr starrer Blick und ihre zusammengepreßten Lippen lassen einen Zustand extremer Spannung vermuten. Ihre eng geschlossenen Beine mit gekreuzten Fesseln verschwinden unter ihrem Stuhl; die Hände umkrampfen das obere Ende der vorderen Stuhlbeine. Obschon sie sich so mehrfach verankert hat, ist sie in ständiger Bewegung und schreckt jedesmal hoch, wenn im angrenzenden Zimmer das Telephon läutet.

Menschen, die Furcht und Ärger empfinden, kreuzen die Füße und verkrampfen ihre Hände. Sie klammern sich fest und versuchen auf diese Weise, einen Ausbruch ihrer heftigen Erregung zu verhindern und zu beherrschen. Helene gelingt das nur schlecht. Ihre unruhigen Gestikulationen und ihr Aufschrecken geben Aufschluß über den Aufruhr, der in ihr tobt, und zeigen gleichzeitig, daß sie ihre Haltung nicht kontrollieren kann. Allein diese wenigen Einzelheiten der nichtverbalen Sprache lassen bei ihr eine Erregbarkeit erkennen, die ganz unvereinbar ist mit der Vorstellung von Autorität und Macht. Einen Menschen mit Führungsqualitäten erkennt man an sei-

ner Ruhe, seiner beherrschten Haltung und daran, daß er
keine unnützen oder ungezielten Bewegungen macht.

Helene ist Redaktionssekretärin. Sie weiß genau, daß sie
nicht genügend Festigkeit gegenüber den Redakteurinnen und
Redakteuren aufbringt, die sie antreiben müßte, um ihre
Beiträge rechtzeitig zu erhalten. Kürzlich ist ihr auch noch ein
Versehen passiert: sie hat vergessen, eine Reihe von Beleg-
exemplaren abzusenden. Ein bekannter Autor, gelegentlich
Mitarbeiter der Revue, hat das sehr übelgenommen und sich
bei der Chefredakteurin beklagt. Helene sitzt nach ihrer
eigenen Empfindung auf der Anklagebank; ihr Unbehagen an
der Situation springt in die Augen.

Marianne hat ihre Predigt bereits hinter sich. Sie ist wütend
und macht kein Hehl daraus. Sie runzelt ihre Stirn so heftig,
daß ihre Augenbrauen sich berühren, und da sie es nicht wagt,
ihrem Zorn mit Worten freien Lauf zu lassen, beißt sie grim-
mig auf ihre Unterlippe. Ihre Arme hält sie in Verteidigungs-
position vor der Brust gekreuzt und knetet so gewaltsam an
ihnen herum, daß ihre Fingerknöchel weiß hervortreten. Trotz
ihres Zornes neigt Marianne ihren Kopf nach vorn; sie sitzt
mit rundem Rücken und läßt die Schultern hängen. Es ist ihr
unmöglich, jemandem wirklich die Stirn zu bieten, und sie
weicht dem Blick der Chefredakteurin, die mit ihr spricht, aus.

Marianne hat immer versucht, in ihrem Arbeitsbereich, dem
Redaktionssekretariat der Zeitschrift, einen regelmäßigen
Arbeitsrhythmus und ein Minimum an Disziplin durchzusetzen. Sie wird unablässig mit technischen Problemen konfrontiert. Ihren geistig produktiven Kollegen gegenüber hat sie
einen Minderwertigkeitskomplex entwickelt. Jede Verzögerung
im Redaktionsbereich schlägt aber auf die technische Reali-
sation der Zeitschrift durch und wächst sich zu einer Riesen-
panne aus, was Marianne seit Jahren der Chefredakteurin
klarzumachen versucht. Obschon sie sich mit ihren Argumenten sehr gut verteidigen könnte, verzichtet sie heute auf jeden
Rechtfertigungsversuch und steckt alles wortlos ein. Dafür
kneift sie sich in die Arme und beißt sich auf die Lippen. Sie
ist ein Mensch, der mit Leib und Seele bei seiner Arbeit ist; sie
übernimmt stets ohne Zögern die undankbarsten Aufgaben

und Verantwortlichkeiten; sie liebt ihre Revue mit wahrer Passion, aber sie ist nicht in der Lage, persönlichen Ehrgeiz zu entwickeln.

Auf dem dritten Stuhl sitzt Sabine, mit einem Stoß Papier auf den Knien. Im Augenblick beugt sie sich vor und hält ihrer Nachbarin ein Feuerzeug entgegen, um deren Zigarette anzuzünden. Diese wenigen Anzeichen genügen, um auch Sabine in die Klasse der Omegas einzustufen.

Sie hat den Titel einer stellvertretenden Chefredakteurin, und doch übernimmt sie die Funktion einer Sekretärin; sie ist als Nummer zwei unerschütterlich loyal und tritt – allerdings nur im Hintergrund – als effizientes Double auf. Ergeben schleppt sie alle Papiere mit, die die Chefredakteurin eventuell benötigen könnte. Sie ist es auch, die sich vorbeugt, um ihrer Nachbarin Feuer zu geben. Und schließlich begnügt sie sich, obschon sie die Nummer zwei der Redaktion ist, mit einem Stuhl.

In dem Sessel, auf den Sabine ein Anrecht hätte, liegt hingegossen Doris. Sie ist offensichtlich die Lässigste von allen. Ihre lang ausgestreckten Beine reichen bis in die Mitte des Kreises. Neben ihr steht der einzige Aschenbecher; ihre Handtasche liegt halbgeöffnet auf ihren Knien. Nachlässig läßt sie ihre rechte Hand über die Sessellehne baumeln. Mit ihrer linken Hand faßt sie Sabines Handgelenk, um das Feuerzeug an ihre Zigarette heranzuführen, ohne daß sie sich aufzurichten braucht.

Doris ist eine Schriftstellerin mit fabelhaftem Instinkt für modische Tendenzen. Sie ist verheiratet mit einem hohen Beamten und verfügt über ein Netz wertvoller Verbindungen, die sie kräftig ausnutzt. Als enge Freundin der Chefredakteurin und literarische Sachverständige liefert sie der Revue in unregelmäßigen Abständen ihre Aufsätze und Berichte. Sie fühlt sich hier zu Hause; sie spielt gleichzeitig die graue Eminenz und das Luxuswesen aus der Außenwelt. Obwohl sie der Redaktion nicht angehört, hat sie sich innerhalb der Geschäftsführung eine für sie maßgeschneiderte Position geschaffen, und obwohl sie am liebsten mit Charme und Verführungskünsten arbeitet, verleugnet keine ihrer Gesten das Herrscherbedürfnis ihrer starken Persönlichkeit; sie ist ein Alpha bis in die Fingerspitzen.

Auch die Chefredakteurin, Marie-Laura, ist ein Alpha. Sie sitzt tief in den Sessel zurückgelehnt, und ihre Haltung zeigt eine bewundernswerte Beherrschung ihrer Rücken-, Schulter- und Halsmuskulatur. Während sie spricht, bleibt ihr Oberkörper bewegungslos, und ihre ruhigen Gesichtszüge drücken keine einzige Regung aus, die nicht vollkommen dem Sinn ihrer Rede entsprechen oder deren Wirkung abschwächen würde. Nur selten bewegen sich ihre Augenlider, und sie sieht die Person, mit der sie spricht, praktisch ununterbrochen an. Ihre Ellbogen ruhen auf den Sessellehnen; die Vorderarme hält sie aufgerichtet, und ihre Fingerspitzen berühren sich. Der amerikanische Autor Birdwhistell verwendet für diese Geste den Ausdruck »Steepling«: die Doppelkontur der Arme – ausgebreitete Ellbogen, zusammengefügte Fingerspitzen – erinnert tatsächlich an die Form eines Kirchturms. Aus dieser Haltung der Hände spricht Selbstvertrauen, eine gewisse Selbstzufriedenheit und eine gute Portion Egoismus und Stolz.

Marie-Laura – diesen Namen hat sie für sich gewählt, getauft wurde sie Paula – ist die Tochter bescheidener Geschäftsleute aus der Provinz. Sie hat sich selbst hochgearbeitet und ihre Ellbogen dabei gebraucht, ohne von irgend jemandem eine Beleidigung oder Demütigung hinzunehmen. Da es ihr gelungen ist, sich diese ungewöhnliche, angesehene und einträgliche Stellung zu erobern, stellt sie auch an andere ebenso hohe Ansprüche wie an sich selbst, und ihre Autorität hat eine etwas strenge Note. Machtstreben und Selbstkontrolle sind die beiden Faktoren, die ihren sozialen und beruflichen Aufstieg ermöglicht haben.

DER ALPHA-MENSCH

Wie Zoologen beim Studium großer Menschenaffen, die in Herden leben, festgestellt haben, genügt in normalen Zeiten das ruhige Selbstvertrauen des Anführers, um seinen Einfluß auf die untergebene Herde zu garantieren. Wenn jedoch in den Reihen seines Volkes Zänkereien, Disziplinlosigkeiten und

Aufruhr um sich greifen, muß er seine Autorität deutlicher in Erscheinung treten lassen. Im Kontrast zu der gewöhnlichen Unerschütterlichkeit des Alphas tritt die kleinste mimische Veränderung um so schärfer hervor. Auf seinem Gesicht bewahrt das Ausdrucksspiel der Muskeln und des Blicks, das andere Individuen durch ihre Nervosität bis zur Wirkungslosigkeit überdehnen, seine durchschlagende Überzeugungskraft. Je größer die Energie ist, die der Autorität eines Alphas zugrunde liegt, um so weniger wird er sie nach einer allgemeinen Regel in Gesten und Mimik verschwenden, um sich durchzusetzen. Je stärker er ist, um so weniger hat er es nötig, diese Stärke durch drohende Gebärden und Geschrei unter Beweis zu stellen. Diese Grundsätze, die sich aus der Beobachtung von Menschenaffen ableiten lassen, gelten auch für uns Menschen.

Während einer Wahlveranstaltung steigt ein Parteiführer auf die Tribüne und präsentiert sich einem aufgeregten Publikum. Er bleibt vollkommen regungslos stehen. Sein Mund ist geschlossen, sein Blick gleitet langsam über die Versammlung. Der Lärm im Saal klingt sofort ab, und bald herrscht eine respektvolle Stille.

In einer solchen Situation würde der Omega-Typ den Kopf in alle Richtungen wenden, unverständliche Äußerungen machen, seine Augen wütend oder hilflos hin- und herrollen; zuletzt würde er nach der Tischglocke greifen und sie fieberhaft schütteln. Häufig genug wächst der Tumult daraufhin noch an.

Zwischen diesen beiden extremen Verhaltensformen bleibt Raum für eine Stufenleiter mimischer Ausdrucksformen und Gesten, die einschüchternd wirken sollen: Hochziehen der Augenbrauen, Runzeln der Brauen, die halberhobene Hand, die beiden beschwörend erhobenen Unterarme und Hände, der anklagend ausgestreckte Zeigefinger, der ungeduldige Zeigefinger, der auf den Tisch trommelt, die geballten Fäuste, die auf den Tisch hämmern, und schließlich die ziellosen Gestikulationen, die die schrille Aufforderung: »Ruhe bitte!« begleiten.

Jean-Paul Sartre hat eine unvergeßliche Erinnerung an eine Geste seines Großvaters Charles Schweitzer, der ein schrecklicher Haustyrann war, bewahrt. Diese vertraute Geste hat der Autor den »Hieb des Zeigefingers« getauft.

»Charles hatte zwei Gesichter: Wenn er den Großvater spielte, hielt ich ihn für einen Hampelmann meiner eigenen Art und achtete ihn nicht. Wenn er aber mit Monsieur Simonnot oder mit seinen Söhnen sprach, wenn er sich bei Tisch von seinen Frauen bedienen ließ und wortlos mit dem Zeigefinger auf die Ölkaraffe oder den Brotkorb deutete, dann bewunderte ich seine Autorität. Vor allem der Trick mit dem Zeigefinger machte mir Eindruck: er achtete darauf, ihn nicht völlig auszustrecken, sondern halb gekrümmt in der Luft spazierenzuführen, so daß der Hinweis ungenau blieb und seine zwei Dienerinnen seine Wünsche erraten mußten. Manchmal täuschte sich meine Großmutter, verlor die Fassung und reichte ihm die Kompottschale, wenn er etwas zu trinken haben wollte. Ich gab meiner Großmutter die Schuld; ich verneigte mich vor diesen Königswünschen, die erst erraten werden wollten, bevor man sie erfüllte.«

Der Blick des Alpha-Typs hat eine beherrschende und augenblicklich wirkende Kraft, wenn er ihn auf seine Untergebenen richtet. Er setzt sich dabei mit Absicht über das ungeschriebene Gesetz hinweg, das über Zweckmäßigkeit, Häufigkeit und Dauer menschlicher Blickkontakte entscheidet.

Die elementare Höflichkeit verlangt, daß wir einen Blickkontakt aufnehmen mit der Person, die das Wort an uns richtet.

Roland S. leitet das Hauptbüro einer Bankengruppe in der Provinz. Jemand klopft an die Tür seines Zimmers, tritt ein, ohne Antwort abzuwarten, nähert sich dem Tisch und legt ein Papier darauf nieder. »Hier ist der Bericht, den Sie von mir haben wollten.« Roland hebt die Augen nicht vom Tisch, sondern gibt ein leises zustimmendes Brummen von sich. Wer ist dieser Jemand, dem man keinen Blick zubilligt? Mit Sicherheit ein Untergebener. Er hat eine derart untergeordnete Position, daß Roland sich die Anstrengung sparen kann, seine Lider zu heben, um ihm zu danken. Abgang des anonymen Untergebenen.

Nun tritt eine weitere Person ein, die ebenfalls schweigend bis zum Schreibtisch geht und dort eine Mappe niederlegt. »Die Postmappe, Herr S.« Dieser wiederholt seinen kurzen Brummton. Ohne den Kopf zu heben, nimmt er die Mappe und beginnt zu unterschreiben, nachdem er jeden Brief überflogen hat. Beim fünften Brief hält er an und dreht die Mappe brüsk zur Seite, so daß die Person, die immer noch aufrecht hinter ihm steht, den Brief auch lesen kann. Sein Zeigefinger zeigt auf den Brief, während sich sein Hals aufrichtet und seine Augen die Schreibkraft starr anblicken, ohne auch nur das kleinste Wort zu sagen. Die Angestellte beugt den Kopf, legt eine Hand an die Stirn und ergreift den Brief. »Entschuldigen Sie, Herr S., ich werde das sofort in Ordnung bringen.«

Hier braucht Roland gleichzeitig mehrere Zeichen der nichtverbalen Sprache, die für die Herrscherpersönlichkeit typisch sind: sitzende Stellung vor dem stehenden Untergebenen, den gegen das beanstandete Objekt ausgestreckten Zeigefinger, anklagendes Schweigen und starren Blick, der aus der Fassung bringt. In der Regel verbietet es sich, jemanden starr anzublicken. Roland setzt sich über diese Regel hinweg, sobald es sich um einen Untergebenen handelt.

Wie er seinen Blick einsetzt, um zu ignorieren, anzuklagen und zu verurteilen, so läßt er auch sein Schweigen in der gleichen Richtung wirken. Er gibt keine Antwort auf die Frage eines Subalternen, würdigt seinen Bericht keines Kommentars, seinen Vortrag keiner zustimmenden Bemerkung. Wirkungsvoller als scharfe Worte macht sein Schweigen deutlich: »Kein Interesse. Alles, was Sie bis jetzt gesagt haben, taugt nicht soviel, daß ich mir die Mühe machen müßte, darauf zu antworten.«

Ein herrisches Vorschieben des Kinns liefert noch eine Nuance: »Haben Sie sonst noch etwas zu sagen? Also weiter!« Im Widerspruch zu seinen Worten wendet er den Kopf ab und schneidet weitere Erklärungen ab: »Es hat keinen Zweck, noch weiterzumachen. Entfernen Sie sich, so schnell wie möglich.« Wenn Schweigen und starrer Blick gleichzeitig länger andauern, verstören und lähmen sie den Untergebenen, der »sein Gesicht verliert«, »nicht weiß, wo er sich verstecken soll«, »sich wie ein Zwerg vorkommt«, »in einem Mauseloch verschwinden möchte«.

In unserer uneinheitlichen und vielgestaltigen Gesellschaft unterliegen die Herrschaftsbeziehungen ebenso wie die unterschiedlichen sozialen Schichtungen endlosen Veränderungen, Schwankungen und Verschiebungen. Die Zeit des großen Paterfamilias, des Feudalherrschers und des absoluten Monarchen, die über Leben und Tod von Kindern, Vasallen und Untertanen entschieden, ist vorbei. Die Macht von Gottes Gnaden erhielt Risse, ging in Trümmer, wurde zerstückelt und verteilte sich auf eine Vielzahl von neuen Autoritäten, die jeweils nur an einem bestimmten Ort, für begrenzte Zeit und gegenüber einer limitierten Zahl von Individuen wirksam werden. Alphas in wachsender Zahl können sich um kleinere Machtanteile bewerben, aber es gibt keinen Menschen mehr, der sich uneingeschränkter Machtvollkommenheit rühmen darf.

Roland regiert wie ein Despot über das Personal seines Hauses, aber innerhalb seiner Bankengruppe nimmt er nur eine mittlere Stellung ein. Folgen wir ihm zu einem geschäftlichen Cocktail und beobachten wir seine Blicktaktik.

Glanz und Ehre dem Mächtigsten! Zuerst sucht Roland den Präsidenten seiner Gesellschaft im Raum ausfindig zu machen. Um jede Aufdringlichkeit zu vermeiden, postiert er sich genau an der Grenze von dessen Gesichtsfeld und sendet lange, spähende Blicke zu ihm hinüber in der Hoffnung, den Blick seines Vorgesetzten auf sich zu lenken. Der Präsident steht mit drei anderen Männern zusammen und unterhält sich angeregt, als sein Blick zum erstenmal Rolands Blick kreuzt. Roland rührt sich nicht. Der Moment ist ungünstig: man kann einen Präsidenten nicht mitten in seinem Redefluß unterbrechen. Aufmerksam bleibt er weiter auf der Lauer. Nun nähert sich ein Kellner der Gruppe des Präsidenten, der verstummt und ein Glas von dem hingereichten Tablett nimmt. Als er den Kopf hebt, begegnet er wieder Rolands Blick, der unmerklich die Brauen hochzieht. Der Präsident deutet eine Geste des Einverständnisses an, indem er ganz leicht sein Glas in Rolands

Richtung hebt. Grünes Licht! Roland kommt schnell herbei und begrüßt seinen Präsidenten. Sehen wir uns an, mit welch bewundernder Ergebenheit sein Blick das Wohlwollen seines Chefs quittiert.

Mit geringeren Vorsichtsmaßnahmen manövriert sich Roland in das Gesichtsfeld des Generalbevollmächtigten, um dessen Blick, der zerstreut über die Versammelten gleitet, einzufangen. Dieser Blick streift ihn, und Roland setzt sich sofort in Bewegung. Die Entfernung, die noch zwischen ihnen liegt, würde es ihm erlauben, gleich ein anderes Ziel anzusteuern, wenn er den Eindruck gewinnen sollte, daß der Generalbevollmächtigte jetzt nicht mit ihm zusammentreffen möchte. In diesem Augenblick dreht er gerade den Kopf zur Seite, wo neben ihm ein schallendes Gelächter ausbricht, wendet sich aber sehr schnell wieder Roland zu, und diesmal bleibt sein Blick auf ihm haften. Gruß und Händedruck folgen.

Nachdem er nun den unumgänglichen Huldigungspflichten des Vasallen gegenüber seinen Lehensherren genügt hat, kann er seine gespannte Spähertätigkeit aufgeben. Natürlich versucht er noch, mit einigen Kollegen zusammenzutreffen, die Verbindung mit einem früheren Mitarbeiter wiederaufzunehmen, eine attraktive Abteilungsleiterin zu begrüßen, und seine Augen sind entsprechend beschäftigt. Er braucht seine Blicke aber nicht mehr mit der früheren hochgradigen Aufmerksamkeit zu kontrollieren, um je nach der Reaktion des anderen sofort verfügbar oder verschwunden zu sein. Unter Gleichrangigen ist es praktisch ohne Bedeutung, ob sein Blick als erster den der anderen auffängt, oder ob es ihre Blicke sind, die den Kontakt herstellen.

Roland gibt besonders acht, daß er nicht zwei Geschäftsleuten über den Weg läuft, die ihm als Kunden abtrünnig geworden sind. Es wäre töricht und sinnlos, sie offen zu beleidigen, indem er sie nicht grüßt; er beobachtet sie also aus dem Augenwinkel, um zu vermeiden, daß sich ihre Blicke unverhofft begegnen.

An einem Betriebsprüfer hingegen, dem er seit Jahren eine handfeste Abneigung entgegenbringt, möchte sich Roland gern rächen. Es gelingt ihm, seinen Blick einzufangen, bevor der

andere Gelegenheit hat, ihn zu erkennen und ihm auszuwei-
chen. Lange dehnt er diesen Blickkontakt aus, während seine
Züge erstarren. Der Betriebsprüfer – unversehens überfallen –
bemüht sich, den Blick auszuhalten; jetzt die Augen abzuwen-
den würde nach einer Niederlage aussehen. Roland bleibt in
diesem Duell, das er ja begonnen hat, der Überlegene. Mit
langsam weggleitendem Blick bricht er es ab, ohne daß er seinem Gegenüber ein Zeichen des Erkennens gegeben hätte.
Herausforderung, Beleidigung, Verhöhnung, Verachtung. In
ein paar Sekunden und ohne ein Wort zu sagen, hat Roland
soeben ein altes Rachebedürfnis befriedigt.

Während der letzten Minuten des Cocktails ist in Rolands
Blicken nur noch der Ausdruck völliger Gleichgültigkeit festzustellen. Seine wachsamen und beweglichen Augen werden
ausdruckslos, wenn sie zufällig auf einen Kellner oder einen
Angestellten vom Hotelpersonal treffen. Dabei ist keinerlei
Feindseligkeit im Spiel, überhaupt keine Absicht der Kränkung
oder Demütigung. Sein Blick nimmt sie aus dem einfachen
Grund nicht zur Kenntnis, weil sie für ihn eigentlich gar nicht
existent sind. Gesellschaftlich sind sie in seinen Augen »Nichtpersonen«.

DIE NICHTPERSON

Die Welt ist ein Theater, postuliert Erving Goffmann, wie
schon so viele vor ihm. In seinem Buch *Wir alle spielen Theater
– die Selbstdarstellung im Alltag* entdeckt und erläutert er mit
größter Genauigkeit die leidenschaftlichen Bemühungen der
Menschen, sich selbst darzustellen. Wir sind alle Schauspieler.

Diese Selbstdarstellungen, denen Goffmanns besonderes Interesse gilt, sind von Soziologen und Psychologen bisher nicht
recht beachtet worden. Goffmann spürt auf und sammelt, und
er betrachtet seinen Fund unter dem Vergrößerungsglas der
Analyse: zufällige Begegnungen, nichtssagender Austausch mit
dem Briefträger, der Verkäuferin oder dem Hotelpagen, flüch-
tiges Mienenspiel gegenüber Unbekannten, vorübergehende
Kontakte zwischen Reisenden in einem Abteil, winzige Riten,
Beziehungen, die sich zwangsläufig in Aufzügen oder vor einer
Telephonzelle ergeben, die sich sofort wieder auflösen, impro-

visierte Posen und Rollenspiele vor einem flüchtigen Publikum usw. Goffmann seziert die einzelnen Ausdrucksformen, legt ihre innere Struktur frei und entdeckt dabei auch die Existenz der »Nichtperson«. Wie soll man sie beschreiben, und wer ist eine »Nichtperson«?

»Die Individuen, die die Rolle von Nichtpersonen spielen, sind zwar während eines bestimmten Handlungsablaufes anwesend, aber in gewisser Hinsicht übernehmen sie weder eine handelnde Rolle noch die Rolle des Publikums; sie geben auch nicht vor, etwas zu sein, was sie nicht sind (wie es Betrüger, Komparsen usw. tun). Vielleicht ist der klassische Typ der Nichtperson in unserer Gesellschaft der Dienstbote. Im Falle der anderen Rollen, die in unserem System dem des Dienstboten vergleichbar sind, etwa beim Aufzugbegleiter oder Taxichauffeur, weiß man offenbar nicht ganz genau, welcher Grad an Intimität in Gegenwart der Nichtperson angebracht ist. Außer den Leuten, die derartige Rollen haben, gibt es noch weitere allgemein bekannte Kategorien von Personen, die manchmal so behandelt werden, als ob sie nicht anwesend wären. Die ganz Jungen, die ganz Alten und die Kranken sind bekannte Beispiele. Außerdem treffen wir heute technisches Personal in wachsender Zahl allenthalben an – Maschinenschreiberinnen, Radiotechniker, Photographen, Kriminalbeamte in Zivil usw. –, die beim Ablauf der Veranstaltung eine technische Rolle spielen, die aber keine Rolle im Drehbuch der Handlung haben. Es scheint, daß die Rolle der Nichtperson gewöhnlich für den Inhaber dieser Rolle eine gewisse Nichtbeachtung mit sich bringt und ihm eine untergeordnete Stellung zuweist.«

Wer ist das Oberhaupt der Familie?

Rolle, Einfluß und Durchsetzungsvermögen der einzelnen Mitglieder einer Familie zeichnen sich wie ein Schattenriß auf dem Hintergrund der individuellen Haltungen und der Gesamtbewegung der Gruppe ab. Wenn man eine Familie in ihrem gewohnten Rahmen und bei ihren gewohnten Tätigkeiten beobachtet, erhält man sehr zuverlässige Anhaltspunkte darüber, wie dem Status jedes einzelnen Rechnung getragen wird. Der tatsächliche Chef einer Familie ist nicht zwangsläufig derjenige, den das Familienrecht dazu bestimmt hat.

Sonntagsspaziergang

Ein Sonntag im Sommer. Ein öffentlicher Park außerhalb der Millionenstadt. Die vier Mitglieder einer Familie sind aus ihrem Auto ausgestiegen und suchen einen geeigneten Platz für ihr Picknick . . .

Der Vater führt seine zwei Kinder an der Hand. Rechts strampelt Peter voran und stößt vergnügte Schreie aus. Er zieht seinen Vater mit aller Kraft auf einen Teich zu, den er entdeckt hat, und schwingt in der anderen Hand ein wunderbares Segelboot. Der Vater hält die Augen nach unten gerichtet; sein Körper ist in die Richtung gebeugt, die das Kind ihm aufzwingt; er lacht. Am ausgestreckten anderen Arm zieht er Emanuela mit, die mit ihrem Federgewicht und mit aller Entschlossenheit die Fortbewegung bremst. Sie stemmt sich fast bei jedem Schritt zurück und verdreht den Kopf nach einem Karussell mit Holzpferden, das immer weiter zurückbleibt. Weit hinter ihnen kommt die Mutter. Sie trägt eine riesige Einkaufstasche, aus der eine Thermosflasche hervorsieht, und überdies zwei Klappstühle und einen Ball im Netz. Auf ihrem Kopf sitzt reichlich schief eine kleine Schildmütze, die garantiert ihrem Sohn gehört. Ihre Augen sind auf den Boden geheftet, und so folgt sie treu und brav der Spur, die die drei anderen im hohen Gras hinterlassen haben; aber die Entfernung zwischen ihnen wächst. Sie plagt sich sichtbar ab mit ihrem lästigen Gepäck.

Die Rolle des Anführers liegt bei dem kleinen Jungen. Er geht an der Spitze. Diese banale Feststellung ist niemals ohne Bedeutung. Eine Gruppe, die in Bewegung ist und einen anderen Standort ansteuert, wird fast immer von ihrem einflußreichsten Mitglied angeführt. Das gilt ebenso für eine friedliche Familie bei ihrem Sonntagsausflug wie für die Rockerbande, die bei Einbruch der Nacht die menschenleeren Straßen einer Vorstadt in Amerika unsicher macht. In den USA identifizieren die FBI-Agenten die Bandenchefs, die ihnen dem Aussehen nach nicht bekannt sind, in dem Augenblick, in dem sie sich gemeinsam mit ihrer Gruppe, flankiert von ihren Anhängern, von einem Raum zum anderen begeben. Die Gangster verlassen nur selten ihre Schlupfwinkel, um auf die Straße zu gehen, aber wenn sie sich aus zwingenden Gründen doch dazu entschlossen haben, marschiert der Chef unweigerlich einen halben Schritt vor seinen Männern.

Auch der Psychotherapeut, der Psychologe und der Arzt, der von einer ihm unbekannten Familie konsultiert wird, erkennt ohne Schwierigkeit den wahren Chef des Familienclans. Wenn die Tür des Wartezimmers geöffnet wird, steht der Chef der Familie als erster auf; er erreicht als erster die Tür und streckt seine Hand zur Begrüßung aus. Er gibt das Signal zum Aufbruch, zur Pause, er bestimmt das Ende der Reise. Er gibt das Tempo an. Er tut genau das, was in unserem Beispiel der kleine Peter macht.

Die Wahl zwischen dem Wasserbecken, das ihn interessiert, und dem Karussell, das seine Schwester anzieht, entscheidet er ohne Zögern und Schwanken. Allem Anschein nach ist er daran gewöhnt, daß die ganze Familie sich fügsam nach seinen Wünschen richtet. Der lachende Vater, der sich seiner Marschrichtung anpaßt, die ergebene Mutter in ihrer beider Kielwasser stellen seinem Willen keinen Widerstand entgegen, und die kleine Schwester ist zu schwach, um ihren Willen durchzusetzen.

Drittes Merkmal: Peter trägt sein Schiff, auf das er stolz ist, selbst, aber er hat den Ball und seine Mütze, die er im Augenblick nicht braucht, an seine Mutter abgegeben. Mit Sicherheit ist Peter der kleine König und Tyrann der Familie. Ebenso scheint er mit seinem Vater verbündet zu sein, der sich ohne Zögern auf seine Seite stellt. Das weibliche Element der Familie findet offenbar keine Beachtung, es wird sozusagen geopfert. Niemand kümmert sich um das enttäuschte kleine Mädchen oder die Mutter, die, weit zurückgeblieben, sich mit dem Gepäck abmüht.

Im Supermarkt

Ein riesiger Supermarkt, gleißende Helligkeit, Musikberieselung. Samstagsgedränge. Ein junges Ehepaar mit Kind und der

Mutter des Mannes macht wie jeden Samstag den Wochenein-
kauf an Lebensmitteln und Haushaltsbedarf.

Die vier Personen gruppieren sich um einen Einkaufswagen,
der mit Waren vollgepackt ist. Auch das Baby sitzt darauf und
versucht mit allen Mitteln, sich selbständig zu machen;
begierig greift es in die Warenregale, die in seiner Reichweite
liegen. Der junge Mann, der den Wagen durch das Gedränge
schiebt, hält öfter an, um das Kind zu beruhigen, und weicht
jedesmal aus, wenn ein anderer Wagen in der engen Passage
auf ihn zukommt oder sich querstellt. An einem Bügel des
Wagens hängt eine Handtasche. Immer wieder sieht er nach
oder greift danach, um sie nicht zu verlieren. An der Seite des
Mannes bewegt sich die alte Dame mühsam voran. Sie wird
häufig angestoßen und klammert sich an den Arm ihres Sohnes. Wenn der Wagen anhält, weil das Gedränge zu stark wird
oder das Kind zurechtgewiesen werden muß, und wenn die
junge Frau kurz den Rücken dreht, greift die alte Frau nach
dem einen oder anderen Paket aus dem Wagenkorb, wiegt es
in der Hand und schnuppert neugierig daran. Sie legt es
schnell wieder hin, wenn ihre Schwiegertochter sich nähert.

Die junge Frau hat beide Hände frei. Sie sucht verschiedene
Waren aus den Regalen, prüft und vergleicht sorgfältig die
Preise auf den Etiketten. Dann reicht sie die einzelnen Pakete
ihrem Mann, der sie auf den Wagen packt. Mit einer Kinn-
bewegung dirigiert sie ihn dann in eine weitere Passage; gelegentlich schlägt sie dem Kind auf die Finger, weil es die
hinter ihm liegenden Pakete durcheinanderwirft. Die ratlosen
Blicke der alten Frau oder ihre Fragen beachtet sie nicht.

An der Kasse angekommen, packt die Mutter das Kind ener-
gisch in die Arme seiner Großmutter, die sich nun etwas zur
Seite stellt. Der junge Mann leert den Inhalt des Wagens auf
das Fließband der Kasse aus und verpackt ihn anschließend in
Plastiktaschen. Seine Frau prüft den Kassenzettel, holt ihre
Geldbörse heraus und bezahlt.

Die junge Frau genießt volle Bewegungsfreiheit; sie bleibt
unbehindert von schweren Taschen und Paketen, was darauf
hindeutet, daß sie die wichtigste Person und der Kopf der
Familie ist. Der Karikaturist Bellus hat den typischen Pan-

toffelhelden gezeichnet, wie er unter den Einkaufspaketen seiner Frau buchstäblich zusammenbricht. Er plagt sich und schwitzt im Schlepptau seiner Frau, die mit leeren Händen und keck erhobener Nase ihm leichtfüßig voranschreitet. Der große Chefarzt geht im Geschwindschritt und mit leeren Händen durch Gänge und Flure des Krankenhauses, hinter ihm folgen die Krankenpflegerinnen und Assistenten, die die Krankenberichte, Instrumente und Medikamente tragen. So paßt auch das Arbeitsmaterial des Marktforschers in eine schmale Mappe, während der Vertreter mit zwei Riesenkoffern umherziehen muß.

Unbeschwert von jeder Bürde kann die junge Frau ihr kleines Gefolge mit Autorität dirigieren. Sie verfügt auch über die Geldbörse, was in einem Haushalt oft gleichbedeutend damit ist, daß jemand moralisch »die Hosen anhat«. In eigener Regie und ohne jemand um Rat zu fragen entscheidet sie über die Auswahl der für den Haushalt bestimmten Lebensmittel. Der alten Frau bringt sie nur Gleichgültigkeit, dem Kind Ungeduld entgegen. Ihren Ehemann setzt sie ein als Lastenträger und Lagerverwalter und nutzt seine körperlichen Kräfte aus. Der Mann fügt sich gutmütig in diese subalternen Beschäftigungen. Kraft und Geduld verbinden sich bei ihm mit einer gewissen Passivität. Wenig kampflustig, wie er ist, vermeidet er jedes Konkurrenzverhalten. Ob in seiner Ehe oder im Dschungel des Supermarktes, er tritt bescheiden in den Hintergrund, wenn er es mit dynamischen Naturen zu tun hat. Er ist ordnungsliebend und methodisch. Zwar liegt es ihm nicht, Initiativen zu ergreifen, aber er ist gut zu gebrauchen bei langwierigen Arbeiten, die Genauigkeit und Ausdauer verlangen. Er ist eine fabelhafte Nummer zwei.

Das Leben der alten Frau ist nicht immer rosig. Ihre Schwiegertochter nimmt sie nicht ernst und läßt keine Gelegenheit aus, um ihr zu zeigen, wie unwichtig sie ist. Sobald die Schwiegertochter sich entfernt, zeigt die alte Frau allerdings ein lebhaftes Interesse für ihre Umgebung und scheint einen Anflug von Selbständigkeit zurückzugewinnen. Immerhin wird sie hinzugezogen, um auf den Enkel zu achten; sie findet einen tröstlichen Ausgleich in der körperlichen Stärke ihres Sohnes, der seinen Bewegungsrhythmus gutmütig dem ihren anpaßt.

Vom Vater verhätschelt, von der Mutter energisch angefaßt, zeigt das Baby eine kräftige Vitalität und ein deutliches Streben nach Unabhängigkeit von den Eltern.

Televisiokratie

Abendessenszeit, eine moderne Küche. Halbdunkel. Eine Familie mit vier Kindern. Der Tisch ist rund und ziemlich groß.

Und trotzdem bildet die Sitzordnung der sechs Personen nur einen Halbkreis an diesem Tisch. Sie sitzen praktisch Ellbogen an Ellbogen. Dabei liefern sie den Eindruck eines perfekten Zusammenspiels und einer großen Geschicklichkeit, wie sie ihre Teller und Flaschen weiterreichen, ohne sich gegenseitig zu behindern oder damit anzustoßen. Am linken Ende sitzt die Mutter neben einem Servierwagen auf Rädern, der mit einer Heizplatte ausgerüstet ist. Darauf sind das ganze fertige Abendessen und zwei Stapel Teller. Die Mutter füllt die Teller und die Tochter an ihrer rechten Seite reicht sie weiter. Neben ihr sitzen Paul, der Kleinste, der Vater, dann Xaver, der zweite Sohn, Dominik, der Älteste. Am rechten Ende des Tisches stehen zwei Flaschen und eine Karaffe, die Dominik auf ein Zeichen hin jedem reicht, der durstig ist. Dieser vollkommen rationell gestaltete Service läuft ab, ohne daß jemand dadurch gestört würde. Die Zähne kauen, niemand spricht. Einziger Zwischenfall während des Abendessens: Dominik springt plötzlich auf, um einen Knopf am Fernsehkasten zu drehen.

In dieser Familie ist der Hauptanziehungspunkt zweifellos Seine Majestät, der Fernsehapparat. Das Luxusgerät mit supergroßem Bildschirm thront auf einem Untersatz aus weißem Plastikmaterial. Der Bildschirm vereinigt die sechs Augenpaare auf sich, und bei der Einrichtung des Raumes hat man vor allem darauf geachtet, daß alle Familienmitglieder eine optimale Sicht haben. Mit dem siegreichen Einzug dieses Dauerredners wurden alle anderen gemeinsamen Interessen der Familie verdrängt. Die Sitzordnung der um den Tisch Versammelten spiegelt aber immer noch die Rangordnung innerhalb der Familie wider, nur muß man sie jetzt auf das Fernsehgerät als Mittelpunkt beziehen.

Wer hat den besten Platz? Der Vater; er sitzt dem Fernsehschirm genau gegenüber; alle Bilder werden ihm aus bester Frontalstellung geliefert. Ein Mann, der seiner Familie ein so teures Fernsehgerät bieten kann und der das auch tatsächlich getan hat, ein solcher Mann verdient den schönsten und besten Platz. Im übrigen werden ihm die festen Nahrungsmittel von links und die flüssigen von rechts angereicht, ohne daß er den kleinen Finger zu rühren braucht.

Weit vom Zentrum der besten Sicht entfernt, hat die Mutter den schlechtesten Platz. Andererseits nimmt sie eine hochwichtige Stellung ein zwischen dem Servierwagen und dem Tisch. Wenn dem Mann die Führung innerhalb der Familie obliegt, so hat sie das Zepter in der Hand bei der Verteilung des Essens. Die männlichen und weiblichen Rollen scheinen in traditioneller Weise zwischen ihnen aufgeteilt zu sein.

Die älteste Tochter bildet das wichtigste Zwischenglied zwischen der Mutter und den anderen Teilnehmern am Essen. Sie hilft fleißig mit und beteiligt sich an den Pflichten der Hausfrau.

Das gleiche gilt für den ältesten Sohn. Sein Platz hat die gleiche Entfernung vom Fernsehgerät wie der seiner Schwester. Er übernimmt die Versorgung der ganzen Familie mit Getränken, und er hat noch einen Vertrauensposten: er ist verantwortlich für die richtige Einstellung des technischen Alleinherrschers. Damit er diese Aufgabe erfüllen kann, ohne die anderen zu stören, sitzt er am Ende des Halbkreises.

Die zwei kleinen Jungen haben es gut. Sie genießen wie ihr Vater den zweifachen Vorteil, eine gute Sicht zu haben und versorgt zu werden, ohne sich nur im geringsten anstrengen zu müssen.

Amerikanische Untersuchungen über den Einfluß des Fernsehens ergaben, daß sich mit dem Auftauchen eines Fernsehgerätes in der Familie die natürlichen Beziehungen zwischen Eltern und Kindern verändern. Früher war es üblich, daß sich die älteren Söhne die Plätze neben der Mutter streitig machten. Der Platz zu ihrer Rechten blieb dabei dem ältesten Sohn vorbehalten. Die Töchter suchten im allgemeinen aus Gründen einer ödipalen Anziehungskraft die Nähe ihres Vaters. Im Zeitalter der Television – in dem der Einfluß des Fernsehens zu einer Art »Televisiokratie« ausgewachsen ist – haben diese Rivalitäten ein neues Objekt gefunden. Das Fernsehgerät ersetzt Vater und Mutter als Mittelpunkt, dem nun die Wünsche und die Aufmerksamkeit der Kinder gelten. Nun ist es der günstigste Platz vor dem Bildschirm, den sie sich streitig machen.

KOMPENSIERTER KOMPLEX

»Mensch sein heißt, sich minderwertig fühlen«, schreibt Alfred Adler, der bereits zitierte Begründer der Individualpsychologie. Wenn dieses Minderwertigkeitsgefühl sich ausbreitet, verstärkt und eine Psyche ganz überwuchert, entsteht ein »Minderwertigkeitskomplex«.

Diesem Ausdruck war ein märchenhafter Erfolg beschieden; er ist nach wie vor ein Schlüsselwort der Salonpsychologie. Sein Erfinder bietet folgende Definition an: »Bewußtsein der Unfähigkeit, die eigenen Lebensprobleme zu lösen.«

Die Menschen, die an einem quälenden Minderwertigkeitskomplex leiden, den sie zudem nicht eingestehen können, bekämpfen ihn meist durch Überkompensation. Während sie innerlich überzeugt sind von ihrer Unfähigkeit, Untauglichkeit und Wertlosigkeit, entwickeln sie ganz im Widerspruch dazu einen Überlegenheitskomplex und bauen sich die künstliche Überzeugung auf, daß sie mehr wert sind als die anderen und daß sie über außergewöhnliche Gaben und Fähigkeiten verfügen. Dieser Überlegenheitskomplex kann sich äußern durch »übersteigerte Ansprüche an sich selbst und an andere, durch Eitelkeit, Koketterie in der äußeren Erscheinung, bei Frauen durch die Neigung, männlich zu wirken, bei Männern durch eine Vorliebe für weibliche Verhaltensweisen, durch Arroganz und Überschwenglichkeit, durch Snobismus, durch ein tyrannisches Benehmen gegenüber der Umgebung«.

Eingeklemmt zwischen tatsächlichem Minderwertigkeitsgefühl und eitler Selbstüberschätzung kann die wirkliche Persönlichkeit nicht zum Vorschein kommen. Eine Scheinpersönlichkeit entsteht, die sich nach den Vorstellungsschablonen der jeweiligen Umgebung zusammensetzt. Oft wird die Unsicherheit im Selbstwertgefühl kompensiert durch Besitz, etwa eines großen Vermögens oder einer Menge schöner, seltener und teurer Dinge, durch einflußreiche und schmeichelhafte Beziehungen. Das Haben ersetzt das Sein.

Das Auto ist ein Beispiel. Desmond Morris hat es in seinem *Menschenzoo* sehr treffend gesagt: »Wenn er sich einen kleinen Wagen leisten könnte, kauft er einen Mittelklassewagen; würde es für einen Mittelklassewagen reichen, legt er sich einen großen Wagen zu; könnte er sich einen einzigen großen Wagen erlauben, kauft er ein zweites Auto für die Stadt; wenn alle Leute große Wagen fahren, kauft er einen ausländischen Sportwagen, klein, aber wahnsinnig teuer; wenn riesige Rücklichter Mode werden, kauft er das letzte Modell mit noch größeren, um den Leuten hinter ihm zu zeigen, daß er ›ihnen voraus ist‹, wie die Werbung so eingängig formuliert.« Beim bloßen Anblick seines Wagens wirft er sich in die Brust und bläht sich vor Stolz. Lange bevor er einsteigt, spielt er schon mit seinen Autoschlüsseln herum.

Liebend gern läßt er sich in längere Gespräche ein, wenn er auf dem Bordstein neben seinem geparkten Wagen steht. Einen Fuß stellt er besitzergreifend auf die Stoßstange; oder er lehnt sich gegen einen Kotflügel, legt seine Hand auf das Wagendach. Dies ist »seine Sache«, der er durch eine Unmenge persönlicher Kleinigkeiten eine Art eigenes Markenzeichen aufgedrückt hat: Whiskyflasche, Zigarettenbehälter und -anzünder, Kleenex-Behälter, Kartentasche, besondere Polsterbezüge, Glücksbringer, Maskottchen usw. Wenn die Karosserie selbst nicht den Eindruck von Reichtum vermitteln kann, schmückt er das Blech mit eigenen kleinen Phantasieerzeugnissen und klebt auf die Stoßstange Plaketten und Sprüche, die seine Überzeugungen verkünden sollen.

Er hat Geld, viel Geld, und das gibt ihm Halt und Kraft. In seiner Hosentasche befinden sich in hübschem Durcheinander Geldscheine verschiedenen Formats. Sind es zehn, zwanzig, dreißig Scheine? Er weiß es nicht, er kümmert sich nicht darum. Beobachten Sie ihn! Er streckt die Hand in die Tasche, läßt die Geldscheine knistern, streichelt sie und fühlt sich gestärkt. Der Gedanke an diesen Besitz verbreitet sich tröstlich in seinem Bewußtsein. Hat er zum Beispiel ein Päckchen Zigaretten zu bezahlen, so holt er das ganze Bündel hervor, um den passenden Schein herauszusuchen. Sie denken vielleicht, daß er anderen seinen Reichtum vor Augen führen will. Aber das wäre eine zu einfache Erklärung. Während er sein Geldbündel liebevoll streichelt und zwischen Daumen und Zeigefinger seine angenehme Dicke fühlt, während er den zerknitterten Schein, mit dem er bezahlen will, glatt streicht, empfindet er eine wunderbare Beruhigung: er ist in der Lage zu bezahlen. Er beweist sich selbst und nebenbei auch dem Verkäufer, daß er genügend Geld hat, daß er zahlungsfähig ist. Wenn er dieses unförmige Paket Scheine aus seiner Tasche zieht, so tut er es nicht so sehr, damit »man es sieht«, sondern damit er es selbst sieht. Diese Geste, die so prahlerisch und aufdringlich erscheint, ist in Wirklichkeit ein Zeichen von Unsicherheit und Angst zu versagen, die auf diese Weise – wie Jean Bergès in *Les gestes et la personnalité* es bezeichnet – durch eine Art »Befähigungsnachweis« kompensiert werden sollen.

Die gleiche heftige Unruhe und das gleiche Bedürfnis, sich Mut zu machen, schildert Georges Simenon in *Le Pendu de Saint-Pholien* bei seinem Helden Joseph van Damme, einem erfolgreichen Geschäftsmann, den das auffallende Interesse, das der Kommissar Maigret seiner Person zuwendet, sehr beunruhigt. »Er rief den Kellner, zahlte. Und beim Herausziehen seiner Brieftasche machte er eine Bewegung, die Maigret häufig bei Geschäftsleuten seines Schlages, die ihren Aperitif in der Gegend der Börse nehmen, bemerkt hatte. Er sah wieder diese nicht zu imitierende Geste, ein Zurücklehnen des Oberkörpers und gleichzeitiges Vorwölben der Brust, wobei das Kinn niedergedrückt wird. Und dabei wird mit einer selbstzufriedenen Nachlässigkeit dieser heilige Gegenstand herausgezogen, dieses lederne mit Geldscheinen gepolsterte Futteral.«

In den beiden beschriebenen Fällen handelt es sich um ziemlich urtümliche Verhaltensweisen, die von einer gewissen Naivität in den sozialen Beziehungen geprägt sind. Der höher entwickelte Typ des Geschäftsmannes, der sich vollkommen mit seinem Bankkonto identifiziert und der seine eigentliche Macht aus seinem Kapital herleitet, geht mit dem Geld auf abstrakte Weise um. Ihm widerstrebt es, Geldstücke oder -scheine in die Hand zu nehmen, und er verwendet sie nur, wenn es unerläßlich ist, hauptsächlich für Trinkgelder. Von ihm hat man keine plumpe Angeberei zu erwarten. Sein Trinkgeld ist großzügig bemessen, wird aber diskret übergeben, ohne daß die Umgebung seine Höhe erfährt. Wie groß es ist, weiß nur der Empfänger. Es muß unbedingt üppiger als gewöhnlich ausfallen, damit ihm eine Äußerung respektvoller Dankbarkeit entlockt wird. Der Spender beabsichtigt natürlich, daß seine Großzügigkeit durch die dankbar murmelnde Stimme des Empfängers gebührend bekannt wird.

Seine Zahlungen erledigt er mit Schecks, die er mit großer Gewandtheit ausfüllt. Je schneller dieser Vorgang ist, um so deutlicher zeigt der Bezahlende, wie wenig es ihn kostet, sich von der betreffenden Geldsumme zu trennen, wie geschickt und kompetent er in Finanzdingen ist.

Sein Ansehen, sein beruflicher Rang und seine soziale Ebene werden deutlich erkennbar, wenn er beim Bezahlen im Hotel, im Restaurant, in eleganten Geschäften eine eindrucksvolle Sammlung von Kreditkarten vorweisen kann. Die Karten von American Express, Diner's Club usw. werden lässig auf der Theke ausgebreitet, und wenn ein Angestellter zufällig nicht wissen sollte, was sie bedeuten, weiht er ihn mit knappen Worten in das Verfahren ein.

Er versäumt auch keine Gelegenheit, sein vollgeschriebenes Adressennotizbuch oder seinen mit Sitzungsterminen und Verpflichtungen überladenen Terminkalender anderen vor Augen zu führen. Einladungskarten, die er bekommt und die einen bekannten Namen oder klingende Titel aufweisen, werden in seiner Wohnung oder in seinem Büro möglichst gut sichtbar aufgestellt.

Wenn jemand von seiner Bedeutungslosigkeit überzeugt und gleichzeitig von einem unstillbaren Hunger nach Prestige und Erfolg gequält wird, so neigt er dazu, seine physischen, geistigen und finanziellen Möglichkeiten übertrieben darzustellen.

Wenn er klein ist, trägt er höhere Absätze, läßt bei einem geschickten Schneider arbeiten, züchtet eine füllige Frisur und bevorzugt hohe Kopfbedeckungen. Der Schmächtige läßt die Schultern seiner Jacke verstärken, seine Weste dick unterfüttern und trägt Mäntel aus voluminösem, flauschigem Stoff. Seine Hemden läßt er mit seinen Initialen zeichnen, und seine Zigarren sind mit einer Bauchbinde mit seinem Namenszug versehen. Er ist der Typ, der Lehrgänge in Rhetorik besucht; ständig spricht er mit künstlich verstärkter Stimme und bemüht sich gewissenhaft, sich die knappe Diktion und den scharfen Tonfall der Autorität, die keinen Widerspruch duldet, anzueignen. Er bellt seine Befehle heraus und unterstreicht sie mit schroffen oder übertriebenen Gesten. Zwar gibt er vor, daß ihm Auszeichnungen nichts bedeuten, aber trotzdem trägt er voller Stolz die Orden, die man ihm verliehen hat. Auf seinen privaten und geschäftlichen Visitenkarten sind seine sämtlichen Titel, Diplome und Auszeichnungen vermerkt.

Im Büro, dem Allerheiligsten seiner Macht, stellt er gut sichtbar Gegenstände zur Schau, die mit seiner Arbeit nicht das Geringste zu tun haben. Damit verfolgt er einzig und allein den Zweck, seine berufliche Umgebung zu beeindrukken. Da gibt es kostspielige Bilder von Künstlern, die gerade im Gespräch sind; Porträts, die ein berühmter Photograph von seiner Frau und den Kindern gemacht hat; Reit-, Tennis- oder Golfausrüstungen, nur notdürftig irgendwo versteckt, damit sie nur ja keiner übersehen kann; Sammlungen wertvoller Steine, Münzen, Statuetten, alte Bücher; Photographien, auf denen er in einer vorteilhaften Situation an der Seite berühmter Leute zu sehen ist.

Natürlich ist er von seiner eigenen Unzulänglichkeit tief durchdrungen, aber wie unter Zwang versucht er, möglichst viele Seiten seines Charakters gleichzeitig zur Geltung zu bringen. Die Ansammlung von Gegenständen soll die Mannigfaltigkeit seiner Interessen und Betätigungen bezeugen. Er ist nicht nur ein Geschäftsmann auf einer ganz bestimmten sozialen Stufe in einem ganz bestimmten Unternehmen. Man soll wissen, daß er außerdem auch ein Ästhet, ein glücklicher

Ehemann, stolzer Vater, kühner Sportler, geschickter Sammler und ein gesellschaftlich sehr erfolgreicher Mann ist.

Frauen haben seltener Gelegenheit, in der Öffentlichkeit zu zeigen, daß sie über große Geldsummen frei verfügen können. Aber sie verstehen es ausgezeichnet, die wertvollen Dinge, die sie besitzen, zu zeigen und ins rechte Licht zu rücken. Sie spielen scheinbar abwesend mit ihren Halsketten. Zwanzigmal im Laufe eines Abendessens ziehen sie ihre Ringe aus und wieder an. Munter klingeln die verschiedenen Armbänder an ihren Handgelenken. Das kostbare Zigarettenetui mit dem Firmenzeichen eines bekannten Juweliers wird den anderen Gästen immer wieder hingereicht. Der Pelzmantel wird ausgezogen und so hingelegt, daß das berühmte Markenzeichen des Schneiders zu sehen ist.

Aber vor allem – so sagt Alfred Adler – wehren sich Frauen gegen das Gefühl von Mißerfolg und persönlichem Versagen mit dem sogenannten »männlichen Protest«. Mit dieser Formulierung will er die Gefühlshaltung der »Mannweiber und Amazonen, die ihre weiblichen Funktionen nicht erfüllen wollen und die sich vor allem gegen die Schwangerschaft sträuben«, beschreiben. Diese Frauen versuchen, eine männliche Rolle zu spielen, und wenden sich sehr oft der lesbischen Liebe zu. Sie entwickeln einen Überlegenheitskomplex, der ihren Minderwertigkeitskomplex überwinden soll. »Es stimmt nicht, daß ich nur eine Frau bin«, ist angeblich das eigensinnige Leitmotiv, das ihr Verhalten begleitet.

Adler war fest überzeugt von der tatsächlichen Überlegenheit des Mannes über die Frau. Da er von dieser zweifelhaften Voraussetzung ausgeht, können seine oberflächlichen Schlußfolgerungen heute nicht mehr überzeugen, und man sucht und findet heutzutage andere Beweggründe für die weibliche Homosexualität.

Wie dem auch sei, nach Adler manifestiert sich der Wille zur Macht bei der Frau durch die Nachahmung von Verhaltensweisen, die in unserer Gesellschaft als männlich angesehen werden. Sie hat zum Beispiel eine entschlossene, rasche Gangart. Ihre Schritte sind lang, nervös; die Füße werden glatt aufgesetzt, Absatz und Fußspitze zur gleichen Zeit. Die steife Haltung wird begleitet von brüsken, energischen und harten Gesten, Bewegungen und Stellungen wirken aggressiv und herausfordernd; sie sitzt mit weitgespreizten Knien, stemmt die Fäuste in die Hüften, hält sich nachlässig, reckt das Kinn vor.

Ihre oft vernachlässigt wirkende Kleidung zeigt manchmal ebenfalls männliche Akzente. Es kommt vor, daß sie tatsächlich männliche Kleidungsstücke trägt: Männerhemden, enge Blousons, Hosen mit sichtbarem Hosenschlitz, Herrenmützen und -hüte, hohe Kragen, strenge Krawatten. Beliebt ist auch Sportkleidung im normalen Alltag: Reitstiefel, Trainingsanzüge, Regenmäntel, Anoraks, Keilhosen usw.

Wenn sie Make-up trägt, so soll es im wesentlichen ihre Züge härter und männlicher machen: der Mund wird heftig betont, nicht zart nachgezeichnet; die Brauen werden dunkel und dick gemalt; überhaupt bevorzugt sie harte Farben; ihre Fingernägel sind stark und aggressiv lackiert.

Auch ihre Stimme ist ohne jede weiche Färbung. Trocken, scharf und abgehackt kommen ihre Worte, begleitet von plötzlichen rauhen, kehligen Lachausbrüchen. Ein derbes Vokabular, ein Schwall seltsamer Lautmalerei kennzeichnet ihre Redeweise.

Die männlich auftretende Frau findet sichtlich ein Vergnügen daran, organische Ausscheidungsprozesse lautstark zu betonen. Sie rülpst, keucht, stößt auf, räuspert sich, niest, stöhnt, gähnt, putzt sich ungeniert und geräuschvoll und mit großem Bewegungsaufwand die Nase. Das ist eben auch eine Form der Selbstbehauptung.

Sie raucht schwere Zigaretten, verachtet auch Zigarren nicht, und ihre in umgekehrte Richtung zielende Koketterie läßt sie voller Stolz ihre vom Nikotin gelb gefärbten Finger zur Schau stellen. Ihre Zigarettenkippen tritt sie am Boden aus.

Sie liebt hochprozentige Getränke, die sie schnell hinunterkippt. Sie ist immer mit von der Partie, wenn ein feuchter Abend veranstaltet wird; beim Ex-Trinken oder anderen harten Trinksitten fordert sie gern die Männer heraus.

Ihr Verhalten gegenüber Männern hat im übrigen Züge sexueller Vertraulichkeit. Sie leiht sich ungeniert die Zigarette eines Mannes für einen flüchtigen Zug aus, verpaßt ihm unversehens ein paar schnelle Küsse, läßt sich mit ihm in kalberige Streitgespräche ein, wirbelt ihm die Haare durcheinander, prüft seine Bizepsmuskeln ... Sie ist sich ihrer Unangreifbarkeit ganz sicher und legt es hartnäckig darauf an, die Männer im gleichen Atemzug zu reizen, herunterzuputzen und herauszufordern.

4

Aggressivität

KÖRPERSPHÄRE

Im Jahre 1920 entwickelte ein englischer Ornithologe, Eliot Howard, die theoretischen Grundlagen für den Territoriumsbegriff, wie er sich bei Tiervölkern darstellt. Die Vogelmännchen, erklärte er, kämpfen nicht um die Weibchen, wie man bis dahin allgemein annahm, sondern um ein Gebiet, das sie als ihr eigenes ansehen. Und ihr gefühlvoller Gesang ist keine Hymne an die Natur und ebensowenig ein unwiderstehlicher Anreiz zur Paarung. Vielmehr machen sie damit den anderen Männchen unerbittlich und wirkungsvoll klar, daß sie außerhalb der Grenzen dieses Territoriums bleiben müssen.

Zwei Jahre später erschien in Deutschland die Studie des norwegischen Wissenschaftlers Schjelderup-Ebbe, den wir bereits zitiert haben, über die *Sozialpsychologie des Hühnerhofes*. Diese Studie basierte auf einer Entdeckung des Autors, die er die »Hackordnung« nannte. Innerhalb einer Gruppe von Hühnern gibt es eine Hierarchie, die vom Alpha bis zum Omega reicht. Jedes Huhn hat das Recht, den Hühnern, die ihm in der Hierarchie untergeordnet sind, Schnabelhiebe zu versetzen, aber diese Hühner dürfen sich ihrerseits nicht wehren. Also darf das Alpha-Huhn alle anderen angreifen, während keines sich ihm widersetzen darf, und das OmegaHuhn, als das Rangniedrigste wohlverstanden, muß die Schnabelhiebe aller anderen erdulden, ohne selbst einen einzigen austeilen zu dürfen.

Im Zeitraum von zwei Jahren wurden die ergänzenden Lehrmeinungen über das Territorium und das Herrschaftsverhalten – heute die wichtigsten Begriffe in der Tierverhaltensforschung – formuliert. Im Laufe der folgenden Jahre fanden die Verhaltensforscher heraus, welch überragende Rolle das Territorium nicht nur im Sozialgefüge der Vögel spielt, sondern auch bei Fischen und Reptilien, bei vielen Säugetieren und vor allem in den Kolonien der Primaten und Menschenaffen, deren Struktur in vieler Hinsicht an den hierarchischen Aufbau menschlicher Gesellschaften erinnert oder ihn vorwegnimmt.

Nun gibt es aber für Zoologen und Verhaltensforscher keinen Bruch zwischen dem Menschen und den höheren Tierarten. Wie Desmond Morris sagt: »Der Homo sapiens, nunmehr bis zur Gelehrsamkeit gebildet, ist darum nicht weniger ein ›nackter Affe‹ geblieben.« Er gehorcht immer – und allzu häufig, ohne es zu wissen – jahrtausendealten Instinkten, die in seinem biologischen Erbe verankert sind. In seinem berühmten Werk über die Aggression drückt Konrad Lorenz seine Überzeugung so aus: »Das Verhalten des Menschen, vor allem sein soziales Verhalten, ist weit davon entfernt, von der Vernunft und kulturellen Traditionen bestimmt zu sein, sondern unterliegt immer noch dominierenden Gesetzen im Instinktverhalten, die sich im langen Prozeß der Stammesgeschichte der Lebewesen entwickelt haben.«

Der Mensch könnte also sehr viel über sich selbst lernen, wenn er, anstatt sich für gänzlich verschieden von seinen niedrigeren Brüdern zu halten, sich unter dem Gesichtswinkel der Evolutionsidee betrachten würde. Nach Meinung der Verhaltensforscher kann man beispielsweise das aggressive Verhalten des Menschen besser verstehen, sobald man den Komplex des »Territoriums« in die Überlegungen einbezieht.

Das klar erkennbare Territorium eines Menschen ist sein Land- und Hausbesitz, dessen räumliche Grenzen deutlich gekennzeichnet sind durch Mauern, Schranken, Zäune, Gatter. Wir haben raffinierte Erfindungen gemacht, um die anderen vom Eindringen abzuhalten: mit Glassplittern bestückte Mauerzinnen, elektrische Zäune, Stacheldraht, bissige Hunde. Wir haben Fensterläden, Riegel, Panzertüren, Ketten, Vorhangschlösser, Alarmsirenen und Gucklöcher an den Türen. Zu allem Überfluß ist auch das Recht auf unserer Seite. Erwerb und Schutz dieses Territorialbesitzes wird vom Gesetz geregelt. Bei Rechtsstreitigkeiten schreitet die Ordnungsmacht des Staates zu unserer Hilfe ein. Der Eigentümer, der zur Nachtzeit einen Landstreicher in sein Grundstück einbrechen sieht, greift zum Gewehr, droht dem Eindringling und drückt manchmal auch ab. Er wird von einem aggressiven Impuls dazu getrieben, den ein Gericht unter bestimmten Voraussetzungen, insbesondere unter dem Aspekt der Notwehr, sogar für gerechtfertigt halten kann.

Neben diesem ständigen und dauerhaften Territorialbesitz, der durch das Gesetz geschützt wird, gibt es andere Territorialrechte, die wir auf Grund eines stillschweigenden oder ausdrücklichen Abkommens nur vorübergehend genießen – das gilt zum Beispiel für ein Büro – oder die wir auf Grund einer Art Miete für einen bestimmten Zeitraum erworben haben: etwa einen Theaterplatz oder einen Tisch im Restaurant. Auch hier wird die zeitweilige Nutznießung des Territoriums durch eine Übereinkunft zwischen zwei oder mehreren Parteien geregelt, und eine Verletzung dieser Vereinbarung kann ebenfalls gesetzlich geahndet werden. Gleichwohl ist es schon viel schwieriger, den nur zeitweilig eingeräumten Besitz eines Territoriums zu verteidigen. Wenn ein ungebetener Gast sich den von Ihnen bezahlten Theaterplatz aneignete und sich bei Ihrem Erscheinen weigerte, Ihnen Platz zu machen, hätte man wenig Verständnis dafür, wenn Sie nun Ihre Fäuste oder Ihren Revolver gebrauchen würden, um ihn zu verjagen und Ihre Besitzrechte auf Zeit mit Gewalt durchzusetzen.

Andere Territorien schließlich gehören in der praktischen Konsequenz niemandem. Sie stehen als öffentliches Eigentum zur Benutzung der Allgemeinheit zur Verfügung. Wer zuerst kommt, hat das Recht, sie auf unbestimmte Zeit zu besetzen. Niemand kann den Anspruch erheben, alleinige Rechte auf eine öffentliche Bank zu haben. Wer will, läßt sich hier nieder. Versuchten Sie, jemanden, der dort sitzt, mit Gewalt von »seiner« Bank zu vertreiben, würden der diensttuende Polizist und das Publikum ringsum sofort gegen Sie Stellung beziehen.

Sie könnten sich allerdings listigere, geradezu heimtücki-

schere Methoden ausdenken, um den Platz zu erobern. Sie
lassen Ihre Kinder mit Ball und Trompete dem Mann sozusagen vor die Füße laufen. Sie lassen Ihren Hund kläffend um
seine Bank herumjagen. Oder Sie pflanzen sich nur in nächster
Nähe auf, stehen ihm in der Sonne und lassen Ihren Schatten
auf den Unglücklichen fallen. Sie haben die besten Chancen,
daß er sich ziemlich bald davonmachen und Ihnen seinen Platz
überlassen wird.

Sie sind zwar nicht in ein Gebiet eingedrungen, das diesem
Mann etwa rechtmäßig gehörte. Sie haben etwas viel Schlim-
meres getan: Sie haben sich in sein persönliches Feld gedrängt;
Sie sind in seine private Sphäre eingebrochen.

Der Mensch erwirbt, erobert und verteidigt Territorien,
deren räumliche Aufteilung und Ausdehnung sehr unterschiedlich sein können. Aber sein persönliches Umfeld ist der Ausstrah-
lungsbereich seines eigenen Körpers; es ist nicht von ihm zu
trennen, es hüllt ihn ein und begleitet ihn, wohin er auch geht.
Von ihm kann der Mensch nicht sagen wie von einem Haus
oder einem Stück Land: »Dies ist, wird sein oder war mein
Besitz.« Es wird auch nicht durch seinen Wunsch und Willen
bestimmt. Es stellt eine gewissermaßen biologische Ausdehnung seiner physischen Person dar. Kulturelle Einflüsse wirken
darauf ein, und die Forscher, die sich mit diesem Phänomen
beschäftigt haben, geben ihm sehr unterschiedliche Deutungen.

»Die menschliche Person ist etwas Geheiligtes; man wagt
nicht, sie zu verletzen; man hält sich außerhalb der Schranken
einer Person«, schrieb bereits Emile Durkheim in *Soziologie und
Philosophie*. Eine spätere Äußerung des Soziologen Georg
Simmel, hier zitiert nach Kurt H. Wolff, kommt dieser Meinung sehr nahe: »In unserer Vorstellung ist jedes Individuum
von einer Art eigener Sphäre umgeben. Obwohl ihre Ausdehnung nach verschiedenen Richtungen uneinheitlich ist – sie
wird größer oder kleiner je nachdem, welche Person den Kontakt aufnimmt –, darf man die Grenzlinie dennoch nicht
durchbrechen, da man sonst befürchten muß, die Persönlichkeit des Individuums im gleichen Augenblick zu verletzen. Die
Empfindung ihrer ›Würde‹ bildet um eine Person herum eine
solche Sphäre. Wenn man sehr eindringlich auf jemanden ein-

spricht, so bedeutet das für ihn einen Angriff auf seine Würde, die der Ausdruck ›jemandem auf die Füße treten‹ sehr gut illustriert. Der Radius dieser Sphäre zeichnet eine Grenzlinie, die eine andere Person nicht übertreten darf, ohne einen Angriff auf die ›Würde‹ zu riskieren.«

»Geheiligter Charakter der menschlichen Person«, »Würde der Person« – die Vorstellungen der Soziologen führen uns weit weg vom »Instinktverhalten, das im Entwicklungsprozeß der Lebewesen erworben wurde«, wie es Konrad Lorenz beschreibt.

Lassen Sie uns als Markierungspunkt in dem gegenwärtig noch anhaltenden Meinungsstreit die in seiner *Sprache des Raumes* vorgetragene Ansicht des Anthropologen Edward T. Hall festhalten: »Alles was lebt, hat eine physische Begrenzung, die es von seiner äußeren Umgebung trennt. Von der Bakterie und der einfachen Zelle bis zum Menschen hat jeder Organismus eine wahrnehmbare Abgrenzung, die seinen Anfang und sein Ende markiert. Es gibt jedoch auf jedem Punkt der entwicklungsgeschichtlichen Stufenleiter noch eine Art von nichtphysischer Begrenzung, die von der physischen Grenze unabhängig ist. Wenn diese Grenze auch schwerer zu bestimmen ist, so ist sie doch nicht weniger real. Was sie einschließt, nennen wir ›das Territorium eines Organismus‹. Die Tatsache, daß ein Gebiet beansprucht und verteidigt wird, ist die Territorialität.«

DAS BÜRO-TERRITORIUM

In der westlichen Gesellschaft, die in der nachindustriellen Ära von den drei Bereichen Handel, Technik und Verwaltung beherrscht wird, ist vorzugsweise das Büro ein Schauplatz, auf dem sich Territorialverhalten und Herrschaftsgebaren miteinander auswirken.

Schon bevor der Besucher ein Büro betritt, kann er Bedeutung und Macht seines Inhabers bereits an der Zahl und Qualität der Vorposten, die er passieren muß, an dem Zeremoniell, das sich um seinen Eintritt entfaltet, bevor er zugelassen wird, abschätzen. Mächtige und einflußreiche Persönlichkeiten, an die ständig Bitten und Ansprüche herangetragen werden, umgeben sich mit einem Schwarm von Angestellten, die ihr Territorium abschirmen müssen, die die Besucher sortieren, die unerwünschten wegschicken und den auserwählten mit eindrucksvoller Förmlichkeit Einlaß gewähren.

In großen Unternehmen und Verwaltungen passiert der Besucher, der ordnungsgemäß einen Gesprächstermin vereinbart hat, gewöhnlich drei oder vier aufeinanderfolgende Sperren. Am Eingang des Gebäudes fragt ihn der Pförtner, Hausmeister oder Auskunftsbeamte nach seinem Namen und nach der Person, die er aufsuchen will. Er sieht in der Liste der angemeldeten Personen nach oder fragt telephonisch, ob der Besucher erwartet wird. Wenn er sich vergewissert hat, leitet er den Besucher weiter. Der Etagenpförtner wiederholt die früheren Fragen und läßt sich die genaue Uhrzeit der Besprechung angeben, gibt die Auskünfte per Telephon weiter und bittet den Besucher, sich in einem Wartezimmer zu gedulden. Schließlich kommt die Sekretärin des großen Mannes zu ihm, um ihn dort abzuholen und in das Direktionszimmer zu begleiten.

Oft geht es einfacher zu. Die Tür des Alphas ist möglicherweise nur einem einzigen Bewacher anvertraut. Manchmal ist an dieser Tür eine Plakette oder Visitenkarte mit dem Namen des Alphas angebracht, und nur ein Leuchtzeichen signalisiert Verbot oder Erlaubnis des Eintretens. Der Einlaßvorgang ist also sehr vereinfacht. Durch diese leblosen, mechanischen Zeichen wird jedoch ein niedrigerer Status gekennzeichnet als durch den mehr persönlichen Empfang in Gestalt einer eleganten Sekretärin.

Als allgemeine Regel gilt: Die Anzahl der Sperren und der Stil des eingeschalteten Personals vermitteln eine gute Vorstellung von der Bedeutung des Alphas, dessen Raum und Zeit sie schützen sollen. Der hohe Rang des Alphas läßt sich außerdem ablesen an der topographischen Lage und den Ausmaßen seines Territoriums, an der Qualität der Möbel und Ausstattungsgegenstände, an der Aussicht, die man von seinen Fenstern aus genießt. Der aufmerksame Beobachter erkennt an einer Unzahl von Symbolen den Status eines jeden einzelnen

Mitarbeiters auf der höchsten wie der niedrigsten Stufe der beruflichen Hierarchie.

Julius Fast berichtet in seiner *Körpersprache* folgende Geschichte: »Dank des ausgezeichneten Absatzes an Beruhigungsmitteln hatte eine Firma der pharmazeutischen Industrie in Philadelphia so gut verdient, daß sie ein neues Bürohaus errichten konnte, das die ständig wachsende Zahl des Personals aufnehmen sollte. Die auf der höchsten Etage gelegenen Eckbüros waren für die obersten Chefs reserviert. Die Eckbüros auf der darunterliegenden Etage wurden von den Direktoren der nächstfolgenden Kategorie bezogen. Die nächsten auf der Rangliste, zwar weniger mächtig, aber immer noch wichtig, erhielten Zimmer ohne Eckfenster. Die Angestellten der folgenden Rangstufe bekamen überhaupt keine Fenster. Dann folgte eine Gruppe, die ein Anrecht auf eine Art Abteil mit Mattglaswänden, jedoch ohne Tür, hatten. Die nächsten waren nur noch von durchsichtigem Glas umgeben. Das Heer der kleinen Angestellten schließlich arbeitete in Großraumbüros.«

Im Gegensatz zu den großen Chefs, deren herrliches Territorium von einem Schwarm von Aufpassern und Leibwächtern geschützt wird, sind die kleinen Angestellten den ständigen Angriffen von Blicken und unerwünschten Kontakten ausgesetzt. Wie die Omega-Hühner von Schjelderup-Ebbe erdulden sie alle Hiebe, ohne sich wehren zu dürfen.

Als guter Stratege richtet der Alpha-Mensch den Raum seines Territoriums mit Blick auf die verschieden gearteten Beziehungen ein, die er mit seinen Besuchern herzustellen gedenkt. Wenn er sich hinter einem imposanten Schreibtisch verschanzt, so ist er vor einer unerwünschten Annäherung seines Gesprächspartners sicher; das Möbelstück garantiert eine gleichbleibende Distanz zwischen ihnen. Es kann keine Vertraulichkeit aufkommen, die Begegnung wird in konventioneller Weise ablaufen und im Rahmen eines rein geschäftlichen Gesprächs bleiben. Für ein Gespräch, das weniger formell und eher freundschaftlich geführt werden soll, steht dem Alpha noch eine Sitzecke mit mobilen Sesseln zur Verfügung, die

ganz nach Belieben der verschiedenen Gäste auseinanderge-
rückt oder zusammengeschoben werden können.

In manchen Berufen, beispielsweise in der Medizin, spielen
menschliche Kontakte eine besonders wichtige Rolle. Hier ist
die Einrichtung des Territoriums vor allem sorgfältig darauf
abgestimmt, daß der richtige Abstand zwischen Arzt und
Patient ermöglicht wird, damit eine therapeutisch wirkungsvolle Beziehung möglichst schnell aufgebaut werden kann. So
sind auch bei einem psychotherapeutischen Gespräch die Sessel
beiderseits eines niedrigen Tisches oder einfach ohne ein
Hindernis einander frontal gegenübergestellt, damit der Patient
sich visuell der ganzen Person des Therapeuten bemächtigen
kann. Der Abstand zwischen den Sesseln ist jedoch so kalku-
liert, daß die Körpersphäre des Patienten, der sich ja vollkommen in Sicherheit fühlen soll, nicht berührt wird.

Die Körpersphäre, die bei den verschiedenen Kulturen sehr
unterschiedlich in ihrer Ausdehnung ist, variiert auch bei den
einzelnen Individuen außerordentlich. Manche Menschen ertragen, ohne sich unbehaglich zu fühlen, einen verhältnismäßig
engen Kontakt mit ihren Mitmenschen, der bei anderen eine
unerträgliche Spannung und ein heftiges Aggressionsverhalten
auslösen würde. Diese Empfindlichkeit der Körpersphäre
erreicht bei Geisteskranken ihren Höhepunkt. Ihnen kann man
sich daher zwangsläufig nur unter den größten Vorsichtsmaßnahmen nähern.

Geneviève Jurgensen, die zwei Jahre lang bei Bruno Bet-
telheim in Chikago mit autistischen Kindern arbeitete, hat den
einzigen, aber rigorosen Ratschlag, den man ihr gab, bevor sie
die Arbeit mit den schwer geisteskranken Jugendlichen auf-
nahm, überliefert: »Setzen Sie sich niemals auf ihr Bett; das ist
ihre Domäne.«

Die Körpersphäre neigt zu ungewöhnlichen Veränderungen
in ihrer Ausdehnung und variiert zu verschiedenen Zeiten je
nach unserer Laune. An manchen Tagen haben wir den
Wunsch nach körperlicher Nähe und dem wärmenden
Kontakt mit anderen. Dann wieder ertragen wir es nicht, daß
man uns anrührt oder zu nahe kommt, und die kleinste körperliche Berührung ruft Widerwillen hervor. Diese Körper-

und Geistesverfassung wird von der Umwelt sofort wahrgenommen und sehr treffend charakterisiert durch die Wendung: »Man darf sie (oder ihn) heute nicht einmal mit Glacéhandschuhen anfassen.«

Bei manchen Unterhaltungen kümmert man sich nicht um den »Respekt vor der Person«; sie werden absichtlich im Zeichen offener Aggressivität geführt. Bei der Vernehmung von Verdächtigen und Gefangenen brechen die Polizeibeamten und Justizorgane gewaltsam und systematisch in deren Körpersphäre ein.

Sie veranlassen den Verdächtigen, in einem trostlosen, praktisch leeren Raum Platz zu nehmen, und umgeben ihn ganz eng, wobei nicht das geringste Hindernis zwischen ihnen und dem Gefangenen Raum findet. Schon ein einfacher Tisch würde ihm ein Minimum an Selbstvertrauen und Sicherheit geben. Ob die Untersuchungsbeamten stehen oder sitzen, je weiter das Verhör fortschreitet, um so näher rücken sie an den Verdächtigen heran und kreisen ihn immer enger ein. Zum Schluß befinden sich seine Knie zwischen denen eines der Polizeibeamten, und sein Horizont ist in allen Richtungen von drohenden Körpern verstellt.

Es handelt sich tatsächlich um einen Einbruch in ein lebenswichtiges Territorium. Das verkommene Durcheinander, das auf diese Weise entsteht, ist besonders widerwärtig. Alle Blicke sind auf den Gefangenen gerichtet und spießen ihn förmlich auf; er kann sich nicht dem Atem der Untersuchungsbeamten, ihrem Zigarettenrauch, den Speicheltröpfchen, die sie in ihrem gespielten oder echten Zorn auf ihn regnen lassen, entziehen. Geruchswellen verschwitzter und muffiger Kleidung wehen ihm entgegen. Schreie und Gebrüll attackieren sein Trommelfell. Glühende Zigarettenenden bewegen sich bedrohlich nahe vor seinem Gesicht. Auf die Dauer brechen diese vielfachen Aggressionsbewegungen seinen Widerstand. Seine Gegenwehr wird schwächer, und seine Sicherheit schwindet. Wie ein gejagtes Wild wird er unausweichlich auf den Weg des Geständnisses gezwungen.

Das Büro des Geschäftsmannes dient als Rahmen für Begegnungen, die möglicherweise nicht weniger grausam sind, aber doch äußerlich nach den Regeln der Höflichkeit ablaufen. Wenn nämlich ein Mann sich gezwungen sieht, in seinem Büro einen anderen, den er als Gegner betrachtet, zu empfangen, so versieht er sein Territorium mit Schlingen und Fallen, um den Angreifer zu demütigen, zu demoralisieren, zu besiegen und ihn schließlich vom »Schlachtfeld« zu vertreiben.

So kann er dafür sorgen, daß sein Besucher sich äußerst unbehaglich fühlen muß, indem er es einfach unterläßt, ihm seine Sachen abzunehmen. Er fordert ihn auch nicht auf, seinen Mantel abzulegen. Eingepackt in ein schweres Kleidungsstück, das für die Winterkälte berechnet ist, wird der Besucher das überheizte Klima des Büros sehr unangenehm empfinden. Außerdem wird seine Bewegungsfreiheit beeinträchtigt.

Eine oft angewandte weitere Taktik besteht darin, dem Besucher einen unbequemen oder wackeligen Stuhl anzubieten, wodurch er gezwungen wird, seine Muskeln dauernd anzuspannen. Er wird die Begegnung abzukürzen suchen.

In einem Büro ist der Schreibtisch gewöhnlich so aufgestellt, daß sein Besitzer das Licht im Rücken hat, während sein Gegenüber direkt ins Helle sieht. Vorhänge und Jalousien dämpfen das scharfe Licht, wenn ein gern gesehener Besucher kommt. Wenn es sich aber um einen unerwünschten Eindringling handelt, »vergißt« der Gastgeber, die Vorhänge zuzuziehen und die Jalousien herabzulassen. Er selbst bleibt vom grellen Tageslicht verschont und verliert dabei keine Nuance in der Mimik seines Besuchers, der sich seinerseits gefährlich exponiert vorkommt und sich moralisch total nackt fühlt. Er ist überdies geblendet und fühlt sich durch die Sonne oder ihren Reflex auf den Scheiben gestört. Die Unbequemlichkeit des Sessels und die Sichtbehinderung treiben ihn dazu, weniger unangenehme Haltungen auszuprobieren. Er rutscht hin und her, schlägt seine Beine übereinander und stellt sie wieder nebeneinander, neigt den Kopf nach rechts und links, und mit diesen Hin- und Herbewegungen schwimmt seine Würde bachab.

Der Inhaber des Raumes kann seinem Gegenüber darüber hinaus eine Menge Störungen bereiten, die ein ruhiges Gespräch unmöglich machen: indem er die Fenster, die auf eine laute Straße hinausgehen, oder die Türen zu den übrigen Büros weit offenläßt, indem er die Gegensprechanlage nicht ausschaltet oder seine Sekretärin auf ihrer Schreibmaschine weiterhämmern läßt.

Vorzugsweise das Telephon bietet ganz ausgezeichnete Möglichkeiten, wenn man einen unerwünschten Gesprächspartner dessen Unterlegenheit spüren lassen will. Man kann damit allerhand anstellen: beim ersten Klingelzeichen den Hörer abnehmen und das im Gang befindliche Gespräch damit abrupt abbrechen; endlos läuten lassen, während der andere nur die Wahl hat, in Schweigen zu verfallen oder zu schreien; abheben und sich lange mit dem Anrufer unterhalten, wobei man den Gast ignoriert und sich nachher auch nicht entschuldigt; abheben, einige Sekunden zuhören, ohne ein Wort zu sagen, dann mit gut verständlicher Stimme mit dem Anrufer ein Treffen in einigen Minuten verabreden und auflegen.

Wenn ein Anruf in Anwesenheit eines Besuchers entgegengenommen wird, der sich ja die Mühe gemacht hat herzukommen, um seinen Gesprächspartner zu sehen, so läuft seine Reaktion auf jeden Fall auf Ärger, Befremden oder zumindest Unbehagen hinaus. Die Situation verliert ihren unangenehmen oder provozierenden Charakter, wenn der Gastgeber seinen Gesprächspartner bittet, die Unterhaltung einen Moment unterbrechen zu dürfen, wobei er ihm erklärt, daß der Anruf dringend sei oder aus dem Ausland komme.

Ein weiteres Manöver, um den Besucher vor den Kopf zu stoßen, besteht darin, daß man ein ständiges Paradieren von Leuten erlaubt, die eintreten, ohne anzuklopfen, und schon an der Tür mit ihrem Anliegen herauskommen. Der Besucher muß sich sehr unbehaglich fühlen; denn meistens sitzt er mit dem Rücken zur Tür, und wenn er seinen Sessel nicht um 45 Grad drehen will, kann er das Gesicht des Eintretenden nicht sehen, dem er hingegen mit seiner Rückseite schutzlos ausgesetzt ist. Mit der unerfreulichen Empfindung, als ungebetener Dritter an einem Vorgang teilzunehmen, der ihn nichts angeht, ist er gezwungen, das Ende solcher Einlagen mit gleichmütiger Miene abzuwarten, wobei er in der Mimik seines Gastgebers den Augenblick zu erspähen sucht, in dem dieser ihm seine Aufmerksamkeit wieder zuwendet.

Die Telephonanrufe und die störenden Nebenunterhaltungen verkürzen die Zeit, die dem Besucher vorbehalten war; sie zerstückeln sein Gespräch, und gleichzeitig bringen sie seine Gedanken durcheinander. Er empfindet deutlich, welch unwichtige Rolle er angesichts der vielfachen Inanspruchnahme und Interessen seines Gastgebers spielt.

Eine letzte Plage, auf die ein Gastgeber gar nicht selten verfällt: er bietet seinem unerwünschten Besucher keinen Aschenbecher an. Wenn der schließlich, mit dem brennenden Zigarettenende zwischen den Fingern, darum bittet, fühlt er sich bereits schuldig, daß er überhaupt raucht, und selbst zu einem winzigen Rest zusammengeschrumpft.

Der aggressive Besucher nun, der in unserem Zusammenhang als Angreifer auftritt, bedient sich ebenso der stummen Waffen der Körpersprache, wenn er den Gastgeber einschüchtern und ihm seine feindliche Einstellung deutlich machen will. Schon sein kriegerischer Einmarsch in das Büro vermittelt eine Ahnung von seiner streitbaren Verfassung. Er dringt abrupt in das Territorium des andern ein und verbreitet sich besitzergreifend über den Raum, indem er seinen Mantel auf einem Möbelstück ablegt, seinen Schirm gegen eine Wand lehnt, wo er im Weg steht, und seine Aktenmappe und seine Rauchutensilien auf den Schreibtisch des Gastgebers legt. Die Verhaltensforscher scheuen sich nicht, dieses Benehmen mit dem Verhalten des Hundes zu vergleichen, der an verschiedenen Außenpunkten eines Territoriums sein Bein hebt und seine charakteristische Duftmarke hinterläßt, um die Grenzen des von ihm beanspruchten Gebietes abzustecken.

Nachdem er alle in Reichweite befindlichen Flächen mit einem persönlichen Markenzeichen belegt hat, bemüht sich der Angreifer, nunmehr auch den ganzen Raum auszufüllen. Er kommt sofort zum Kern des Themas, indem er sich mit Absicht die übliche einleitende Unterhaltung spart. Er spricht lautstark und schnell und läßt den andern nicht zu Wort kommen. Wenn sein Gegner versucht, einen Einwurf zu machen, unterbricht er ihn sofort oder, was noch brutaler ist, er übertönt ihn mit seiner Stimme, die er übermäßig laut anschwellen läßt.

Ohne eine Aufforderung abzuwarten, vereinnahmt er den Sessel, der ihm paßt, und verschiebt ihn so lange, bis er den gewünschten Blickwinkel auf den Gastgeber gefunden hat. Ganz gegen die guten Sitten springt er mitten in der Diskussion auf und durchmißt schnellen Schrittes das Territorium des andern, stampft auf den Boden und stößt gegen die Möbelstücke. Auf dem Höhepunkt eines Wutanfalls geht er auf den Gastgeber zu. Sein Oberkörper ist vorgereckt, die Arme bewegen sich in schnellem Rhythmus. Er schlägt mit der Faust auf den Schreibtisch. Oder er legt seine Hände flach und mit großem Abstand voneinander auf die Tischplatte. So abgestützt, lehnt er sich quer über die ganze Fläche und den sitzenden Gastgeber, den er dabei nicht aus den Augen läßt, und den er nun buchstäblich überragt. Mit dieser Geste eignet er sich widerrechtlich das private Territorium des andern an, der dieser Umkehrung der Verhältnisse nicht entgegenwirken kann, es sei denn, er verläßt seinen Sessel und sein Büro, womit er aber gleichzeitig seine Kapitulation und Niederlage erklärt.

Für ein sehr aggressives Verhalten des Angreifers gegenüber dem Besitzer eines Büros gibt es weitere Beispiele: Er eignet sich, ohne zu fragen, einen Gegenstand an, der auf dem Arbeitstisch liegt, einen Filzstift, ein Schriftstück oder ein Feuerzeug. Er reißt ein bereits teilweise beschriebenes Blatt vom Schreibblock und macht darauf, ohne um Erlaubnis zu fragen, seine Notizen. Er beschmiert die Dokumente, die der andere ihm zu seiner Information gibt, mit roten Strichen. In dreister Eigenmächtigkeit benutzt er sein Telephon, und natürlich verabschiedet er sich unter Türenknallen . . .

Wenn mehrere der vorstehend beschriebenen Verhaltensweisen bei ein und derselben Person in relativ kurzer Zeit zu beobachten wären, so müßte man daraus auf eine nicht zu zähmende Aggressivität und einen Mangel an Selbstbeherrschung schließen. Daran müßte jede Verhandlung scheitern, und fruchtbare

Geschäftsbeziehungen wären unmöglich. Wenige Geschäftsleute würden es wagen, sich so zu benehmen wie der aggressive Territoriumsbesitzer und der aggressive Besucher, wenn sie nicht vorhätten, alle Brücken abzubrechen.

Wenn dagegen bestimmte Verhaltensweisen vereinzelt innerhalb einer beruflichen Wechselbeziehung auftreten, so kann derjenige, der sie bei seinem Gesprächspartner wahrnimmt und zu dechiffrieren weiß, daraus nicht zu unterschätzende Erkenntnisse ableiten. Spontan aggressive Gesten (mit dem Fuß aufstampfen, in brüsker Weise nach einem Gegenstand greifen, vom Sessel aufspringen usw.) folgen unmittelbar dem Auftauchen oder Aussprechen der Idee oder Überlegung, die die aggressive Geste auslöst. Der aufmerksame Beobachter kann also ganz genau den empfindlichen Punkt erkennen, der seinen Partner in Aufregung versetzt. Er kann daraufhin über seine weitere Taktik in voller Kenntnis des Sachverhalts entscheiden, je nachdem, ob er zu einer Einigung über diesen Punkt kommen will oder nicht.

NIEMANDSLAND

Die Verhaltensforscher haben festgestellt, daß ein Tier, das auf seinem Territorium von einem Artgenossen angegriffen wird, diesem Angreifer gegenüber eine starke Position hat, und zwar einzig und allein, weil es sich auf seinem eigenen Territorium befindet. Die Angriffslust des Stichlings erreicht – nach Konrad Lorenz – ihren Höhepunkt, wenn er sich im Zentrum seines Territoriums bewegt und nimmt entsprechend ab, wenn er sich davon entfernt. Außerhalb seiner Grenzen hat das Tier geringere Chancen, seinen Gegner zu besiegen.

Ein ähnliches Phänomen läßt sich bei Sportlern beobachten. Eine Fußball- oder Rugby-Mannschaft übertrifft sich selbst auf dem eigenen Feld und verliert einen Teil ihres Selbstvertrauens in einem unbekannten oder ungewohnten Stadion. Daher werden die Plätze für Turnier- und Ausscheidungskämpfe von den Veranstaltern ständig ausgetauscht, und für die Endkämpfe wird ein neutrales Terrain, das beiden Mannschaften unbekannt ist, bestimmt. Der Mensch ist jedoch ein komplexeres Tier als ein Stichling, und sein Verhalten wird noch von allerhand Nuancen bereichert, die der Psychologie eines winzigen Fischchens fremd sind. So wirken die Gefühle von Sicherheit und Geborgenheit, die der Mensch innerhalb seines Territoriums empfindet, manchmal besänftigend und vermindern seine Kampfeslust.

Bei wichtigen Verhandlungen zwischen Geschäftsleuten stellt die Wahl eines geeigneten Verhandlungsortes, der für beide interessierte Parteien annehmbar sein muß, ein verwickeltes Problem dar. Instinktiv gibt jeder Partner dem eigenen Territorium als Ort der Begegnung den Vorzug und möchte es dem anderen aufzwingen. Da aber jeder von ihnen vernunftbegabt ist und sich im Geiste Vorstellungen von der Zukunft machen kann, vermag sich ein jeder auch ein Bild von der Wirkung zu machen, die dieser anfänglich persönliche Vorteil auf den Partner haben wird.

X und Y wollen eine Geschäftsverbindung anknüpfen. Da X den Vorrang zu haben glaubt, möchte er, und dies auch aus Prestigegründen, die erste Verhandlung in seinen eigenen brandneuen Büroräumen führen. Wird Y sich bereitfinden, zu ihm zu kommen? Wenn ja, wird er sich nicht gedemütigt und in seiner Eigenliebe verletzt fühlen? Wird er auf dem Territorium von X in einer Verfassung ankommen, die sich günstig auf das Vorhaben auswirkt, oder wird er auf Grund dieses ersten Zugeständnisses derart verkrampft sein, daß die Chance einer Einigung von vornherein verspielt ist? Wäre es vielleicht geschickter, ihn in seinen eigenen vier Wänden aufzusuchen? Oder hieße das, sich von Anfang an als schwächer und nachgiebiger als der Partner zu zeigen?

In der Regel pflegen erfahrene Geschäftsleute in stillschweigendem Einverständnis die gefährliche Alternative »Mein oder sein Territorium« auszuklammern. Für ihr erstes Zusammentreffen wählen sie ein neutrales und ansprechendes Terrain, was in Frankreich meistens und auch anderswo oft heißt: ein gutes Restaurant. Das Essen mit Geschäftsfreunden mag noch so sehr in Verruf stehen, es löst jedenfalls das hochwichtige Problem des Territoriums. Das neutrale Gebiet des

Restaurants und die Hochstimmung, die ein gutes Essen erzeugt, erleichtern den ersten und wesentlichen Schritt in Richtung einer grundsätzlichen Übereinstimmung. Nach diesem für beide Parteien zufriedenstellenden Erfolg ist die Wahl des Ortes für die weiteren Besprechungen von geringerer Bedeutung. Der dynamischere der beiden Männer schlägt das nächste Treffen vor und setzt die Einzelheiten fest, wobei er die getroffenen Vereinbarungen und die psychologische Situation seines Partners, den er nun besser kennt, berücksichtigen wird.

RUNDER TISCH

Bei geschäftlichen Sitzungen, in denen sich mehrere Personen um einen runden Tisch gruppieren, werden die aggressiven Grundzüge des »Gebietsanspruchs« daran deutlich, wie sich die einzelnen Teilnehmer den verfügbaren Raum aneignen. Im Schema kann der runde Tisch wie eine Torte in ebenso viele Teilstücke aufgeschnitten werden, wie Teilnehmer um ihn herum sitzen. Jeder von ihnen bekommt ein gleich großes Stück, was man als Symbol ihrer gleichen Rechte betrachten kann.

Manche verbreiten sich über den ihnen zugestandenen Raum hinaus weit in das angrenzende Territorium hinein. Sie strecken ihre Ellbogen so weit wie möglich aus, legen ihre Vorderarme auf den Tisch und beugen den Oberkörper vor, wodurch sie die Sicht und die eventuellen Blickkontakte ihrer Nachbarn behindern. Andere verteilen ihre Dokumente und ihre persönlichen Gegenstände bis weit in das Gebiet ihrer Nachbarn hinein. Wieder andere durchschneiden unaufhörlich das Territorium ihrer Nachbarn, indem sie sich vorbeugen und vor deren Augen herumhantieren, um weiter weg liegende Gegenstände zu ergreifen oder Zigarettenasche abzustreifen.

Diese winzigen territorialen Übergriffe sind ein Zeichen für eine erhebliche Skrupellosigkeit. Ihre Aggressivität ist nicht zwangsläufig gegen die jeweiligen unmittelbaren Nachbarn gerichtet. Die bekommen nur die unangenehmen Auswirkungen direkt zu spüren. Sie richtet sich gegen jeden Teilnehmer, der sich ihnen in den Weg stellen würde. Gebietsräuber haben ehrgeizige Ziele. Um diese Ziele zu erreichen, haben sie keine Hemmungen, auch moralisch die Ellbogen zu gebrauchen, die eigene Rolle aufzubauschen und sich zum Nachteil der andern mit ihren Vorstellungen und Argumenten in den Vordergrund zu spielen. Mit ihren Gesten, die ein getreues Abbild ihrer geistigen Verfassung sind, illustrieren sie den gebräuchlichen Ausdruck: »Geh weg und mach mir Platz!«

Wer sich vom Tisch sehr zurücklehnt, die Arme über die Brust kreuzt und seine Papiere auf den Knien hält, erweckt im allgemeinen den Eindruck, der Gruppe feindselig gegenüberzustehen und das gemeinsam verfolgte Ziel mit großem Abstand zu betrachten. Der Begriff »Runder Tisch« vermittelt ja unterschwellig die gemeinsame Zielsetzung eines Ideenaustausches. Ein körperliches Abwenden, wie wir es gerade beschrieben haben, symbolisiert deutlich auch den geistigen Abstand. Die Teilnehmer, die physisch auf Abstand gehen, weigern sich im doppelten Sinne des Wortes, »sich mit an den Tisch zu setzen«. Ein nichtssagender Gesichtsausdruck und längeres Schweigen eines Teilnehmers sind ebenfalls fast immer gleichbedeutend mit ihrer Weigerung, am Geschehen teilzunehmen, oder drücken zumindest ein gewisses Mißtrauen gegenüber den anwesenden Personen und dem Vorhaben der Gruppe aus.

Wenn die Besprechung nach einem Essen oder einer Pause wieder aufgenommen wird, rechnet fast jeder Teilnehmer damit, »sein« Territorium auf Zeit, »seinen« Anteil am Tisch, »seinen« Stuhl wieder einzunehmen und »seine« Nachbarn, den Blickwinkel, an den er sich gewöhnt hatte, die Nähe der Heizung oder der Ventilation vom Fenster wiederzufinden. Der Teilnehmer, der früher als die anderen zurückkehrt und ein Territorium vereinnahmt, das vorher von einem anderen besetzt war, muß damit rechnen, daß dieser von nun an einen Groll gegen ihn hegt, der ebenso handfest wie uneingestanden ist. Wahrscheinlich werden auch seine früheren Nachbarn ihm diesen Wechsel, der ihnen wie eine Desertion oder eine Beleidigung erscheint, nachtragen.

Diese Dinge kommen nicht an die Oberfläche; denn wir schämen uns unserer Territoriumsinstinkte. Aber niemand verletzt ungestraft die unausgesprochenen Regeln des

Territoriums, und wer sie übertritt, wird für ein gefährliches Individuum gehalten; man traut ihm eine Aggressivität zu, die vor keiner Schandtat haltmacht.

Undurchsichtige oder rätselhafte Aktivitäten werden von der Gruppe nur ungern geduldet. Dazu gehören geflüsterte Unterhaltungen und Zettelmitteilungen, die innerhalb einer Partei der Gruppe ausgetauscht werden. Ob diese »stille Messe« nun im Flüsterton oder geschrieben und gelesen zelebriert wird, sie erweckt jedenfalls den Eindruck der Komplizenschaft zwischen einigen Teilnehmern, von der alle anderen ausgeschlossen sind. Sie widerspricht dem demokratischen und egalitären Prinzip, das dem »runden Tisch« zugrunde liegt, und wird deutlich abgelehnt.

Außerdem wird es innerhalb der Gruppe sehr übelgenommen, wenn ein einzelner Teilnehmer sich während einer allgemeinen Diskussion mit Notizen oder Kritzeleien beschäftigt. Man verdächtigt ihn, die Gruppe zu sabotieren und undurchsichtige Machenschaften gegen sie anzuzetteln. Die Teilnehmer reagieren hier in ihrer Gesamtheit genau wie der Lehrer, der es selten versäumt, den einzelnen Schüler, der vor sich hin kritzelt, während alle anderen reden oder zuhören, sofort zu unterbrechen. Häufig hat er vollkommen recht, wenn er dieser Tätigkeit einen aggressiven Charakter unterstellt. Er verlangt also, die Kritzelei zu sehen, und erntet nicht selten eine mehr oder weniger gelungene Karikatur seiner eigenen Person. Wenn es sich nicht um ein Spottgedicht zum gleichen Thema handelt.

Georges Pompidou war stark geprägt von seinem Lehrberuf, der ihn anscheinend bis in seine staatsmännischen Aktivitäten beeinflußte. Deutlich spricht sich in dem im *Express* (Nummer 1178) erschienenen Bericht Michèle Cottas »Pompidou choisit Giscard« der Professor aus: »›Haben Sie bemerkt‹, fragte er einmal einen ihm nahestehenden Politiker, ›daß Giscard während der Kabinettssitzung sehr kompliziert wirkende Berechnungen auf seine Unterlagen kritzelt? Ich bin sicher, daß er es darauf anlegt, mich zu beeindrucken, und daß er nur irgendeinen Unsinn schreibt.‹«

ZEIT ALS WAFFE

Wie das räumliche Territorium zu Angriff oder Verteidigung genutzt wird, kann auch die Zeit als äußerst wirksame Angriffs- oder Abschreckungswaffe eingesetzt werden.

In unserer westlichen Welt, vor allem unter Geschäftsleuten, wird die Zeit wie eine Ware betrachtet. Sehr bezeichnende Formulierungen illustrieren unsere krämerhafte und materialistische Auffassung vom Wesen der Zeit. »Man gewinnt Zeit«; »man verliert Zeit«; »man vergeudet seine Zeit«; »man holt verlorene Zeit auf«, und »man stiehlt anderen die Zeit«. »Zeit ist Geld«, erinnern Aufschriften auf Stechuhren, um den Arbeitseifer der Arbeitnehmer anzustacheln.

In der Arbeitswelt gilt als unausgesprochene Regel, daß die Zeit des Alpha-Typs um so mehr gilt, je mächtiger er ist. Das Verhältnis des »hohen Rangs« zur »wertvollen Zeit« hat zwei unmittelbare Auswirkungen. Die hochrangige Persönlichkeit zwingt den anderen ihre eigene Auffassung von Zeit und Zeiteinteilung auf. Sie verfügt in großem Umfang und nach ihrem Belieben über die Zeit ihrer untergeordneten Mitarbeiter.

Wir haben von den räumlichen Hindernissen gesprochen, die sich auf dem Weg des Besuchers auftürmen, der bis zu einem Alpha gelangen will. Sie sind geringfügig, verglichen mit den Hürden der Zeit, die zu überwinden sind. Die erste taucht gleich auf, wenn ein Termin verabredet werden soll. Ein Anruf, ein Brief mögen ausreichen; aber manchmal muß man den Versuch fünf-, sechs- oder zehnmal wiederholen, bevor der erbetene Termin durch eine Mittelsperson wie ein Gunstbeweis zugesagt wird. Man weiß aus Erfahrung, daß diese erste Barriere manchmal unüberwindbar ist.

Zweites Hindernis: die Frist zwischen dem Tag der Anfrage und dem Datum des schließlich gewährten Besuchstermins. Während der Bankbeamte am Schalter sofort zur Verfügung steht, empfängt der Direktor der Bank nicht vor Ablauf von acht Tagen; der Finanzsachverständige der Zentralbank verdoppelt das Maß; der Generaldirektor dieses Instituts verdrei-

oder vervierfacht es. So gibt auch der praktische Arzt, der in
der Nähe wohnt, Ihnen einen Termin in den nächsten Tagen,
der Spezialist im nächsten Monat. Der Chefarzt eines Krankenhauses hat keinen freien Moment in den kommenden zwei
bis drei Monaten. Die Länge des Zeitraums gilt als Maßstab
für das Renommee dieser hohen Persönlichkeit, die sich etwas
vergäbe, wenn sie ihre Zeit wie eine beliebige Ware sofort zur
Verfügung stellen würde.

Wenn der Termin einmal vereinbart ist, kann derjenige, der
ihn gewährt hat, dem Besucher noch eine letzte Prüfung aufer-
legen, die dessen Nerven und Selbstachtung arg strapaziert,
indem er ihn nämlich ungebührlich lange warten läßt. Über-
setzen wir die stumme Botschaft, die der aufgesuchte Alpha-
Typ dem Omega-Besucher, dem er diese endlose Wartezeit
zumutet, damit entgegenschleudert, in Klartext: »Siehst du
nun, wie sehr du mich nötig hast, wie abhängig du von
meinem guten Willen bist? Deine Zeit ist weniger wert als die
meine, und ich darf sie ungestraft vergeuden. Du bist in meiner Macht und Abhängigkeit. Mach dir das gut klar, bevor ich
dir meine Aufmerksamkeit schenke.« Diese Botschaft ist so
verletzend, daß wir uns meistens alle Mühe geben, sie zu ver-
drängen oder zu leugnen. Wir denken lieber, er sei »in einer
Verkehrsstauung steckengeblieben« oder er sei »von einem
umständlichen Besucher aufgehalten worden«, als das einzig
Richtige: daß er sich nämlich den Teufel um uns schert. Es
ist jedoch nicht zu übersehen, daß die ungenierte Verschwendung der Zeit anderer Leute eine sehr sichere und praktische
Methode ist, um ihnen die eigene Überlegenheit drastisch vor
Augen zu führen.

In seinem bereits zitierten Werk liefert Edward T. Hall eine
sorgfältige Analyse der Zeiteinteilung, die die Amerikaner bei
Verabredungen anwenden. »Im Osten der Vereinigten Staaten
gibt es für geschäftliche Verabredungen hinsichtlich der Pünktlichkeit wie auch der Dauer eine Art feste Skala: sie reicht von
einem Moment über fünf, zehn, zwanzig, dreißig, fünfundvierzig Minuten bis zu einer Stunde; das gilt, wie gesagt, für das
Ausmaß der Verspätung oder des verfrühten Eintreffens ebenso
wie für die Dauer der Unterredung selbst. Bei aller Verschie-

denartigkeit der jeweiligen Umstände kann man bei jedem der genannten Zeitabschnitte ein anderes typisches Verhalten feststellen. Was die Dauer des Treffens angeht, so ist eine Stunde, die man mit einer hochgestellten Person verbringt, anders zu bewerten als eine halbe Stunde. Man kann sich Gedanken machen über die Bedeutung der Bemerkung: ›Er hat mehr als eine Stunde im Arbeitszimmer des Präsidenten verbracht.‹ Jeder weiß damit, daß es sich um eine bedeutende Angelegenheit handeln muß. Ganz anders tönt: ›Er konnte uns nur zehn Minuten zur Verfügung stehen, und wir haben nichts Besonderes erledigt.‹ Hier stellt die Zeit eine Botschaft dar, die ebenso direkt und beredt ist wie Worte. Was die Pünktlichkeit anbelangt, so würde kein vernünftiger Amerikaner seinen Partner eine Stunde warten lassen; das wäre eine schwere Beleidigung. Eine Entschuldigung bedeutet in diesem Fall nicht viel; denn es dürfte schwierig sein, die Empfindungen eines Mannes, der eine Stunde lang in einem Wartezimmer von einem Fuß auf den anderen getreten ist, auszulöschen. Die Verhaltensweise wird aber sogar noch bei einem Zeitraum von fünf Minuten oder weniger eindeutig unterschiedlich ausfallen. Wenn zwei Personen von gleichem sozialem Status sich treffen, so wird derjenige, der zwei Minuten zu früh oder zu spät kommt, nichts dazu sagen; denn in diesem Fall hat die Zeit keine Bedeutung. Bei drei Minuten entschuldigt man sich auch nicht; man hält es nicht für der Rede wert. (Drei Minuten sind allerdings erstmals von Bedeutung in der Serie von ein bis fünf Minuten.) Nach fünf Minuten bringt man gewöhnlich kurze Entschuldigungen vor. Trifft jemand vier Minuten vor oder nach dem vereinbarten Zeitpunkt ein, murmelt er irgend etwas Undeutliches, spricht aber selten seinen Satz zu Ende.«

Fügen wir gleich hinzu, daß in den Vereinigten Staaten wie auch in Mitteleuropa das alte aristokratische Sprichwort »Die Pünktlichkeit ist die Höflichkeit der Könige« eine immer noch gültige Wahrheit ausdrückt. Eine hochgestellte Persönlichkeit erweist einem Niedrigergestellten eine große Ehre, wenn sie ihn pünktlich zur vereinbarten Zeit empfängt. Sie anerkennt damit, ungeachtet der trennenden sozialen Distanz, daß ihre beiderseitige Zeit im Wesen gleichwertig ist.

Was für die Pünktlichkeit bei geschäftlichen Verabredungen gilt, läßt sich auch anwenden auf geschäftliche Korrespondenz. Die Frist zwischen dem Empfang einer Botschaft und der Absendung einer Antwort richtet sich nach dem Grad der Wertschätzung und der Abhängigkeit zwischen Absender und Empfänger der ersten Botschaft.

Der Verleger, der das Manuskript eines Unbekannten erhält, läßt sich zur Prüfung desselben oft acht bis zehn Monate Zeit. Doch dem schwierigen und anspruchsvollen Bestsellerautor, der dem Verlag Ruhm und Geld einbringt, antwortet er postwendend, meist sogar telephonisch, noch am gleichen Tag. In Zeiten der Verknappung hängt der Lieferant rarer Artikel den Brotkorb für seine Kunden hoch, und mehrere Wochen verstreichen, bevor er ihre Bestellung einer Antwort würdigt. Sind die Waren wieder in Hülle und Fülle vorhanden und die Konkurrenten zahlreich, ändert er seine Korrespondenzgewohnheiten vollständig. Die kleinste Bestellung wird in kürzester Zeit mit einem Bestätigungsschreiben beehrt. Wiederum wird hier die Zeit zur Botschaft. Sie verdeutlicht den ewigen Anspruch des Menschen gegenüber seinem Mitmenschen: »Ich bin der Stärkste, du bist abhängig von mir« oder das Gegenteil: »Ich muß leider zugeben, daß du im Augenblick der Stärkere bist. Ich beuge mich.«

Wenn man die internen Verhältnisse eines Industrie- oder Handelsunternehmens durchleuchtet, muß man selbstverständlich davon ausgehen, daß der Firmenchef kein Interesse daran haben kann, die Zeit seiner Angestellten zu vergeuden. Da Zeit Geld ist, bedeutet deren Verschwendung einen für das Unternehmen schädlichen Verdienstausfall. Trotz dieser pragmatischen Überlegung erliegt der Alpha-Mensch manchmal der Versuchung, seinen Status zu betonen und seine Untergebenen mit zeitraubenden, äußerst fintenreichen Manövern aufzuhalten.

In manchen Büros ist es üblich, daß man an die Tür klopft, bevor man eintritt. Hier läßt der Alpha-Chef eine unterschiedlich lange Zeit verstreichen zwischen dem Klopfen und seiner Aufforderung einzutreten. Er läßt je nach Laune noch eine zweite Pause entstehen zwischen dem Eintreten des Unter-

gebenen und dem Augenblick, in dem er den Kopf hebt, um
ihn wahrzunehmen. Zu diesem Zeitpunkt kann er weiterhin
der Ansicht sein, daß der Untergebene immer noch nicht
genug gewartet hat; also vertieft er sich ungerührt wieder in
seine Arbeit. Wenn er jedoch die Selbstachtung seines Besuchers nicht zu sehr strapazieren will, wird er kurz bemerken:
»Einen Augenblick, ich stehe gleich zur Verfügung«, oder
etwas Ähnliches. Will er ihn dagegen seine Autorität fühlen
lassen, wird er ihn ohne eine Geste oder ein Wort der
Begrüßung – in Wartehaltung aufgepflanzt – vor seinem
Schreibtisch stehen lassen. Dieses Verhalten zeigt eine frap-
pierende Ähnlichkeit mit den Methoden, die Dresseure von
Hunden und Pferden anwenden, denen sie in regelmäßigen
Abständen einen langen Moment vollkommener Bewegungslosigkeit aufzwingen, einzig und allein, um sich so ihres
absoluten Gehorsams zu versichern.

Eine weitere Gemeinsamkeit zwischen Dompteuren und
herrschsüchtigen Alphas: der aggressive Einsatz der Stimme.
Man weiß, wie furchtsam und nervös Hunde und Pferde auf
gebrüllte Befehle reagieren. Beim Menschen ist es genauso. Die
schneidende Stimme eines Vorgesetzten bewirkt ein reflex-
artiges Zusammenziehen der Rücken- und Schultermuskulatur:
der Hals rutscht tief zwischen die Schultern und scheint mit
ihnen zu verwachsen. Psychisch getroffen von dieser
peitschenden Stimme krümmt der Mensch physisch den
Rücken.

Wenn der Alpha-Typ seine Aggressivität nicht offen zu zeigen wagt, moduliert er voller Willkür Ton und Rhythmus
seiner Stimme, um sie unverständlich zu machen. Er spricht so
leise, daß seine Stimme praktisch unhörbar wird und zwingt
seinen Untergebenen, mit angestrengter Aufmerksamkeit zu
lauschen. Oder er spricht übermäßig schnell, wobei er die
Hälfte seiner Worte verschluckt und unverständlich wird. Im
einen wie im andern Fall kann der Untergebene keineswegs
sicher sein, richtig gehört und die vernebelten oder verstümmelten Anweisungen verstanden zu haben. Verwirrt und eingeschüchtert, wie er ist, wagt er nicht, seinen Vorgesetzten um
eine Wiederholung zu bitten, zumal dieser für sich die Mög-

lichkeit einkalkuliert, sich von seinen Anweisungen zu distan-
zieren, wenn deren Ausführung nicht zum erwarteten Erfolg
führt; er kann dann den Untergebenen belasten und ihm die
Verantwortung für das Mißlingen zuschieben.

Sehr langsames und übertrieben deutliches Sprechen ist belei-
digend; es erweckt den Eindruck, als schätze man die Begriffs-
fähigkeit seines Gegenübers gering ein. Geradezu sadistisch ist
es, einen etwas schwerhörigen Gesprächspartner mit dem be-
harrlichen Hinweis auf sein Gebrechen zu demütigen.

Menschliche Gesellschaften wiederholen in ihrem Aufbau
nicht so ohne weiteres die hierarchische Pyramide des Hühner-
hofs. Bei uns ist es an der Tagesordnung, daß das gewohnte
Verhältnis von Überlegenheit und Unterlegenheit bei einem
Wechsel des Schauplatzes sich für bestimmte Zeit auch
einmal umkehrt. Wer hier und jetzt das Gesetz macht, fällt
einige Meter weiter unter die Macht eines anderen. Während
das Omega-Huhn sich nicht anders zu helfen weiß, als sich so
klein und unscheinbar wie möglich zu machen, hat noch der
armseligste Mensch eine bescheidene Aussicht, eines schönen
Tages die empfangenen Hiebe, wenigstens zum Teil, zurück-
geben zu können.

Auf der unteren Ebene der sozialen Stufenleiter rangiert der
Straßenkehrer. Er hat seinen Schubkarren vor dem Bürgersteig
abgestellt und kehrt den Rinnstein. Ein Auto fährt heran; sein
Fahrer hat es auf den Platz abgesehen, auf dem der Schubkarren steht; er möchte dort seinen Wagen parken. Wenn der
Straßenkehrer nun den Beschluß faßt, sich *hic et nunc* einmal
für alle Beleidigungen zu rächen, die er seit Tagen stumm
geschluckt hat, braucht er nur seine Reinigungsarbeit mit
zeitraubender Genauigkeit fortzusetzen. Er stellt sich einfach
taub gegenüber Hupen, Rufen und Verwünschungen des Auto-
fahrers. Was kann der dagegen machen? Soll er sich des
Schubkarrens bemächtigen und selbst den Platz freimachen?
Soll er den Mann körperlich attackieren? Beides würde ihn
nach dem Gesetz ins Unrecht setzen. Der Straßenkehrer übt
seine Funktion aus und besetzt in diesem Zusammenhang für
begrenzte Zeit das Territorium. Der Autofahrer entfernt sich

fluchend auf der Suche nach einem anderen Parkplatz. So arm-
selig und mittellos der Straßenkehrer auch sein mag, er hat soeben einen territorialen Sieg davongetragen; er ist Herr des
Terrains geblieben.

Untergeordnete Beamte und Angestellte, die auf einem eng
begrenzten Gebiet nach freiem Ermessen schalten und walten
können, legen es manchmal darauf an, aus aggressiven An-
trieben heraus die Zeit anderer Leute zu vergeuden. Sie sind
mit langweiligen Aufgaben beschäftigt, die für persönliche
Initiative keinen Raum lassen. Sie haben keinerlei Aussicht auf
einen Verdienst, wie ihn ihre Vorgesetzten in der Hierarchie
oder selbständig Erwerbstätige bekommen. Neid und Groll
sammeln sich in ihnen gegenüber diesen anderen von ihnen als
privilegiert betrachteten Mitmenschen an, und ein unwider-
stehliches Rachebedürfnis steigt in ihnen auf. Diese privi-
legierten anderen bei Gelegenheit in ihre Abhängigkeit zu
bringen allein dadurch, daß man sie warten läßt, stellt für viele
von ihnen einen Hochgenuß dar.

Im Mikroterritorium seines Bahnschalters, nur durch eine
Sprechöffnung mit der Außenwelt verbunden, blättert der
Fahrkartenverkäufer mit aufreizender Langsamkeit die Seiten
eines umfangreichen Verzeichnisses durch. Ein Reisender
wartet vor seinem Schalter in der brodelnden Bahnhofshalle.
Einen Geldschein und seine Ermäßigungskarte hat er auf die
Theke in die Öffnung der Trennscheibe gelegt und schiebt sie
dem Beamten immer wieder entgegen, während seine ängstlichen Blicke zwischen der Bahnhofsuhr, seiner eigenen Uhr
und dem stur über sein Buch gebeugten Kopf des Beamten hin
und her schießen. Der hat sich einen Stempel genommen, den
er sorgfältig auf bestimmte Stellen bestimmter Seiten drückt.
Der Reisende versucht ein energisches Husten, aber der andere
geht ungerührt seiner stummen Beschäftigung nach. Immer
unruhiger werdend, erkühnt sich der Reisende: »Hallo,
bitte!« Der Beamte reagiert auch darauf nicht; er hat inzwischen ein Bündel Geldscheine vorgenommen, befeuchtet
seinen Daumen mit einem Gummischwamm und vertieft sich
in ein sorgfältiges Nachzählen. Der Reisende, mit gespannten
Zügen und geballten Fäusten, bebt vor Ungeduld. Er nimmt

ein Geldstück aus seiner Börse und klopft gegen den Metall-
rahmen des Schalters. »Hallo, bitte, mein Zug fährt in fünf
Minuten.« Der Beamte hebt endlich den Kopf – vier Reisende
haben sich inzwischen hinter dem ersten angesammelt und
treten von einem Fuß auf den anderen – und senkt ihn wieder.
Er nimmt eine Büroklammer und befestigt sie an dem Bündel
der zehn Geldscheine, die er gerade gezählt hat. »Sie
wünschen bitte?« Sein Ton ist absolut höflich, seine Stimme
vollkommen beherrscht, wie er sich nun an den Reisenden
wendet. Er hat sich gerade von einer starken aggressiven Spannung befreit; während dieser Minuten des Wartens, die er dem
Reisenden aufzwingen konnte, hat sie sich vollkommen aufgelöst. Mit einer unangreifbaren und völlig lautlosen Methode
hat er soeben einen schlagenden Beweis seiner Macht erbracht.

Im täglichen Leben spielen sich Millionen Szenen ab, die im
wesentlichen diesen gleichen Aufbau haben und in denen zwei
Menschen miteinander konfrontiert werden, von denen der
eine, der normalerweise niedriger auf der sozioökonomischen
Stufenleiter rangiert, eine zeitlich begrenzte Macht über den
anderen hat. In aller Stille, nur mit der Waffe der Zeit
ausgetragen, setzt sich der Klassenkampf unermüdlich fort
zwischen der Verkäuferin und der Kundin, dem Kellner und
dem Gast, dem Gaswerksangestellten und dem Verbraucher,
dem Automechaniker und dem Wagenbesitzer usw.

Herr und Meister über die Zeit eines anderen, der als
überlegen empfunden wird, zu sein – und sei es auch nur für
Minuten –, bereitet ein herrliches Triumphgefühl und schafft
einen Ausgleich für Enttäuschungen und Demütigungen.

KÖRPERLICHE ANZEICHEN AGGRESSIVER REGUNGEN

Wie kann man bei anderen das Ansteigen der Aggressivität
und einen bevorstehenden Ausbruch erkennen? Wie kann man
exakt den Moment bestimmen, in dem die drohende Haltung
des uns gegenüberstehenden Menschen in den direkten Angriff
mündet? Desmond Morris hat sich im *Nackten Affen* sehr eingehend mit der Beobachtung der äußeren körperlichen Ver-

änderungen, der Gesten und Mimik beschäftigt, die beim Menschen die erwachende Aggressivität anzeigen.

»Unsere Nacktheit ermöglicht uns, durch Erröten oder Erblassen deutliche Signale auszusenden. Wir können ›bleich vor Wut‹, ›rot vor Zorn‹ oder auch ›blaß vor Angst‹ werden. Auf das Erbleichen muß man hier besonders achtgeben: es signalisiert die Aktion. Wenn es sich gleichzeitig mit anderen Bewegungen, die auf einen Angriff hindeuten, zeigt, bedeutet es ernste Gefahr. Wenn es zusammen mit Anzeichen der Furcht auftritt, läßt es auf Panik schließen. Das Erröten dagegen ist nicht so beunruhigend. Der wütende Gegner, der uns mit rotem Gesicht gegenübersteht, ist ungleich weniger auf Angriff gestimmt als der bleiche Mensch mit verkniffenen Lippen. Das rote Gesicht ist sosehr von einem Konflikt in Anspruch genommen, daß sein Zorn bereits hinuntergeschluckt und gebremst ist, während das bleiche Gesicht noch zur Aktion bereit ist.

So ist auch schnelles und tiefes Atmen ein Zeichen für Gefahr; der bedrohliche Charakter schwächt sich aber ebenso ab, wenn es sich in Knurren und Schnaufen auflöst.

Wenn der Wunsch anzugreifen und der Wunsch zu entfliehen beide stark aktiviert sind, und zwar gleichzeitig, zeigen wir eine Reihe von Bewegungen, die eine charakteristische Absicht verraten, nehmen dabei aber mehrdeutige Haltungen ein. Die bekannteste Erscheinung, das Ballen der Faust, wurde in zwei gegenläufigen Bewegungen ritualisiert. Man vollzieht diese Geste in einem bestimmten Abstand zum Gegner, genau dort, wo die Faust zu weit entfernt ist, um einen Schlag landen zu können. Damit ist ihr jede praktische Wirkung entzogen; sie ist nunmehr zu einem visuellen Signal geworden.«

Der ganze Körper kann kleine Angriffsbewegungen vollführen, bei denen aber sorgfältig aufgepaßt wird, daß sie nicht zu weit gehen. Man kann häufig und krachend mit dem Fuß aufstampfen und mit der Faust auf jeden Gegenstand einschlagen, der einem unter die Hände kommt. Hier haben wir es mit einer altbekannten Verhaltensweise zu tun, die man häufig auch bei Tieren beobachten kann, der sogenannten »Zielverlagerung«. Weil der zum Angriff reizende Gegner zu

furchterregend für eine direkte Attacke ist, werden die
Angriffsbewegungen auf ein weniger gefährliches Objekt »abgelenkt«, etwa einen unschuldigen Passanten (was wir alle
schon erlebt haben) oder ein lebloses Objekt, das manchmal
sogar kurz und klein geschlagen, ja zerstört wird. Wenn eine
Ehefrau eine Vase zu Boden schmeißt, meint sie wahrscheinlich den Kopf ihres Ehemanns, der da entseelt in tausend
Stücken vor ihr liegen soll.

So nuancenreich die Ausdrucksformen unserer Aggression
auch sein können, sie stimmen doch fast völlig mit denen der
anderen höheren Primaten überein. Die Regeln sind sehr einfach: Je mehr der Wunsch anzugreifen gegenüber dem
Wunsch zu entfliehen die Oberhand gewinnt, um so mehr
wird das Gesicht vorgereckt. Wenn im Gegenteil die Angst
überwiegt, werden alle Gesichtszüge nach hinten gezogen. Das
Gesicht des Angreifers zeigt nach vorn gewölbte, gerunzelte
Brauen, die Stirn bleibt glatt, die Mundwinkel schieben sich
nach vorn, und die Lippen zeichnen eine schmale Linie. Wenn
die Angst vorherrschend ist, erscheint ein Ausdruck ängstlicher
Drohung. Die Brauen heben sich, die Stirn legt sich in Falten,
die Mundwinkel werden nach hinten gezogen, die Lippen
weichen voneinander und entblößen die Zähne.

Alle diese Ausdrucksspielarten teilen wir mit den Affen, aber
wir haben noch weitere Ausdrucksformen erfunden, deren nur
wir uns rühmen können: beispielsweise die Eigenart, die Zunge
herauszustrecken, die Backen aufzublasen, die Nase zu
kräuseln oder schreckliche Grimassen zu schneiden, womit wir
das Repertoire unserer Drohgebärden beträchtlich vergrößern.

ENTLASTUNGSMANÖVER

Jeder soziale Kontakt ist, selbst unter den günstigsten Umständen, mit leiser Beunruhigung verbunden. Niemand kann
sich jemals der Reaktion des anderen vollkommen sicher sein.
Alle menschlichen Beziehungen, in welchem Zusammenhang sie
sich auch ergeben, setzen in jedem von uns mehr oder weniger
Aggressivität frei.

Diese Aggressivität schießt manchmal mit derartiger Stärke
und Heftigkeit hervor, daß sie die körperliche Begrenzung

unserer eigenen Person durchbricht und in den uns umgebenden Raum einzuströmen scheint. Dieser Vorgang wird
durch einige Redensarten verdeutlicht, die wir gebrauchen, um
die unerträgliche Atmosphäre zu beschreiben, die durch die
Begegnung und das Aufeinanderprallen mehrerer Menschen
mit unterschiedlichen Bestrebungen und gegensätzlichen Interessen auf ein und demselben Territorium entstehen. Es handelt
sich tatsächlich um eine regelrechte Projektion. Da wir nicht in
der Lage sind, die durch die Gegenwart der anderen hervorgerufenen Impulse in ihrer Heftigkeit zu beherrschen und zu
ertragen, verlegen wir sie nach außen, wo sie nun etwas
erzeugen, was wir als »eine Luft, die man nicht atmen kann«
bezeichnen, als »elektrisch geladene Atmosphäre« oder als
»gespannte Atmosphäre«, als »tödliche Stille«, als
»Schweigen, das man mit einem Messer schneiden kann«,
oder als »explosive Lage«.

Um die Spannung, unter der wir stehen und die durch die
Projektion nicht aufgelöst werden konnte, zu vermindern,
nehmen wir unsere Zuflucht zu Handlungen, die die Verhaltensforscher »Ablenkungsmanöver« nennen. Ein typisches
Beispiel dafür liefern uns die Schimpansen. Wenn sie in einer
Streßsituation sind, beginnen sie, ebenso bestürzt wie
hingerissen, Kopf und Oberkörper zu kratzen, als ob sie von
unerträglichem Juckreiz befallen wären.

Wir sind erfindungsreicher als der Schimpanse; unsere Entlastungsmanöver entfalten sich auf drei Gebieten: das sind der
eigene Körper, die Person des anderen und die Umgebung.

Wenn die aggressive Spannung unsere Kontrollmöglichkeiten überflutet und eine ruhige Haltung unmöglich macht,
verfallen wir auf eine Unmenge von Gesten, deren Sinnlosigkeit auf der Hand liegt. Ebenso offensichtlich ist jedoch die
zwanghafte Natur dieser Gesten. Wir kratzen uns am Kopf;
wir kauen oder reinigen uns die Nägel; wir streichen mit der
Hand über die Stirn, das Gesicht oder über den Nacken. Wir
fahren mit allen fünf Fingern durch unsere Haare und
schieben sie zurecht. Wir reinigen unsere Ohren und zwirbeln
die Ohrläppchen. Wir zerren an unserem Bart oder Schnurr-

bart. Wir bearbeiten und reiben unsere Nase und unser Kinn, oder wir kneten sie zwischen Daumen und Zeigefinger. Wir reiben die Hände gegeneinander, als ob wir sie abspülen wollten.

Wir simulieren im wesentlichen Gesten, die wir morgens in der Intimität unseres Badezimmers ausführen, um von unserer Haut den Schmutz zu entfernen, den äußere Einflüsse oder die Ausscheidungen unseres eigenen Organismus darauf abgelagert haben. In der Öffentlichkeit praktiziert, zielen sie ins Leere; sie stellen eine stilisierte Pseudotoilette dar. Die Verlegenheit, das moralische Unbehagen, das wir empfinden, lösen sich teilweise durch diese Berührungen auf. Es geht eine Art Beruhigung von ihnen aus, weil sie uns den vertrauten Kontakt mit etwas empfinden lassen, das wir mit größter Gewißheit und Selbstverständlichkeit kennen: unseren Körper.

Andere ebenso nutzlose und überflüssige Handlungen vollführen wir an den Gegenständen, die wir direkt auf unserem Körper tragen. Wir putzen unsere vollkommen saubere Brille; wir ziehen eine Uhr auf, die das gar nicht nötig hat; wir entfernen ein eingebildetes Stäubchen von unserer Kleidung. Wir streichen über Kragen, Revers, Knöpfe, die Falte unseres Rocks oder unserer Hose, um uns zu versichern, daß sie dort, wo sie sein müssen, sind oder untadelig sitzen. Alle diese Gesten sollen die unangenehmen Aggressionsgefühle, die in uns gären, beschwichtigen.

Mit den Gesten der Körperpflege verhält es sich ebenso wie mit den zwanghaften Bewegungen der Unruhe. Sie kennzeichnen innerhalb einer beliebigen Gruppe die verwundbaren und verzagten Individuen, die es nicht vermögen, ihre eigene Aggressivität richtig zu nutzen und sich der Aggressivität der anderen zu stellen. Die Alphas ertragen eine Atmosphäre mit hoher Aggressionsspannung leichter als Durchschnittsmenschen. Sie akzeptieren ihre eigenen aggressiven Wesenszüge, die sie unter Kontrolle halten und zur Erreichung konstruktiver Ziele einsetzen. Sie halten ihre Aggressivität so lange wie nötig im Zaum, um sie gelegentlich in positive Aktion umzusetzen, ohne in der Zwischenzeit zu nutzlosen Manövern der Spannungsverlagerung und Spannungsminderung ihre Zuflucht zu nehmen.

Die Pseudokörperpflege ist der aus primitiven Zeiten stammende Versuch des einzelnen, die aggressive Spannung zu lösen. Im Laufe der Jahrtausende haben ganze Völkergruppen bedeutend raffiniertere Lösungen gefunden. Manche von ihnen entwickelten sich auf Grund einer allgemeinen Übereinkunft innerhalb einer bestimmten Kultur zu den Sitten und Bräuchen eben dieser Kultur.

Bei gesellschaftlichen Veranstaltungen entfalten wir einen ganzen Fächer konventioneller Entlastungshandlungen, die anzeigen sollen, daß wir uns hier und jetzt von anderen Menschen angezogen fühlen und daß ihre Anziehungskraft ganz entschieden die Oberhand behält gegenüber der Aggressivität, die ihre Gegenwart in uns auslösen könnte.

Keine Gastgeberin kann sich völlig von einem Gefühl dumpfer Beunruhigung freimachen, wenn sie sich entschlossen hat, mehrere Personen in ihr Haus einzuladen. Trotz ihrer allgemeinen Vorbereitungen – Menü, Getränke, Blumen, Musik –, trotz der Vorsichtsmaßnahmen, die sie in Kenntnis der gesellschaftlichen und psychologischen Zusammenhänge getroffen hat – ihre Gäste gehören dem gleichen Milieu an, und sie haben gemeinsame Bekannte und Verwandte –, steigert sich ihre Unruhe manchmal zu Angst und artet sogar in Panik aus. Eine unbekannte Größe lastet drohend auf dem Zusammensein: Wird man die latente Aggressivität eines jeden Gastes vollkommen kontrollieren und in Schach halten können? Das kann niemand mit Gewißheit sagen; denn manchmal genügt eine Winzigkeit, um die zerbrechliche Plattform der Konventionen, auf der das Gebäude des gesellschaftlichen Lebens ruht, zum Einsturz zu bringen. Ein Schweigen, das sich in die Länge dehnt, eine ungeschickte Bemerkung, eine unpassende Geste können wie der berühmte Funke das Pulver entzünden und die Aggressivität explodieren lassen.

Um gesellschaftliche Katastrophen und Fehlschläge zu vermeiden, haben wir Beschäftigungsrituale und kollektive Entlastungsgesten entwickelt. Das freundschaftlich zum Abendessen gebetene Ehepaar vollführt gleich nach seinem Eintritt in das Territorium der Gastgeber eine Reihe von Beschwichtigungsriten. Der Mann nimmt seinen Hut ab, mit anderen Worten: er verkleinert seine Körpergröße und – symbolisch – seinen Rang. Er signalisiert, daß er nicht beabsichtigt, hier eine gehobene oder beherrschende Stellung einzunehmen. Die Frau trägt keinen Hut und kann daher ihre freundschaftliche Einstellung nicht ebenso schnell zum Ausdruck bringen. Oft zeigt sie diese dadurch, daß sie das Kleid der Gastgeberin begeistert bewundert. Schon ein einfacher Ausruf kann genügen. Häufig verstärkt sie ihre Annäherungsbemühungen bis zu einem direkten Kontakt. Sie faßt nach einem Stück Stoff vom Kleid oder Schal der Gastgeberin und befühlt es mit bewunderndem Gesichtsausdruck. Die Gastgeberin beeilt sich übrigens, ihr gleich ein ähnliches Kompliment zu machen. Schmuck und Frisur regen zu ähnlichen Versöhnungsritualen an. Zwischen zwei Frauen nimmt dieser einfache Austausch über Kleider und Aufmachung eine ganz bestimmte, stillschweigend anerkannte Bedeutung an. Sie anerkennen damit ihre gegenseitigen Qualitäten, ihre Anziehungskraft und ihren Reiz, und sie einigen sich darauf, daß sie – mindestens für die Dauer dieses Abendessens – nicht in Konkurrenz treten wollen.

Gleich nach ihrem Eintritt werden den Gästen die Mäntel und alle Gegenstände, die sie in ihrer Bewegungsfreiheit beeinträchtigen könnten, abgenommen. Sie bringen manchmal ein Geschenk mit – Blumen, Alkohol, Süßigkeiten –, wodurch der Eindruck des freundschaftlichen Einverständnisses, das sie von ihrem Eintreffen an herstellen wollen, noch verstärkt wird. Gleichzeitig stellt das Geschenk der Gäste eine symbolische Gegenleistung für den Aufwand dar, den ihr Empfang verursacht. Wenn sie den Raum mit den übrigen Gästen betreten, werden sie sofort mit allen Anwesenden bekannt gemacht, und sie tauschen mit allen Händedruck und Lächeln aus, um sie von ihrer friedlichen und wohlwollenden Stimmung zu überzeugen.

Wir messen dem Händedruck in seiner körperlichen Realität

als Hautkontakt ungleich mehr Bedeutung zu als der eigentlichen gegenseitigen Bekanntmachung durch die Nennung der Namen. Daß wir den Namen einer Person, die uns vorgestellt wird, nicht verstehen, ist ein ganz alltägliches Mißgeschick im gesellschaftlichen Leben, das wir hinnehmen, ohne mit der Wimper zu zucken. Wenn jedoch die Person, der wir vorgestellt werden, von einer anderen halb verdeckt ist, ihre Hände nicht frei hat oder, schlimmer noch, wenn von mehreren Seiten gleichzeitig Namen genannt werden und ein allgemeines Durcheinander von ausgestreckten Händen entsteht, die vergeblich sich zu finden versuchen, ist ein allgemeines Unbehagen die Folge. Unter großem Aufwand an konfusem Lächeln und verständnisvollen Blicken beginnen wir noch einmal mit dem fehlgeschlagenen Manöver, bis alle an der Aktion beteiligten Hände einander glücklich gefunden haben. Erst dann stellt sich die Ordnung wieder her, und Heiterkeit kann die Verwirrung ablösen.

Der Handkuß, als veredelte Abwandlung des Händedrucks, löst ein vielschichtiges gesellschaftliches Problem. Einerseits will er der Aggressivität ihre Bedrohlichkeit nehmen, und darüber hinaus möchte er auf dem heiklen Gebiet der erotischen Gefühlsschwingungen eine gewisse Ordnung herstellen.

Die Geste des Handkusses vereinigt drei Bewegungsabläufe: das Vorbeugen des Oberkörpers, den Händedruck und den Kuß. Der Mann verbeugt sich vor der Frau und drückt damit aus, daß er sich als ihr sehr ergebener und ihr bescheidener Diener empfindet. Er gibt ihr die Hand und beweist ihr damit, daß er waffenlos und ohne Aggressivität vor ihr steht. Er küßt ihre Hand und übermittelt ihr damit eine zweifache Botschaft sexuellen Charakters. Der Kuß zwischen Menschen verschiedenen Geschlechts stellt unleugbar einen erotischen Austausch dar; die Hand ist allerdings keine erogene Zone. Der Handkuß verbindet diese beiden Gegebenheiten, um zwei Aussagen gleichzeitig zu machen: »Sie sind begehrenswert (sagt der Kuß); ich werde jedoch meine Leidenschaft im Zaum halten und beschränken (auf Ihre Hand).« Wenn man daran denkt, daß der Handkuß vor allem verheirateten Frauen gilt, kann man kaum übersehen, daß er auch noch einen weiteren Zweck verfolgt, der sich in einer zusätzlichen Botschaft an den Ehemann äußert. Sie lautet etwa: »Diese Frau ist begehrenswert, aber ich weiß, daß sie Ihnen gehört; daher werde ich meine Wünsche unterdrücken; denn ich respektiere, was Ihnen gehört.«

Drei fundamentale Antriebe, der Wille zur Macht, die Aggressivität und die Sexualität, können sich in der Geste des Handkusses in vielfachen und ausdrucksreichen Abwandlungen bestätigen oder verleugnen.

Der gerade aufgerichtete Mann, der mit lässigem Schwung die Hand der Frau an seine Lippen hebt, spart sich die Mühe einer Verbeugung und verrät damit, daß sein Respekt dem schönen Geschlecht gegenüber reine Formsache ist. Durch eine übertriebene Verbeugung kann der Mann jedoch seine Verachtung für die Frau ebenfalls zum Ausdruck bringen. Er läßt seinen Gruß um so ehrerbietiger ausfallen, als er sich ihr innerlich überlegen fühlt; seine Verbeugung ist die reine Parodie der Ergebenheit. Der Mann hingegen, der die Hand der Frau mit seinen beiden Händen ergreift und sie vorsichtig, als sei sie ein zerbrechliches Objekt, an seine Lippen führt, möchte den Aspekt des »schwachen Geschlechts« in den Vordergrund rücken. Wer den Kuß über Gebühr in die Länge zieht, gibt damit unzweideutig zu verstehen, daß er seinen sexuellen Wünschen liebend gern freien Lauf lassen würde; damit diese Botschaft noch leichter verständlich wird, sucht er beharrlich den Blick der Frau einzufangen und festzuhalten. Im Gegensatz dazu verrät der Mann seine vollkommene Gleichgültigkeit gegenüber der Frau, wenn er ihre Hand mit seinem Kuß nur leicht streift und gleich losläßt. Der Puritaner vermeidet den gefürchteten Kontakt seiner Lippen mit der weiblichen Hand, indem er seinen Daumen zwischen beide schiebt und diesen Schutzschild mit seinem Kuß beehrt.

Nachdem das Ehepaar die Runde gemacht und die Eingangszeremonien der Vorstellung und des Händedrucks hinter sich gebracht hat, werden die beiden zu einer Serie von Entlastungshandlungen aufgefordert. Die Hausfrau beeilt sich,

ihnen ein Entlastungsgetränk anzubieten, und fordert sie mit
Worten und Gesten auf, von den Entlastungssüßigkeiten zu
nehmen. Der Hausherr überredet sie zu einer Entlastungs-
zigarette oder -zigarre. Daraufhin wird das Ehepaar,
zusammen oder getrennt, ohne weitere Verzögerung in die
kleinen Gruppen, die sich schon zusammengefunden haben,
eingeführt. Es wird Wert darauf gelegt, daß die neu Hinzu-
kommenden sich auf dem gleichen Niveau einfügen wie die
anderen, d. h. daß sie sich hinsetzen. Die Anwesenheit einer
stehenden Person innerhalb der sitzenden Gruppe erzeugt ein
undeutliches Gefühl des Unbehagens. Die sitzenden Personen
empfinden vage, daß sich hier jemand eine privilegierte
Stellung und eine Bewegungsfreiheit verschafft, die sie sich
selber versagt haben. Niemand wagt das Unbehagen deutlich
in Worte zu fassen, aber Hausfrau und Hausherr geben keine
Ruhe, bis der Outsider ihren freundschaftlichen Auf-
forderungen nachkommt. Schließlich setzt er sich hin, und
seine Kapitulation ist eine Erleichterung für alle Anwesenden.

Ebenso bietet auch die Wohnungsumwelt unerschöpfliche
Möglichkeiten für Entlastungshandlungen an. Wenn jemand
während eines gesellschaftlichen Zusammenseins einem lästigen Menschen nicht entrinnen kann oder gegen seine Absicht
in eine Unterhaltung einbezogen wird, die ihm mißfällt, so
kann er zu einer Menge winziger Aktivitäten seine Zuflucht
nehmen, um seine Nerven zu entlasten: er kann ein Kissen auf-
schütteln, eine Blume in einer Vase anders ordnen, einen
Schmuckgegenstand verschieben, einen Teppichrand gerade-
streichen, eine Falte im Tischtuch glätten, die Asche im
Aschenbecher zu Pulver verreiben, im Kamin stochern. Keine
dieser Gesten wäre wirklich notwendig. Das Kissen, die
Blumen und der Schmuckgegenstand gewinnen überhaupt
nichts durch den Eingriff; die Kerze und das Feuer haben auch
schon vorher fabelhaft gebrannt. Das Adjektiv »mechanisch«,
das wir diesen Gesten zuordnen, macht deutlich, daß unsere
Gedanken kaum bei der Sache sind, läßt jedoch nicht
erkennen, daß solche Gesten außerdem – ohne daß wir uns
darüber klarwerden – eine Ablenkungsfunktion erfüllen.

5

Körpersprache und Psychopathologie

DIE VORGESCHICHTE DER KÖRPERSPRACHE

Im etymologischen Sinne bedeutet das lateinische Wort für Kind *infans* »das noch nicht Sprechende«. Das Kind wird benannt und definiert nach etwas nicht Vorhandenem, nach der Negativeigenschaft seiner Sprachlosigkeit. Bevor das Zeitalter der Psychologie des Kindes anbrach, war man allgemein der Auffassung, daß dieses Fehlen der Sprache sich mit der Tatsache deckte, daß das Kind keine Vorstellungen, Gedanken und kein Urteilsvermögen hatte und darüber hinaus auch keinerlei Gemütsbewegungen empfand.

Lange Zeit betrachtete man das Gefühlsleben des Kindes als jungfräuliches Gebiet, eine Art Leere, die erst die Lebenserfahrung allmählich füllen, gestalten und ausformen würde. Das Kind erschien als unsicherer Rohentwurf, der, glaubte man, erst im Doppelprozeß des Heranwachsens und der Erziehung voll zum Leben erwachen und von außen her um die ganze Spannweite der menschlichen Empfindungen bereichert würde.

In der Tat war vom Kind bis in jüngster Zeit selten die Rede; man beschäftigte sich wenig mit ihm. Ohne weiter darüber nachzudenken, stattete man es traditionell mit den Eigenschaften der Arglosigkeit, Reinheit und Unschuld aus. Wollte man es naiv und summarisch beschreiben, so erschiene dieses sprachlose Etwas als ein Wesen von strahlender Weiße, von ungetrübter Einheitlichkeit, unfähig, jemandem Schaden zuzufügen. Dieses Gefäß ohne Inhalt hatte nur einen einzigen Trumpf: seine Aufnahmefähigkeit. Während man abwartete, daß es sich durch Zufuhr von außen anreichern und ausfüllen würde, behauptete man mit großer Selbstverständlichkeit, daß das Kind, da es ja nicht spreche, auch tatsächlich überhaupt nichts zu sagen habe. Daher achtete niemand – außer vielleicht manchmal die Mütter – auf das Wimmern und die unverständlichen Bewegungen der Säuglinge.

Im zwanzigsten Jahrhundert jedoch durchlöcherten systematische Verhaltensuntersuchungen bei Kindern und Säuglingen die naive Theorie vom Säugling als Nullpunkt der Menschheit. Methodisch durchgeführte vergleichende Beobachtungen bei Tausenden von Säuglingen ließen im Gegenteil den verschwenderischen Reichtum ihres Gefühlslebens zutage treten. Von ihrer Geburt an erleben die Säuglinge eine Fülle verschiedenartigster Empfindungen, denen sie durch mimische Bewegungen Ausdruck geben, die sogar bereits einige Monate vor der Geburt individuelle Besonderheiten zeigen. Arnold Gesell schreibt hierzu in seiner *Embryology of behavior:*

»Unsere eigene wiederholte Beobachtung einer großen Anzahl neugeborener Babys hat uns jeden Zweifel genommen, daß, psychologisch gesehen, jedes von ihnen ein Individuum war. Es gibt nicht zwei unter ihnen, die sich gleichsehen, nicht zwei, die sich völlig gleich verhalten. Eines blieb unbeweglich ruhig, während das andere lebhaft war. Sogar die allerjüngsten zeigten deutliche Unterschiede in ihrer Aufgewecktheit und Reaktionsfähigkeit. Es gab greifbare individuelle Verschiedenheiten, die schon die ganze Mannigfaltigkeit ahnen ließen, die die menschliche Familie kennzeichnet . . .

Besonders interessant sind die unterschiedlichen Gesichtsmuskulaturen; denn die Gesichtsmuskeln sind innig verbunden mit Mimik und Ausdrucksverhalten, wenn nicht gar mit dem Wesen der Persönlichkeit. Das neugeborene Kind hat weiche Gesichtszüge, die ihm im Zustand der Ruhe einen Ausdruck großer Sanftheit verleihen. Unter dem Einfluß von Aggressionen und Emotionen weicht diese sanfte Mimik dann Falten, Verspannungen und Verzerrungen. Zuerst ist der Ausdruck grob und verhältnismäßig undifferenziert. Aber wenn der Verstand sich weiterentwickelt, zeichnen sich Empfindungen wie Unbehagen, Vergnügen, Neugier, Überraschung, Verwirrung wie auch der Vorgang des Begreifens in feinsten Schattierungen auf dem Gesicht ab, das durch die zarten Muskelstränge an seiner Oberfläche in Bewegung gesetzt wird. Aus der Anordnung dieser Muskeln und ihrer Belebung ergibt sich die Individualität des Ausdrucks. Während der Kindheit und im Vorschulalter zeigt sich eine fortschreitende Ausdrucksfähigkeit, vergleichbar mit der Entwicklung der mimischen Bewegungen in der Frühphase.«

In der Einführung zu einem Werk aus jüngerer Zeit, *L'enfant et son corps* von den Autoren L. Kreisler, M. Fein und M. Soulé liefert der Psychoanalytiker und Psychosomatiker Michael Gain eine Erklärung für die eigensinnige Blindheit der Erwachsenen gegenüber dem Gefühlsleben des Säuglings: »Die landläufige Meinung, die das Baby zu einem Wesen ohne Seelenleben, mit primitiven, unausgeformten Reaktionen stempelt, läßt sich zurückführen auf unsere Weigerung, Tatsachen zu sehen, die unsere persönlichen Konflikte allzu eng berühren; damit leugnen wir die unbewußten Fähigkeiten der menschlichen Seele, einen Wesenskern zu bilden, aus dem die Art und Weise unseres Denkens unablässig ergänzt und bereichert wird.«

Während seines ersten Lebensjahres teilt sich das Kind seiner Umgebung zunächst einzig und allein durch die Körpersprache mit: durch Gesten, Mimik, Bewegung und Haltung, durch körperliche Reaktionen und all die Geräusche, die der menschliche Körper zu produzieren vermag. Ganz unleugbar registriert es ebenfalls genauestens die nichtverbalen Kundgebungen seiner Umgebung. Man braucht nur daran zu denken, wie ein Baby, das sich vor Kummer die Lunge aus dem Hals schreit, augenblicklich auf das Geräusch nahender Schritte, die zärtliche Tonfärbung einer Stimme reagiert oder auch darauf, daß es auf den Arm genommen und gewiegt wird. Das Kind hat ein hochsensibles Empfinden für freundliches Zureden, gesummte Laute, liebevolle Zuwendung und kann die Bedeutung der ihm geltenden Gesten genau erkennen.

René Spitz liefert eine genaue Aufstellung der Signale und Lehren, die das Kind während seiner ersten Lebensmonate von seiner Mutter oder der Ersatzperson an ihrer Stelle empfängt: Gleichgewicht, Anspannung, Haltungen, Temperatur, Schwingung, Kontakte, Rhythmus, Tempo, Dauer, Bandbreite der Töne. Auf Grund seiner Arbeiten hat man erkannt, welche dramatischen Konsequenzen sich für das Baby ergeben, wenn eine gefühlsmäßige Bindung zwischen Mutter und Kind fehlt. Diese Bindung baut sich aber gerade nur aus den subtilen Elementen der Körpersprache und den nichtbegrifflichen Elementen der Lautsprache auf, die René Spitz aufzählt und die der Erwachsene unseres westlichen Kulturraums kaum noch bewußt wahrnehmen kann.

Das Kleinkind empfängt und deutet diese Signale; es strengt sich an, sie zu kopieren. Es beobachtet und imitiert das Verhalten der Erwachsenen, die es liebt; nach ihrem Vorbild baut es sich seine Gesten und Haltungen auf. Die Nachahmung spielt eine grundlegende Rolle beim Erlernen der Muskelbewegungen und später der Sprache.

»Der Mensch hat die reichste Mimik von allen Lebewesen«, bemerkte schon Aristoteles.

Das Kind läßt seiner instinktiven mimischen Begabung auch in sehr komischer Weise auf Kosten anderer freien Lauf. Ein scharfsinniger Beobachter, N. Jousse (unbekannten Vornamens), hat das schon 1931 festgestellt: »Irgendwann haben wir alle einmal bemerkt, wie ein Kind mit lebhaftem Mutwillen und großer Genauigkeit das Verhalten, die Ticks und charakteristischen Bewegungen von Personen, die in der Familie ein und aus gehen, beobachtet und nachmacht. Das Spiel ist sogar derart perfekt, daß man unter der kindlichen Mimik ganz leicht das arme, unbarmherzig kopierte Opfer erkennen kann.«

Da das Kind die Sprache nicht genügend beherrscht, um sich durch Scherz, Spott, Ironie oder Sarkasmus zu verteidigen, protestiert es auf seine Weise gegen Verhaltensweisen der Erwachsenen, die ihm mißfallen: es äfft sie nach. Seine Reaktionen der Aggressivität, der Ablehnung und des Widerstandes drücken sich häufig als mimische und akustische Parodie aus, wobei übrigens die engste Familienumgebung nicht ausgespart wird.

Die Menschheit hat dem Wort die Vorherrschaft zuerkannt; dadurch ist die ursprüngliche Körpersprache im Laufe der

Jahrhunderte immer mehr in den Hintergrund geraten. Der Stolz auf unsere Fähigkeit, uns mit Hilfe des gesprochenen Wortes auszudrücken, bestimmt in unserem westlichen Erziehungssystem auch heute noch die Sprache zum wichtigsten Träger der schulischen Erziehung. Alles wird gelernt durch die Einschaltung der gesprochenen oder gedruckten Worte. Die Möglichkeit der Erkenntnis und Erfahrung unmittelbar durch die Sinne wie auch durch Meditation und Intuition nimmt einen lächerlich unbedeutenden Platz in unserem Schul- und Erziehungssystem ein.

Im Vorschulalter, während das Kind innerhalb der Familie heranwächst, bemühen sich die Eltern eifrig darum, daß es sprechen lernt. Man hilft ihm, sich ein reichhaltiges Vokabular anzueignen. Man ermuntert es zu einer korrekten Aussprache, zu grammatikalisch richtiger Satzbildung. Man verbietet ihm lautmalerische Wortverstümmelungen und Primitivausdrücke wie »Dingsda« und Ähnliches mehr, die als Ausweichmöglichkeiten innerhalb des harten Lernprozesses unerwünscht sind. Dieser Lernprozeß hat die Genauigkeit des Gedankens und des Ausdrucks zum Ziel.

Die ersten Lernerfolge und Fortschritte sowie schließlich die kühne Gewandtheit in der Formulierung machen die Eltern stolz und glücklich. Von der Wiege bis zu seinem letzten Schulzeugnis oder Universitätsdiplom muß sich das Kind und später der Schüler und Student einer ziemlich unerbittlichen Spracherziehung unterwerfen (wobei freilich das Ergebnis durchaus nicht immer im Verhältnis zur aufgewendeten Mühe steht).

Trotz dieser Dauerbeeinflussung und der ständigen Ausrichtung auf den verbalen Ausdruck gibt es wohl kaum ein menschliches Wesen, das auf die Ausdrucksmöglichkeiten des eigenen Körpers verzichtet oder das die stummen Botschaften, die ein anderer Körper in reichem Maße aussendet, nicht wahrnimmt. Wir gehen ins Theater, obwohl der vollständige Text des angesetzten Stückes in unserem Bücherschrank leicht greifbar vorhanden wäre. Wir nehmen teil an Kongressen, Seminaren und Informationstagungen, obschon die einschlägige Presse die dort geäußerten Ideen und Überlegungen in breitem Umfang wiedergibt. Es passiert täglich, daß wir unseren entfernt lebenden Freunden, Verwandten, Bekannten oder Kollegen sagen: »Diese Sache ist zu heikel, zu ernst, wichtig, verwickelt (usw.), als daß sie schriftlich oder telephonisch geregelt werden könnte – wann können wir uns sehen?«

Die Vortragssendung im Fernsehen ist uns lieber als der Radiovortrag oder die Lektüre; wir hören ein Konzert lieber im Konzertsaal als über unsere eigene noch so großartige Stereoanlage. Die Technik vervielfacht die Medien- und Fernsehinformation; wir aber suchen hartnäckig weiter den direkten Kontakt mit den andern, ihre unmittelbare Nähe, den mündlichen Austausch.

Vielleicht können wir den Auswirkungen dieser langen, sprachlos verbrachten Jahre nicht entfliehen, in denen die Sturzflut unserer Gefühle nur durch Gestikulationen und unartikulierte Schreie kanalisiert werden konnte. Unsere frühen Empfindungen übertrugen sich ganz natürlich auf Muskeln und Nervenfasern, um sich auf der Oberfläche von Haut und Bindegewebe als Lächeln, Grimasse oder Schrei zu entfalten. Später fanden wir Worte, die unser physiologisch gelebtes Wissen ordnend beschreiben; sie konnten das Übergewicht dieses Wissens nicht aufheben. Kummer brachte uns zum Weinen, als wir die Entsprechung Tränen-Schmerz noch nicht bewußt erfaßten; wir haben geschrien, bevor wir das Wort Schrei kannten und aussprechen konnten. Die körperliche Erfahrung einer Übereinstimmung zwischen bestimmten Gefühlen und ihren physischen Ausdrucksformen liegt zeitlich früher und übertrifft an Intensität die vielfachen Entdeckungen, die wir nach dem Erlernen der Sprache auf diesem Gebiet noch machen.

Wenn ein Baby, das noch nicht sprechen kann, nicht essen will, macht es seine Weigerung dadurch deutlich, daß es den Oberkörper heftig nach hinten lehnt und den Kopf zur Seite dreht. Sobald es »nein« sagen kann, fließt ein Teil seiner Ablehnungsenergie in das gesprochene Nein ab und der körperliche Widerstand verliert etwas von seiner Heftigkeit. Es bleibt nur noch ein leichtes Zurückbiegen des Kopfes übrig. Trotzdem hat sich die grundlegende Urerfahrung der Weigerung in ihrem Bewegungsablauf dem Körper des Kindes für alle Zeiten eingeprägt. Auch wenn es sprechen gelernt hat und die feinsten Nuancen seiner Gedanken in verständliche Worte fassen kann, wird sein Körper gleichwohl alles, was es empfindet, in seiner Bewegung reflektieren. Die kälteste Vernunft und der stärkste Wille können niemals die physischen Reaktionen ganz bezwingen; sie können diesen Körper niemals hindern, auf eigene Rechnung weiter auszudrücken, was während der Zeit seiner Alleinherrschaft nur durch ihn ausgedrückt werden konnte.

WIDERSPRÜCHLICHE BOTSCHAFTEN

Im Laufe unserer Kindheit prägt sich uns das ganze Register der Gefühle buchstäblich körperlich ein. Dadurch wird uns gleichzeitig – und ohne daß wir diesen Vorgang erfassen könnten – der Schlüssel zu der Entsprechung zwischen Gefühl und Mimik geliefert. Wir können auf dieses ahnungsvolle Wissen, das wir in unseren ersten Jahren erworben haben, nicht verzichten; denn es ist die Gewähr und das sicherste Kriterium für die Auffindung der Wahrheit in menschlichen Beziehungen. Auf dieses Wissen verlassen wir uns unbewußt, wenn wir alle Sinne anspannen, um die Ehrlichkeit unserer Gesprächspartner zu prüfen. Tiefeingewurzelte Erfahrung läßt uns eher ihrer Erscheinung und ihren Gesten trauen als ihren Worten.

Lassen Sie mich ein Beispiel dafür anführen: Bei einer gesellschaftlichen Veranstaltung treffen Sie eine Freundin, die Sie seit einiger Zeit etwas aus den Augen verloren haben. Auf Ihre Frage: »Wie geht es dir?« antwortet sie augenblicklich: »Sehr gut, danke, und dir?« Und Sie unterhalten sich ein wenig über die griechischen Inseln, auf denen Sie mit ihr einmal die Ferien gemeinsam verbracht hatten. Während Ihre Freundin nun leichthin und angeregt plaudert, bemerken Sie ihren blassen Teint, eine graue Haarsträhne an ihren Schläfen, ihr Zurückweichen, als ein etwas lärmender gemeinsamer Freund zu Ihnen stößt. Sie bemerken, daß sie die angebotenen alkoholischen Getränke zurückweist, und schließlich auch, daß sie sich nach dem Abendessen schnell und diskret zurückzieht.

Am nächsten Morgen, da Sie an sie denken, finden Sie sich von dem Gedanken überrascht: »G. war gestern wirklich nicht in Form«, oder brutaler: »G. ist seit Griechenland entschieden älter geworden.« Der verbale Austausch: »Wie geht es dir?« – »Sehr gut« wiegt weniger als eine Feder auf der einen Waagschale, während die andere sich unter dem Gewicht Ihrer eigenen Beobachtungen zu Boden neigt. Die Versicherung, die G. Ihnen gegeben hat, widerspricht völlig den Indizien, die Ihnen ihre Erscheinung und ihre Gesten geliefert haben. Instinktiv verlassen wir uns auf unsere Beobachtung und fegen ihr widersprechende Worte ohne den Schatten eines Skrupels vom Tisch.

In diesem Beispiel haben wir Indizien (blasser Teint, graue Haare) interpretiert, die die Betroffene willensmäßig nicht beeinflussen konnte, und ferner aus ihrer Verhaltensweise (Zurückweichen, Ablehnung des Alkohols, hastiger Aufbruch) Schlüsse gezogen, obwohl eine Botschaft in dieser Richtung nicht ausgesandt, ja nicht beabsichtigt worden war.

Es kommt auch vor, daß jemand im gleichen Moment eine verbale und eine nichtverbale Botschaft aussendet, die in glattem Widerspruch zueinander stehen, weil sie an verschiedene Empfänger gerichtet sind. Der Lehrer schreibt eine Gleichung an die Tafel und ruft – den Rücken zur Klasse gewendet – einen Schüler auf. »Gerhard, willst du zur Tafel kommen und uns zeigen, wie du diese Gleichung löst?« »Ja, natürlich«, antwortet der Schüler und zieht hinter dem Rücken seines Lehrers eine tolle Grimasse. Gerhard hat wohlweislich jeden spöttischen Anklang in seiner Stimme vermieden, und bei seinem Lehrer ist nur die verbale Aussage der Botschaft angekommen. Aber von den Schülern, die seine Grimasse gesehen haben, hat keiner irgendwelche Illusionen über seinen verbal bezeugten »Enthusiasmus«. Von den beiden Bestandteilen seiner Antwort drückt in diesem Moment nur die Mimik seine wahren Gefühle aus, nämlich seinen starken Widerwillen dagegen, sich an die Tafel zu begeben, und seine heftige Abneigung gegen den Lehrer. Die zwei Aussagen der Botschaften richteten sich an verschiedene Empfänger, und in verschiedener Weise wurden sie auch aufgenommen.

Wenn wir es mit einem einzigen Gesprächspartner zu tun haben, der uns außerdem direkt gegenübersteht, ist es natürlich nicht möglich, eine Botschaft mit derart widersprüchlichen Aussagen zu übermitteln; die Indizien, die die verborgengehaltenen Gedanken verraten könnten, sind weniger auffallend. Eine Kundin betritt eine Boutique. »Haben Sie die schwarzen Lacksandalen aus dem Schaufenster in meiner Größe?« – »Welche Nummer tragen Sie?« – »Nummer vierzig.« – »Natürlich, wollen Sie bitte Platz nehmen?« Die Kundin setzt sich ohne rechte Überzeugung hin. Sie hat den Eindruck, daß sie nur ihre Zeit verliert. Ihre Wahl steht fest; sie möchte nur die Sandalen, die sie im Schaufenster entdeckt hat und keine anderen haben. Das leichte Zögern der Verkäuferin, bevor sie auf ihre Frage antwortet, die Tatsache, daß sie die Augen niederschlug, während sie sprach, und daß sie nach ihrer bejahenden Antwort die Brauen zusammenzog, haben ihr den sicheren Eindruck vermittelt, daß sie gelogen hat. Die Sandalen sind in Größe vierzig nicht mehr zu haben. Aber die Verkäuferin, die unbedingt verkaufen will, wird nach Meinung der Kundin mit einem glatten Dutzend ähnlicher Modelle zurückkommen und sich alle Mühe geben, sie zu einem Kauf zu überreden.

In seinem Werk *Silent messages* legt der amerikanische Psychologe Albert Mehrabian die Ergebnisse von Untersuchungen vor, die er zur Aufschlüsselung widersprüchlicher Botschaften nach Sympathie- und Antipathiegefühlen durchgeführt hat. Zu Beginn stellt er sich die Frage: Gibt es eine systematische und sichere Methode, um den wirklichen positiven oder negativen Gehalt einer widersprüchlichen Botschaft festzustellen und seine Stärke zu messen? Auf Grund von Versuchen, die er mit Hilfe von Kollegen und Studenten im Labor anstellte, und mit Hilfe von Tonbandrecordern und Videotechnik kommt er zu der Überzeugung, daß es eine solche Methode gibt. Er schlägt folgende Formel vor: Bei

widersprüchlichen Botschaften werden die tatsächlichen
Empfindungen zu 7 Prozent durch den verbalen Gehalt ausgedrückt, zu 38 Prozent durch den Ton der Stimme und zu
55 Prozent durch die Mimik.

Die Wirkungskraft von Mimik und Gestik ist also von
grundlegender Bedeutung, dann folgen mit jeweils schwächerer
Wirkung Ton der Stimme und verbaler Gehalt. Wenn Mimik
und Ton in Widerspruch zueinander stehen, ist die Mimik aus-
schlaggebend; sie bestimmt und beherrscht die Botschaft.
Dafür ein Beispiel: Während eines Cocktails zerbricht ein Gast
ein Glas. »So ein schrecklich ungeschickter Mensch!« ent-
rüstet sich die Hausfrau. Aber ihre Hand zaust scherzhaft die
Haare ihres Gastes, der am Boden kniend die Scherben
aufliest. Ihre Freundschaft für den Ungeschickten bedeutet ihr
offensichtlich viel mehr als der Ärger, den er ihr durch seine
Unachtsamkeit bereitet hat.

Wenn bei einem Telephongespräch der Ton der Stimme mit
dem Inhalt der gesprochenen Worte nicht übereinstimmt, ist es
der Ton der Stimme, der die Gesamtaussage der Botschaft
bestimmt. Ein junger Mann ruft seinen Vater im Büro an und
fragt: »Kann ich deinen Wagen für das Wochenende haben,
Papa?« – »Leider nicht, Patrick, ich muß am Samstagnach-
mittag nach X. fahren.« Der verbale Gehalt ist negativ, aber
wenn der Vater freundlich antwortet und seine Stimme echtes
Bedauern durchklingen läßt, bleibt diese Botschaft im wesentlichen positiv. Patrick begreift, daß ein zwingender Grund
seinen Vater hindert, ihm seine Bitte zu erfüllen, und daß er
das ebenso bedauert wie er selbst. Am nächsten Wochenende
wird er, ohne selbst im geringsten zu zögern und ohne eine
grundsätzliche Weigerung zu befürchten, den Wagen
wiederum erbitten. Das liebevolle Interesse, das aus der
Stimme seines Vaters klang, hat den negativen Charakter des
verbalen Gehalts vollständig aufgehoben.

Nehmen wir einmal den umgekehrten Fall: ein positiver verbaler Gehalt, verbunden mit negativ getönter Stimme. Diese
Verbindung läuft fast immer auf eine sehr negative Botschaft
hinaus. »Wie ist der Chef heute morgen?« fragt die Tele-

phonistin. Ohne ihre Augen von ihren Papieren zu erheben, antwortet die Sekretärin in beißendem Ton: »Ein wahrer Schatz«, und »Oh!« kommentiert die Telephonistin nur, während sich ihre Hoffnung, den Chef gutgelaunt zu wissen, augenblicklich in Luft auflöst.

Negative Tönung der Stimme, positiver Gehalt der Worte: so könnte man den Begriff »Sarkasmus« definieren, dessen griechische Wurzel *sarkazein* nichts anderes heißt als »das Fleisch beißen«. Es muß ganz deutlich gesagt werden, daß wir überhaupt nicht objektiv beschreiben können, was wir unter einer »verletzenden«, »schneidenden«, »ätzenden«, »bei-ßenden«, »scharfen« Stimme verstehen. Was bezeichnen diese Adjektive, die der etymologischen Bedeutung des Wortes »Sarkasmus« so dicht auf der Spur bleiben und die ja wohl sagen wollen, daß man sich von einer derart beschriebenen Stimme körperlich angegriffen fühlen kann. Theoretisch ist das Stimmvolumen meßbar; aber erst seit kurzer Zeit hat man sich mit Messungen und vergleichenden Untersuchungen dem Phänomen der Modulation zugewandt. Auf diesem Gebiet steckt die Forschung noch in den ersten Anfängen. Wir sind auf unsere eigenen Eindrücke angewiesen, um den Charakter einer Stimme einzuschätzen. Diese subjektive Einschätzung einer Stimme stützt sich mit Sicherheit auf die allerersten Kindheitseindrücke. Damals konnten wir den Inhalt der Worte, mit denen man uns überschwemmte, nicht verstehen, aber wir haben schon in der Wiege begonnen, die feinsten Nuancen der Stimme empirisch wahrzunehmen; wir haben gelernt, mit ihrer Hilfe die Neigungen, Stimmungen und Gefühle abzuschätzen, die sie hervorrufen.

Parallel zu den Arbeiten von Mehrabian hat Professor Michael Argyle Untersuchungen auf dem Gebiet der wider-sprüchlichen Botschaften, besonders im Hinblick auf das Herr-schaftsverhalten, angestellt und in seinem Werk *The psychology of interpersonal behavior* beschrieben. Seine Gruppe kommt zu ähnlichen Ergebnissen wie Mehrabian, was den Grad der Verläßlichkeit bei jedem einzelnen Element einer dreifach zusammengesetzten Botschaft – verbaler Gehalt, Ton der Stimme, Mimik – angeht. Die Mimik ist von größter Bedeutung; der Ton der Stimme ist wichtig; der verbale Gehalt ist fast unbedeutend. Beispiel: »Ich habe den aufrichtigen Wunsch, in einen Dialog mit der studierenden Jugend einzutreten«, behauptet ein Politiker im Laufe eines Fernsehinterviews. Seine Stimme klingt überschwenglich; er spricht mit starker Betonung und unterstreicht seinen Satz, indem er mit beiden geschlossenen Fäusten heftig auf die Kante des Tisches hämmert. Der verbale Gehalt wird vollkommen unglaubwürdig und unwahrscheinlich, wenn man seine von Herrschsucht diktierte Vortragsart und seine drohenden Gesten betrachtet, die seine herrische Persönlichkeit und seine aggressive Wesensart enthüllen, also denkbar schlechte Voraussetzungen für Dialog und Verständigung.

WIDERSPRÜCHLICHE BOTSCHAFTEN UND LITERATUR

Zu allen Zeiten sind Schriftsteller und Dramaturgen mit besonderer Intuition in das Wesen körperlicher Gesten und Bewegungen eingedrungen und haben sie ausgebeutet. Kaum noch wahrnehmbare Bewegungen verraten ihnen die Geheimnisse der Seelen. Zunächst einmal sind sie scharfe Beobachter und deuten sich das Verhalten ihrer Mitmenschen. In ihren Werken wird die Bewegung nachgeformt, und all die unsagbaren geheimen Absichten und auch die vergeblichen Anläufe werden darin sichtbar.

Ein begabter Schriftsteller wird unweigerlich Interesse und Neugier des Lesers durch eine sorgfältige Beschreibung seines Helden zu wecken suchen. Geschickt schlachtet er seine sämtlichen äußeren Besonderheiten aus, noch bevor er ihm überhaupt das Wort erteilt. Hier haben wir Perry Smith, wie ihn Truman Capote in seinem Roman *Kaltblütig* schildert:

»Während er noch saß, hatte man den Eindruck, daß er mehr als mittelgroß sein müßte, ein stämmiger Kerl, mit den Schultern, Armen und dem schweren, massigen Oberkörper des Gewichthebers. Und tatsächlich war Gewichtheben seine bevorzugte Freizeitbeschäftigung. Es gab aber an ihm Körperpartien, deren Proportionen nicht im Einklang mit dem Ganzen waren. Seine kleinen Füße, die in kurzen, schwarzen Stiefeln mit Stahlschnallen steckten, hätten leicht in die Tanzschuhe einer zarten Frau hineingepaßt; als er sich erhob, war er nicht größer als ein Kind von zwölf Jahren, und plötzlich, wie er da auf seinen schmächtigen Beinen umherstolzierte, die grotesk unzureichend wirkten für die auf ihnen ruhende Masse eines Erwachsenen, dachte man nicht mehr an einen breitschultrigen Lastwagenfahrer, sondern an einen Jockey im Ruhestand, massig und muskulös geworden ...

Sein eigenartiges Gesicht fesselte ihn. Jeder Blickwinkel bescherte einen neuen Eindruck. Dieses Gesicht gehörte dem Kind einer Märchenfee, und Übungen vor dem Spiegel hatten es gelehrt, die ganze Skala physiognomischer Verwandlungen durchzuspielen: Wie stellt man es an, drohend auszusehen, einen Moment später schelmisch, dann sentimental; ein Neigen des Kopfes, ein Verziehen der Lippen, und der verbummelte Lotterbruder verwandelt sich in ein zartes, romantisches Wesen. Seine Mutter war eine reinblütige Cherokee-Indianerin. Von ihr hatte er seinen jodfarbenen Teint geerbt, seine dunklen, feuchten Augen, seine schwarzen Haare, die er mit Brillantine in Form hielt und die so dicht wuchsen, daß er sich Koteletten und in die Stirn fallende Locken erlauben konnte. Das mütterliche Erbe trat verblüffend zutage; weniger sichtbar waren vom Vater ererbte Anlagen – eines Iren mit roten Haaren und Sommersprossen. Man hätte meinen können, daß das indianische Blut auch die letzte Spur der keltischen Rasse verdrängt hätte. Trotzdem war sie auch vertreten und machte sich bemerkbar in den rosigen Lippen und der Stupsnase sowie in einer schalkhaften Lebhaftigkeit und einem arroganten irischen Egotismus, die häufig durch die Cherokee-Maske wetterleuchteten.«

Die inneren Widersprüche des Helden, seine komplexe und schwerverständliche Psychologie werden dem Leser vom ersten Moment an durch Hinweise auf seine Erscheinung und seine Körpersprache nahegebracht. Welcher Leser wäre nicht begierig, Perry Smith näher kennenzulernen und zu erfahren, was für schreckliche Untaten er kaltblütig begangen hat, wenn er erst einmal das physische Porträt, das Truman Capote von ihm zeichnet, gelesen hat?

Im Gegensatz zu diesem Porträt, das mit seinen sehr sorgfältig ausgewählten Elementen der Körpersprache den Leser in eine vielversprechend rätselhafte Atmosphäre einführt, verwendet die Trivialliteratur einen regelrechten Gestenkode, nach dem auch schwerfälligste Intelligenz eines Lesers die psychologische Entsprechung der standardisierten Gesten erkennen kann. Die Heldin, die ihre Augenlider auf- und niederflattern läßt, ist kokett; die Dame, die ihre Hände ringt – oder sich die Pfötchen verbiegt, würde ein Kabarettist sagen –, leidet schwere innere Qualen. Der Leser tastet sich entlang an leuchtenden Augen, halbgeöffneten Lippen, Stoßseufzern, kraftlos niedersinkenden Händen und entschlüsselt, ohne sich jemals zu irren, alle Wege und Umwege der Gefühle beispielsweise einer Liebenden, die dem Erwählten begegnet. Diese Signale blinken übrigens in der Regel ganz automatisch am Ende eines Dialogs auf und erklären dem Leser nichts, was die einzelnen Figuren nicht auch verbal schon ausgedrückt haben. Ohne die geringste ästhetische Absicht zielen sie nur auf die mimischen Instinkte des Lesers. Sie sollen die Gefühlsäußerungen des Helden, mit dem der Leser sich ja identifiziert, illustrieren und so seine Anteilnahme erregen.

Ernsthafte Autoren, die eine hohe geistige Durchdringungskraft, ihre Intuition und ihre Phantasie gleichermaßen ins Spiel bringen, arbeiten mit subtileren Andeutungen und einem äußerst raffinierten Symbolismus, um dem Leser die Gefühlsbewegungen des Helden nahezubringen. Bei diesen Autoren tritt die Körpersprache nicht als reine Wiederholung des Dialogs auf. Sie liefert Anspielungen, die den Inhalt der Dialoge variieren, deutet Ungesagtes an, leugnet oder nuanciert das Ausgesprochene. In der Literatur wimmelt es von widersprüchlichen Botschaften. Jede Geste des Helden, die beschrieben wird, gleicht einem Hinabtauchen in die Abgründe seines Unbewußten. Ein Fetzen aus diesem unbekannten Reich wird zutage gefördert und dem Scharfblick des Lesers als Beute zugeworfen. Hier muß er nun nicht nur einen einfachen Kode entschlüsseln, sondern ein Geheimnis deuten, wobei er sein eigenes Urteilsvermögen und eigene Intuition einbringen muß.

In dem umfangreichen Werk von Jules Barbey d'Aurevilly gibt es eine Menge bewundernswerter psychologischer Studien, die auf der Schwelle des Unbewußten angesiedelt sind und in denen der Autor durchgehend die Körpersprache seiner Gestalten zu Hilfe nimmt, um das Unsagbare auszudrücken, das er dem Leser suggeriert durch Erscheinung, Blick, Stellung, Haltung, Gang, Mimik und alle möglichen Zufälle innerhalb der Gesprächsführung. Im Verlauf der dramatischen Szenen, die Barbey düster-genial beherrscht, symbolisiert die räumliche Zuordnung der Helden zueinander ihre wechselseitige moralische Abhängigkeit. Schließlich zeigen seine Figuren eine Fülle von Fehlleistungen und Zwangshandlungen, deren Mannigfaltigkeit bei weitem alles übertrifft, was wir etwa in Freuds *Psychopathologie des Alltagslebens* auf diesem Gebiet antreffen.

An der sehr kurzen Schrift *Une page d'histoire* können wir die Kunst der Andeutung bei Barbey studieren (diese »eine Seite Geschichte« füllt ganze zwölf Blätter im großen Romanwerk des Autors, das in der Bibliothèque de la Pléiade 1964 neuaufgelegt wurde).

Barbey stützt sich auf historische Schriften und erzählt das Ende der düsteren und grausamen Familie de Ravalet aus der Normandie. Ihre letzten Abkömmlinge, Julien und Marguerite, im Inzest lebende Zwillingsgeschwister, wurden unter der Regierung Heinrichs IV. auf der Place de Grève in Paris enthauptet.

Unzufrieden mit der trockenen Rekonstruktion, die die historischen Dokumente hergeben, fährt der Autor nach Tourlaville, zum Schloß der Ravalets, wo sich ein Porträt der Marguerite de Ravalet befinden soll. Es ist verschwunden. Barbey beklagt das, aber die Phantasie des Schriftstellers setzt sich über die tatsächlichen Gegebenheiten hinweg. Er täuscht vor, das Gemälde wiedergefunden zu haben. Die Beschreibung, die er davon gibt, zielt einzig und allein auf eine Charakterisierung seiner Heldin ab.

»Das Gemälde zeigt sie in aufrechter Haltung, genau en face; sie blickt nicht auf die Amoretten, die sie rings umgeben..., sondern auf den Betrachter. Sie steht im Hof des Schlosses; als sei sie zur Begrüßung von Gästen erschienen, hält sie die rechte Hand gastfreundlich ausgestreckt dem Betrachter entgegen. Auf diesem Bild erscheint sie als Schloßherrin im Adel ihrer einfachen Haltung, fast majestätisch – das ist der beherrschende Eindruck – und auch als Normannin mit klaren Augen, die weder Träumerei noch Weichlichkeit kennt, noch Blicke der Sehnsucht und jener verdunkelten Lust, die so unerträglich ihr Herz beschweren mußten. Der Kopf ist erhoben, das Gesicht von einer Frische, die es vermutlich erst verlor, als sie ihr stolzes normannisches Blut unter dem Fallbeil des Schafotts verströmte. Die Haare sind blond, von jenem Blond, das den Mädchen der Normandie eigen ist, der Farbe von reifem Korn, wenn es in der stechenden Hitze der Augustsonne gedunkelt ist und schon die Sichel ahnt. Auch diese blonden Haare einer reifen Frau brauchten auf jene andere Sichel nicht lange zu warten! Sie trägt sie kurz, auf der Stirn gerade geschnitten und in zwei schweren Wellen ohne Locken zu beiden Seiten auf ihre Wangen fallend, fast wie die Kinder Edwards auf dem berühmten Bild. Sie ist groß und schlank, trotz des hoch angesetzten Gürtels; ihr Festgewand ist weiß und rosa, sein Stoff sieht wie geflochten aus und seine Farben sind ineinander verwoben – wie man in der Sprache der Heraldik sagt. Niemals käme man beim Betrachten dieses Bildes auf den Gedanken, daß diese schöne, rosige, kraftvolle und gesunde junge Frau sich in den Inzest verirrt haben und ihm ganz verfallen sein könnte. Doch dann fällt der Blick auf ihre linke Hand, die in natürlicher Bewegung an ihrem Kleid herabfällt. Diese Hand zerknüllt mit großer Heftigkeit ein Taschentuch. So heftig wünscht man wohl, ein Geheimnis zu ersticken. Aber von der Seelenqual dieses Erstickens wird kein Leidensausdruck an ihr sichtbar.«

Schon die erste Bemerkung läßt den Charakter der Marguerite de Ravalet deutlich hervortreten, allein durch die Beschreibung von Haltung und Gesten. Sie steht aufrecht und ist eine starke, ausgeglichene Frau, fest verwurzelt in dem

Boden, dem sie entstammt, dem sie sich verhaftet fühlt. Sie wollte nicht die liebenswürdige Umgebung eines Salons als Rahmen; sie wollte ebensowenig ein Porträt, das an Schultern oder Taille haltmachte, das die animalische Hälfte des Körpers ausklammert, um nichts als ein ätherisches, im Raum schwebendes Antlitz zu zeigen. »Eines Tages wird man eine historische Psychoanalyse der verstümmelten Ikonographie versuchen müssen«, fordert Roland Barthes. »Gehen ist vielleicht – in einem mythologischen Verständnis – die trivialste, also auch die menschlichste Geste. Jeder Traum, jede ideale Vorstellung, jeder soziale Aufstieg klammert zuerst die Beine aus, ob das nun durch das Porträt oder das Auto bewiesen wird.«

Nach der Vorstellung von Barbey hat sich Marguerite de Ravalet bewußt in stehender Haltung porträtieren lassen und damit einem Ausweichen in träumerische Vorstellungen und der künstlichen Idealisierung des vom Körper isoliert dargestellten Gesichts Einhalt geboten. Was ihren gesellschaftlichen Rang angeht, so ist sie sich ihrer vornehmen Herkunft bewußt und legt keinen Wert darauf, sich durch künstliche Feierlichkeit in der Präsentation verherrlichen zu lassen. Aufrecht stehend, zu Fuß, verteidigt sie ihren Anspruch auf selbstverantwortliches Menschsein.

Sie steht uns »genau en face« gegenüber. Man fühlt aus dieser freimütigen Haltung heraus, daß sie sich ihrer körperlichen Erscheinung völlig sicher ist. Sie versucht nicht, eine etwaige Unvollkommenheit zu verstecken, und auch nicht, sich möglichst vorteilhaft darzustellen. Der Betrachter soll diese Frau so hinnehmen, wie sie ist: selbstsicher und niemandem gegenüber konzessionsbereit. Sie ist eine selbständige Natur, für die es weder Umwege noch Ausflüchte gibt.

Barbey betont übrigens, daß »sie nicht auf die Amoretten, die sie rings umgeben, sondern auf den Betrachter blickt«. Die abgeschmackten und lächerlichen Verzierungen, mit denen der Maler sie umgeben hat, haben nichts mit ihr zu tun. Seine faden Künstlichkeiten gaukeln eine schwankende illusionäre Welt vor, mit der diese starke, erdverbundene Tochter des Landadels nichts anzufangen weiß. Sie ist wirklichkeitsnah

und blickt geradeaus, wenn sie der Welt die Stirn bietet; dieser
direkte Blick, der den Betrachter trifft, überzeugt ihn von ihrer
Aufrichtigkeit, die ein so wesentlicher Zug in all ihren Beziehungen mit der Umwelt ist. Ihre »gastfreundlich ausgestreckte
rechte Hand« erweckt den Eindruck natürlicher Großzügigkeit. Sie stellt sich ohne Umschweife dar, und mit gleicher
Selbstverständlichkeit steht sie zum Empfang der Gäste im
Schloß bereit. Das Schloß war die Wiege ihres Geschlechts; sie
ist untrennbar mit ihm verbunden.

Die »klaren Augen«, die sie ihrer normannischen Abkunft
verdankt, lassen das Anfangsthema von ihrer gesunden Natur
und der wachen Einsicht in Dinge und Menschen wieder an-
klingen. Ihr »Kopf ist erhoben«, ein Zeichen für maßvolle
Energie und moralische Geradlinigkeit; die »Frische ihres Ge-
sichts« steht für Gesundheit und Vitalität. Dreifach wird die
Blondheit ihrer Haare interpretiert. Der erste Hinweis ist
typisch für Barbey: es ist das »Blond der Mädchen aus der
Normandie«; man weiß, wie sehr er die Normandie und ihre
Bewohner schätzte. Diese Blondheit symbolisiert das »reife
Korn«, Sinnbild des Reichtums und der Fruchtbarkeit.
Marguerite mit ihrem Blumennamen ist wie das Korn »reif«,
ein reifes Gewächs, kräftig und voller Versprechen. Aber
Barbey fügt gleich prophetisch hinzu, daß dieses »reife Korn«
und auch »diese blonden Haare einer reifen Frau« in kurzer
Zeit unter der Sichel fallen werden.

Aus der Form ihrer Frisur kann der Leser interessante
Schlüsse ziehen. Die Haare sind »kurz, auf der Stirn gerade
geschnitten« und »ohne Locken«, gleich weit entfernt wie
Marguerite selbst von Koketterie, Ziererei und Künstlichkeit.
Wie ihre ganze Person wirkt ihr Haar aus sich selbst, durch
seine Lebenskraft, seine Fülle, seinen Reichtum. Es fällt ganz
natürlich auf Grund seines eigenen Gewichtes. Hier macht
Barbey wieder eine unheilverkündende Anspielung: Die »in
zwei schweren Wellen zu beiden Seiten des Gesichts auf die
Wangen fallenden Haare« erinnern an die toten Kinder
Edwards, die die gleiche Haartracht hatten und wie
Marguerite vorzeitig und eines gewaltsamen Todes starben.

Ihr hoher, schlanker Wuchs und als Kontrapunkt dazu die Schlichtheit ihrer Frisur suggerieren treffsicher die Vorstellung ihrer ererbten Vornehmheit und Rasse. Marguerite erscheint in ein »Festgewand« gekleidet. Trotz ihrer Einfachheit und Natürlichkeit ist sie sich ihres gesellschaftlichen Ranges bewußt und wird ihm in jeder Situation wunderbar gerecht.

Das Kleid soll uns aber nicht nur über ihren gesellschaftlichen Stand aufklären. Zwischen den Zeilen läßt sich bei Barbey noch viel mehr herauslesen. Ein kühner Vergleich zwischen der Webart des Stoffes und der blutschänderischen Verbindung der Geschwister wird unterschwellig angedeutet, denn »der Stoff sieht wie geflochten aus«. Ebenso – suggeriert Barbey dem Leser – sind die Geschicke von Bruder und Schwester unlöslich verflochten in Geburt, Liebe und Tod. Und die Farben des Stoffes »sind ineinander verwoben – wie man in der Sprache der Heraldik sagt«. Wiederum wird das Verhängnis angedeutet: Es ist ebenso unmöglich, das Weiß vom Rosa zu trennen, wie es unmöglich ist, den Bruder der Schwester zu entreißen und die Schwester dem Bruder.

Die symbolhaften Andeutungen in der Stoffbeschreibung führen wie auf einer elliptischen Linie zurück zu einer früheren Bemerkung innerhalb des Berichts: »Welch eigenartige und melancholische Übereinstimmung: auf dem Wappen der Ravalets war eine erblühende Rosenknospe. Nun sind es zwei Rosenknospen, mit denen der Stamm sein Ende findet.« Das gilt offenbar für das blutschänderische Geschwisterpaar. Die einzelne Rose des Wappens hat sich verdoppelt; der Stoff wirkt seine Farben unentwirrbar ineinander: die Zwillingsgeschwister, einander allzu nah, haben ihre Geschicke ineinander verwoben. Alles verbindet sich, überschneidet und vermischt sich.

Barbey verwendet das Kunstmittel des Symbolismus in vollendeter Meisterschaft. »Niemals käme man beim Betrachten dieses Bildes auf den Gedanken, daß diese schöne, rosige, kraftvolle und gesunde junge Frau sich in den Inzest verirrt haben und ihm ganz verfallen sein könnte . . .« Nach den Gedankenpunkten hinter diesem Satz und der ungläubigen Bestürzung, die aus ihm spricht, liefert Barbey schließlich ein enthüllendes Zeichen, nämlich »ihre linke Hand, die in natürlicher Bewegung an ihrem Kleid herabfällt«, die aber »mit großer Heftigkeit ein Taschentuch zerknüllt« – heftig, krampfhaft ist die Geste dieser Hand, wie wenn sie ein Geheimnis unterdrücken möchte und auch die Qual, die mit diesem Geheimnis verbunden ist. Dieses Indiz zerstört den Eindruck gelassener Heiterkeit, der von dem Bild ausgeht. Es ist das einzige Anzeichen, das in deutlichem Gegensatz zu den übrigen nichtverbalen Ausdruckselementen steht und das ganz allein die hinter der Fassade blühender physischer und moralischer Gesundheit verborgene leidende Andersartigkeit verrät.

Es handelt sich – wie wir uns erinnern wollen – um ein imaginäres Porträt, das in allen Einzelheiten von Barbey erfunden wurde. Die krampfhafte Geste der Hand ist kein zufälliges Indiz, das man wie im Schnappschuß im Fall einer nichtsahnenden, tatsächlich porträtierten Marguerite festgehalten hätte. Barbey erfindet dieses Indiz ganz bewußt, um die innere Zerrissenheit seiner Figur deutlich zu machen. Er beschreibt eine wunderbar beherrschte Figur; nur ein einziges Detail an ihr ist außer Kontrolle: die verkrampfte Hand stellt die disharmonische und widersprüchliche Botschaft dar, die der Autor an den Leser richtet.

PAWLOW UND DIE WIDERSPRÜCHLICHEN BOTSCHAFTEN

In seinem Turm des Schweigens, wo er seine Forschungen über Beschaffenheit und Grenzen des Nervensystems durchführte, hat der russische Psychophysiologe Iwan Petrowitsch Pawlow im Experiment die Wirkungen studiert, die eine Häufung von widersprüchlichen Botschaften bei Versuchstieren auslöst. Zu diesem Zweck unterwarf er Hunde schnell aufeinanderfolgenden positiven und negativen Reizen. Nach seinen eigenen Worten ließ er Reiz und Reizhemmung »Schlag auf Schlag« auf die Tiere einwirken. Was war die Folge? »Bei den betroffenen Tieren entsteht eine chronische Veränderung in der Arbeitsweise des höheren Nervensystems, eine Neurose.«

Das gleiche gilt für den Menschen. Wenn unter bestimmten Umständen allzu viele widersprüchliche Botschaften auf ein Individuum einwirken, verursachen sie manchmal vergleichbare Störungen: Unruhe, Angst, Neurosen. Im Labor des Tierpsychologen arbeitet man mit diesen gleichzeitig einwirkenden widersprüchlichen Signalen zu Versuchszwecken, und die beim Tier hervorgerufene Neurose liegt gerade in der gezielten Absicht der Pawlowschen Methode. Die widersprüchlichen Botschaften dagegen, die beim Menschen Neurosen begünstigen können, sind doppeldeutigen Absichten unbewußter Natur zuzuordnen. Die ihnen zugrunde liegende Ambivalenz, von der sie diktiert werden, richtet den Schaden an. Zwei Gefühlslagen überkreuzen sich. Die positiven Gefühle – Freundschaft, Zärtlichkeit, Zuneigung, Wohlwollen, Liebe – werden meistens durch Worte ausgedrückt. Die negativen Gefühle – Feindschaft, Rachsucht, Eifersucht, Aggressivität, Haß, die, weniger bewußt, schwer einzugestehen und nicht ohne weiteres geduldet sind – finden ihren spontanen und meist unkontrollierten Ausdruck in der Körpersprache.

»Gib mir ein Küßchen«, sagt eine Mutter zu ihrem kleinen Sohn. Das Kind kommt heran, hebt seine Arme und will sie um den Hals der Mutter schlingen. Die sieht plötzlich, wie schmutzig die Hände des Kindes sind, ergreift es hart bei den Handgelenken und hält es auf Abstand. In seinem Schwung gebremst, weiß das Kind nun nicht mehr, welche Richtung es einschlagen soll. Soll es küssen, wie man es gebeten hat, oder soll es zurückweichen, wie man es ihm kraft physischer Gewalt befiehlt? Das ist nur das sich ihm zunächst stellende Problem. Darüber hinaus tauchen beängstigende Fragen auf. Was ist stärker in seiner Mutter, die Zärtlichkeit oder die Abneigung? Was ist es selbst, ein geliebtes Kind oder ein verstoßener kleiner Schmutzfink?

Wenn sich eine solche Szene als Ausnahmefall in einem allgemein glücklichen Verhältnis gegenseitigen Vertrauens und gegenseitiger Zuneigung abspielt, wird sich nicht gleich Zweifel in das Herz eines Kindes senken, das sich geliebt fühlt. Dieses Kind legt die Botschaft zu seinen Gunsten aus und behält lieber das »Gib mir ein Küßchen« im Sinn. Wenn es weniger vertrauensvoll oder schlecht gelaunt ist, folgt es dem Blick seiner Mutter, betrachtet sekundenlang seine Hände, brummt verlegen und zieht beleidigt ab, jedoch ohne daß der Vorfall in seiner Erinnerung dauerhafte schädliche Spuren hinterläßt.

Für manches Kind dagegen sind widersprüchliche Botschaften tägliches Brot. Ein solches Kind sieht sich jedesmal in ein schreckliches Dilemma gestürzt, bevor er sich entscheiden kann, nach welcher Aussage der Botschaft es sein augenblickliches Verhalten ausrichten soll. Wenn es nicht über ein alles überwindendes Vertrauen verfügt, das sein Empfinden in die günstige Richtung lenkt, werden Zweifel und Ängstlichkeit sein stetes Los werden. Hin- und hergerissen zwischen liebevoller Zuwendung und Abweisung, die es in ein und demselben Moment erfährt, weiß es nicht, kann es nicht wissen, wohin es sich wenden soll.

Diese grundlegende Unsicherheit kann sich aus den ersten Lebenstagen herleiten. In der ersten Zeit nach der Entbindung, wenn Mutter und Kind eine vollkommene symbiotische Einheit bilden, wirken sich von der Mutter ausgesandte widersprüchliche Botschaften in sehr schädlicher Weise auf die soeben sich formende Psyche des Kleinkindes aus. »Die Unbeständigkeit der mütterlichen Signale oder deren Zusammenhanglosigkeit sind Ursache für eine Übertragung von Störungen auf das Kind«, schreibt Michel Soulé in seinem bereits zitierten Werk.

Ob die widersprüchlichen Botschaften in ihren unmittelbaren Folgen nun harmlos oder schwerwiegend sind, sie erweisen sich als offenkundige Symptome einer zeitweiligen oder grundlegenden Ambivalenz auf seiten des Aussenders. Solche Botschaften transportieren zwei gegensätzliche Gefühlsregungen, vorzugsweise Liebe und Haß, und enthüllen die Unauflöslichkeit dieser Gefühlsvermischung, die auf eine einzige Person gerichtet ist.

DIE STERBLICHEN KÖNNEN KEIN GEHEIMNIS BEWAHREN

Sigmund Freud maß der Körpersprache seiner Patienten große Bedeutung bei. Seine wissenschaftliche Schulung zusammen mit seiner Beobachtungsgabe lassen seine Krankengeschichten zur packenden Lektüre werden.

»1. Mai 1889. – Ich finde eine noch jugendlich aussehende Frau mit feinen, charakteristisch geschnittenen Gesichtszügen auf dem Diwan liegend, eine Lederrolle unter dem Nacken. Ihr Gesicht hat einen gespannten, schmerzhaften Ausdruck, die Augen sind zusammengekniffen, der Blick ist gesenkt, die Stirn stark gerunzelt, die Nasolabialfalten vertieft. Sie spricht wie mühselig, mit leiser Stimme, gelegentlich durch spastische Sprechstockung bis zum Stottern unterbrochen. Dabei hält sie die Finger ineinander verschränkt, die eine unaufhörliche athetoseartige Unruhe zeigen. Häufige ticartige Zuckungen im Gesicht und an den Halsmuskeln, wobei einzelne, besonders der rechte Sternokleidomastoideus, plastisch hervorspringen. Ferner unterbricht sie sich häufig in der Rede, um ein eigenartiges Schnalzen hervorzubringen, das ich nicht nachahmen kann.«

So beginnen die Aufzeichnungen, die Freud während dreier Wochen an jedem Abend fortführt, nachdem er die Behandlung der Emmy von N. begonnen hatte, über die er in seinen *Studien über Hysterie* berichtet. Diese wenigen Zeilen lassen in unserer Vorstellung sofort das Bild einer schwer gestörten Kranken entstehen. Haltung, Gesichtszüge, Ausdruck, Blick, Stimme, Sprechweise, die Störgeräusche, die unwillkürliche Muskelanspannung, all diese methodisch beobachteten und festgehaltenen Einzelheiten verdichten sich zu dem Eindruck allgemeiner Krankhaftigkeit.

Sämtliche klinischen Berichte Freuds enthalten ähnlich farbige Beschreibungen, in denen er die geringfügigsten Besonderheiten in der Körpersprache seiner Patienten sorgfältig vermerkt. Denn, so schreibt er: »Wer Augen hat zu sehen und Ohren zu hören, überzeugt sich, daß die Sterblichen kein Geheimnis verbergen können. Wessen Lippen schweigen, der schwätzt mit den Fingerspitzen. Aus allen Poren dringt ihm der Verrat, und darum ist die Aufgabe, das verborgenste Seelische bewußt zu machen, sehr wohl lösbar.«

Eine gewisse Selbstzufriedenheit und einige Überheblichkeit ist in dieser Erklärung eingeflossen, zu der Freud sich im Zuge seines berühmten Berichts über den Fall Dora im *Bruchstück einer Hysterie-Analyse* hinreißen läßt. Aus vielerlei Gründen ist er gerade in diesem Fall bei seinem Versuch, »das verborgenste Seelische seiner Patientin bewußt zu machen«, nicht ans Ziel gekommen. Als er nach dreimonatiger Behandlung die Kur abbricht, hat sie immer noch eine Menge uneingestandener Gefühlsregungen gut versteckt und eifersüchtig gehütet für sich behalten. In seinem Nachwort anerkennt Freud, daß die Behandlung »fragmentarisch« blieb, und erklärt auch, warum der »therapeutische Wert dennoch nicht gering zu veranschlagen ist«.

Eine Episode aus Doras unvollendeter Analyse berührt direkt unser Thema. Es geht um Herrn K., einen Freund von Doras Familie. Freud zufolge liebt Dora diesen Mann unbewußt, obwohl sie sich mehrfach weigert, dies zuzugeben. Aber lassen wir Freud selbst das Wort: »Sie gab zu, daß sie Herrn K. nicht in dem Maße böse sein könne, wie er es um sie verdient habe. Sie erzählte, daß sie eines Tages auf der Straße Herrn K. begegnet sei, während sie in Begleitung einer Kusine war, die ihn nicht kannte. Die Kusine rief plötzlich: ›Dora, was ist dir denn? Du bist ja totenbleich geworden!‹ Sie hatte nichts von dieser Veränderung an sich gefühlt, mußte aber von mir hören, daß Mienenspiel und Affektausdruck eher dem Unbewußten gehorchen als dem Bewußten und für das erstere verräterisch seien.«

Freud verfolgt die Spur des Unbewußten, und zwar bei sich selbst und bei seinen Patienten; er vertieft sich auch in das Studium der Fehlleistungen und Versprecher, der Vergeßlichkeiten, der Ungeschicklichkeiten und der Irrtümer, die unser tägliches Verhalten begleiten. Sie lassen für Augenblicke die verschütteten Inhalte des Unbewußten aufscheinen.

Nach dem Beispiel Freuds widmet der Therapeut, dessen Aufgabe ja eben vor allem darin besteht, den Inhalt des Unbewußten ins Licht des Bewußtseins zu heben, der Körpersprache eines Patienten seine ständige Aufmerksamkeit. Besonders, wenn sie im Widerspruch steht zu den gleichzeitig gesprochenen Worten oder – das kommt auch vor – wenn sie zeitweise die einzige Sprache des Kranken ist, wie dies beispielsweise bei vielen autistischen Kindern zutrifft, die in ihre absolute Stummheit eingemauert sind. Wenn er irgendeinen Anhaltspunkt gefunden hat, versucht der Therapeut dann unter der mehr oder weniger aktiven und freiwilligen Mitarbeit seines Patienten den verborgenen Sinn der stummen Botschaft zu erfassen, um auf diesem Umweg zum Kern der tatsächlichen Schwierigkeiten vorzustoßen.

Für den Literaten ist es relativ leicht, sich eine anschauliche Geste auszudenken, die einen Zwiespalt andeuten soll – die Hand, die ein Taschentuch zerknüllt, verrät das Geheimnis der blutschänderischen Liebe der Marguerite de Ravalet –, aber der umgekehrte Vorgang – aus einer realen Geste den Zwiespalt herauszulesen – ist eine schwierige, dem Zufall und allen möglichen Risiken ausgesetzte Aufgabe.

Bleiben wir bei dem Beispiel der Hand, die ein Taschentuch zerknüllt. Die vergleichsweise banale Geste kann eine Spannung ausdrücken, die auf alle möglichen Streßsituationen zurückzuführen wäre. Natürlich wird jemand, der seine fünf Sinne beisammen hat, von einer unbekannten Frau, die er zum erstenmal sieht, nicht augenblicklich denken: Diese Frau zerknüllt ein Taschentuch – sie lebt in blutschänderischer Liebe.

Die Geste weckt immerhin unsere Aufmerksamkeit; wir suchen nach einer Erklärung. Der Therapeut bemüht sich vielleicht, unter den allgemein denkbaren Erklärungen – Nervosität, Erregbarkeit, Ängstlichkeit, Angst, Kleinmut, Aggressivität, Schuldbewußtsein – diejenige anzuvisieren, die am besten mit den übrigen Elementen der Körpersprache und der begleitenden Rede übereinstimmt. Wenn sich die Stirn seiner Patientin mit Schweißperlen bedeckt und ihre Worte abgehackt hervorgestoßen werden, hält er sie vielleicht für besonders nervös. Wenn sie sich mit verschreckten Blicken, die unruhig hin- und herschweifen, so weit wie möglich von ihm entfernt hinsetzt, vermutet er wahrscheinlich große Ängstlichkeit. Der Jammerton, mit dem sie gegen ihre lieben Nächsten zu Felde zieht, läßt ihn eine schlecht verarbeitete Aggressivität wittern. Ständig niedergeschlagene Augen, unvollständige und schwach gehauchte Sätze lassen erdrückende Schuldgefühle ahnen.

Wenn sich der Therapeut für eine der sich anbietenden Hypothesen entscheidet, bleibt seine Diagnose immer noch außerordentlich unbestimmt. Alle Menschen, und besonders die geistig kranken, leiden mehr oder weniger unter Furchtsamkeit, Angst und Schuldgefühlen. Aggressivität wohnt in uns allen; nur die Intensität und der Grad der Verarbeitung sind verschieden. Erregbarkeit und Nervosität sind ebenso verbreitete Eigenschaften. Wir können also höchstens sagen, daß der Therapeut seiner Patientin ein provisorisches Etikett angehängt hat, aber damit hat er zu ihren tiefen und sehr persönlichen Konflikten noch keinerlei Zugang gefunden.

Er wird sich auch im allgemeinen hüten, schon nach den ersten Begegnungen eine Geste oder ein besonderes Symptom derart ungenau und oberflächlich auszudeuten. Damit hält er sich gar nicht auf. Wenn er sich zu ausschließlich einem solchen Detail widmet, bleibt er blind und taub gegenüber einer Vielzahl anderer Informationselemente, oder er fällt auf Grund dieser einzelnen Erscheinung ein hastiges und willkürliches Urteil, wobei das Gesamtbild seiner Patientin im dunkeln bleibt.

Wenn es ihm eines Tages gelingt, die besondere Bedeutung eines Symptoms genau einzuschätzen, so nur, weil er es dauernd überprüft hat und weil er eine Reihe gleichartiger Teilindizien in den verbalen und nichtverbalen Äußerungen seiner Patientin feststellen konnte. Er stützt sich dabei auf die üblichen Anhaltspunkte, die eine Krankengeschichte hergibt, auf die Trauminhalte und die freien Assoziationen seiner Patientin; schließlich auf alle Hinweise, die sie, ohne es zu wissen, durch ihre Körperhaltung und Gestik liefert.

Möglicherweise ist es ein vorübergehendes Symptom, wenn die Hand krampfhaft das berühmte Taschentuch zerknüllt; oder es erscheint nur unter bestimmten Umständen, zum Beispiel wenn die Kranke eine depressive Phase durchlebt; oder es tritt monatelang auf und ist offenbar mit einer traumatischen Vorstellung verbunden; oder aber es führt schließlich zu einem spektakulären Ausbruch: eines schönen Tages zerreißt sie es in wilder Aufregung mit ihren Zähnen in tausend Fetzen.

Die Psychopathologie kennt übrigens nicht viele Fälle, in denen ein symptomatischer Akt oder eine symptomatische Geste nur eine einzige Bedeutung hat. In den meisten Fällen ist er »überdeterminiert«, d. h. mehrere Ursachen liegen seiner Entstehung zugrunde, und verschiedene Affekte sind darin verschmolzen. Der Mann, der die Manie hat, seine Haken zusammenzuschlagen, imitiert unbewußt seinen Vater, der Soldat war und auf dessen Vorbild er fixiert geblieben ist. Während er mit diesem Geräusch seiner Umwelt auf die Nerven geht, entlädt er seine Aggressivität. Als einziges bewußtes Element dieses Symptoms mischt sich die nostalgische Erinnerung an die Schule ein, in der dieser Mann die schönsten Jahre seiner Kindheit verbracht hat; aus dieser Zeit tönt ihm noch das trockene Geräusch einer Klapper im Ohr, das das Aufstellen der Kinder in einer Reihe täglich begleitet hatte.

Nun muß der Psychotherapeut gründlich in die Geschichte seines Patienten eindringen. Er muß die Ereignisse und Umstände, die sein Leben und das Leben der wichtigsten Menschen in seiner Umgebung beeinflußt haben, genau kennenlernen, wenn er zu den versteckten Bedeutungen vorstoßen will, die sich hinter dem Hakenzusammenschlagen oder dem Taschentuchzerknüllen verbergen. Eine lange und genaue Analysearbeit muß jeder Interpretation vorausgehen.

So schreibt auch in dem erwähnten Standardbuch Jean Bergès: »Es ist klar, daß man eine krankhafte Störung der Persönlichkeit nicht allein durch das Studium der Gesten erkennen kann und daß es lächerlich und falsch wäre, wenn man versuchen sollte, sämtliche psychischen Störungen Revue passieren zu lassen, wobei man das Gestenverhalten wie einen

Ariadne-Faden zur Orientierung benutzen wollte. Aber wenn auch der Versuch illusorisch ist, auf Grund der Gesten eine Diagnose zu stellen oder anzudeuten, so kann man doch aus ihrer Analyse sehr wertvolle Hinweise ableiten, ganz besonders, wenn man mehr zum Verständnis des Kranken und weniger zur genauen Kenntnis der Krankheit vordringen will.«

Da jeder Patient zunächst und vor allem ein individueller Fall ist, wird seine Körpersprache vom Therapeuten als Ausdruck seiner unwiderruflichen Einmaligkeit gewertet. Soweit wir wissen, haben Psychotherapeuten noch nie versucht, einen Katalog von Gesten zusammenzustellen, die sie für pathologisch halten, ebensowenig einen genauen Kode der Entsprechungen zwischen Gesten und Charaktereigenschaften. Die Komplexität der menschlichen Seinsstruktur und die unbegrenzte Unterschiedlichkeit der Menschen würden auch einem solchen Versuch unüberwindliche Hindernisse entgegenstellen.

Vom Standpunkt der Tiefenpsychologie kann eine Bewegung oder ein mimischer Ausdruck nicht eindeutig und allgemein verbindlich systematisch interpretiert werden. Jede Geste ist ein einmaliger dynamischer Vorgang. Sie leitet sich aus einer ununterbrochenen Kette von vorausgehenden Umständen her; sie entspringt der besonderen krankhaften Veranlagung eines bestimmten Individuums, und zwar in einem bestimmten Augenblick und unter Bedingungen, die sich genauso nie wieder ergeben. Es gibt nicht die Geste an sich, die abstrakte, aus dem Zusammenhang (der sie erst hervorbrachte) herausgelöste Geste, und es gibt niemanden, der eine solche Geste macht. Ebensowenig gibt es einen Schlüssel zum Verständnis der Gesten.

STIMMUNGEN UND LAUNEN

Die Psychotherapie, die sich auf psychoanalytische Untersuchungen stützt, und die Psychoanalyse selbst sind undenkbar ohne entsprechende Fachkenntnisse. Wenn derartige Kenntnisse aber im täglichen Leben von allen Menschen gegenüber ihren Mitmenschen angewandt würden, wären die Folgen verheerend. Wenn jeder in der Lage wäre und darauf verfiele, den wahren Grund aller Gesten in seiner Umgebung zu deuten, würde entweder eine totale Lähmung alle menschlichen Beziehungen befallen, und jeder würde endlos über dem rätselhaften Verhalten des anderen brüten, ohne selbst eine Geste zu wagen; oder ein allgemeiner moralischer Ausverkauf wäre die Folge, bei dem all die ans Licht geförderten negativen Gefühlsregungen nach kurzer Zeit die Regeln des Wohlverhaltens und die guten Sitten, die das Leben in der Gemeinschaft überhaupt erst möglich machen, hinwegschwemmen würden.

Weder die eine noch die andere dieser Möglichkeiten sind zu befürchten. Wir machen vielmehr den Fehler, die Signale grundlegend zu unterschätzen, durch die wir die Absichten, Probleme und Konflikte der anderen erkennen könnten. Gerade weil wir vom Mitmenschen nicht das geringste verstehen, komplizieren sich so oft die menschlichen Wechselbeziehungen, bis sie vergiftet und entstellt sind. Es handelt sich hier nicht darum, einen allgemeinen Altruismus zu predigen; wir möchten eher Pragmatismus und gesunden Menschenverstand empfehlen. Wenn wir nur etwas mehr auf Veränderungen im Aussehen unserer Mitmenschen oder einen Wandel in ihrem Verhalten achteten, würden uns weniger Fauxpas, Schnitzer und Ungeschicklichkeiten passieren, die unseren wechselseitigen Beziehungen nur schaden können. Wir könnten eine Unzahl von Irrtümern, Mißverständnissen, Fehleinschätzungen und Unannehmlichkeiten jeder Art leicht vermeiden.

Die Ehefrau, die die Laune ihres Mannes »an seiner Nasenspitze ablesen« kann, wird niemals so töricht sein, ihn an die Abzahlungsrate für die Waschmaschine zu erinnern oder ihm das fürchterliche Zeugnis seines Sohnes zu präsentieren, wenn er am Abend von seiner Arbeit nach Hause kommt, noch vollkommen mit sich selbst beschäftigt, mit mürrischem Gesichtsausdruck, unordentlichen, verschwitzten Haaren oder schmutzbedeckt bis zu den Knien. Dagegen versteht sie es nicht so gut, die Zeichen der Verärgerung im

Gesicht ihres Fleischers zu lesen und zieht sich in aller Öffentlichkeit eine schöne Standpauke von ihm zu, weil sie sich
selbst die Koteletts von der Fleischbank ausgesucht und zu-
rechtgeschlagen hat – was er sich sonst, wenn er gut gelaunt
ist, gutmütig grinsend gefallen läßt, ihn aber auf die Palme
bringt, wenn er nervös ist.

Es wäre überaus nützlich, wenn wir die Stimmung unserer
Mitmenschen, die ja immer wieder schwankt und wechselt,
mit sicherem Blick einschätzen könnten, sobald wir uns ihnen
zuwenden.

»Die Stimmung ist ihrem Wesen nach niemals stabil oder
von länger andauernder Gleichmäßigkeit. Der Mensch wird
beeinflußt von seinen Fehlschlägen und Erfolgen; seine täglichen Aufgaben beschäftigen ihn; er ist eingespannt in ein
vielfältiges Netz aus Begegnungen, Zusammentreffen und Zu-
sammenstößen und richtet seinen Stimmungspegel und seine
Gefühlsreaktionen ganz spontan nach der Realität aus. Diese
Anpassung ist eine Notwendigkeit; sie hilft uns, dem Glück
wie dem Unglück standzuhalten. Freude, Trauer, Zorn geben,
während wir sie empfinden, jedem Augenblick unseres Lebens
seine Farbe; Lust und Unlust sind die naivsten Formen unserer
Reaktion.

Das Leben in sozialen Gruppen bildet bestimmte Formen
für den Ausdruck der Gefühle heraus. Es gibt in dieser
Hinsicht Traditionen, die sich aus Kultur und Lebensweise
herleiten; der Südländer ist stürmisch, der Brite zurückhaltend
und phlegmatisch. Manche Menschen beherrschen ihre
Gefühle besser als andere. Alle Nuancen sind vertreten; ihre
Analyse bildet den Grundstoff der Romanliteratur, nicht der
psychiatrischen Handbücher.« Man muß dem Psychiater Yves
Pélicier, aus dessen Werk *La psychiatrie compréhensible*
vorstehend zitiert wurde, ohne Zweifel zustimmen.

Zwischen der psychiatrischen Disziplin und der freien
Phantasiewelt der Romanliteratur bleibt Raum für eine nüch-
terne und ergiebige Betrachtung der Stimmungsschwankungen.
Die Stimmungen – unstabil und veränderlich, wie sie sind –
schlagen nach zwei Richtungen aus: in die Hochstimmung und

in die Depression. Die extremen, pathologischen Formen dieser Schwankungen gehören in das Gebiet der Psychiatrie, aber die dazwischen liegenden Abstufungen unserer so unterschiedlichen Stimmungslagen wirken das Muster unseres täglichen Lebens. Auch wenn sie nicht sehr stark ausgeprägt sind, finden sie doch einen sichtbaren Ausdruck. Nervöse Hochstimmung und Depression lassen sich aus dem Körperverhalten ablesen wie aus einem offenen Buch.

NERVÖSE HOCHSTIMMUNG

Die nervöse Hochstimmung kommt in zwei hauptsächlichen Verhaltensformen vor. Die erste ist sehr auffällig, zieht den ganzen Körper in Mitleidenschaft und äußert sich durch eine allgemeine ständige Unruhe. Der Mensch kann sich keine Minute still verhalten. Er geht auf und ab, hin und her wie ein Löwe im Käfig, steht auf wie eine Sprungfeder, setzt sich ebenso plötzlich wieder hin, bewegt sich mit hastiger Geschwindigkeit von einem Standort, einem Sitzplatz, einem Gesprächspartner zum nächsten. Der abgehackte Rhythmus seiner wirren Arm- und Kopfbewegungen bringt nicht selten auch seine Schritte aus dem Takt. Er bewegt den Kopf ruckartig hin und her, wiegt ihn, schüttelt ihn und dreht ihn lebhaft in jede Richtung, aus der irgendein Reiz auf ihn zukommt. Er bewegt unaufhörlich seine Arme, stürzt seinen Körper in abenteuerliche Verrenkungen und macht sich ohne Sinn und Verstand an den nächstliegenden Gegenständen zu schaffen. Diese Form der Nervosität bleibt natürlich nicht unerkannt. Sie wirkt meistens sehr aufreizend auf die Umgebung; man findet sie ansteckend.

Weniger leicht zu erkennen ist die Nervosität, die der Körper als Ganzes offenbar größtenteils unter Kontrolle hält. Diese Form der Nervosität verbirgt sich hinter einer unbewegten, starren Haltung und einem gleichmütigen Gesichtsausdruck, der absolute Ruhe vortäuschen soll. In diesem Fall wird eine Entlastung der Spannung durch rhythmische Bewegungen von ganz geringer Reichweite und auf eng begrenztem Raum erreicht.

Eine Reihe dieser Bewegungen wird mit den Händen ausgeführt. Die Finger klimpern auf unsichtbaren Tasten oder klopfen eine merkwürdige Taktfolge. Die Fingerglieder werden gebogen und wieder ausgestreckt. Der Daumen schiebt unaufhörlich die Nagelhaut an allen Fingern zurück. Die geschlossenen Fäuste verkrampfen sich, bis Fingerglieder und Knöchel weiß werden. Die gegeneinandergelegten oder gekreuzten Hände werden aneinandergepreßt. Die Hand wird mit auseinandergestreckten Fingern steif auswärts gebogen. Alle diese Manöver haben für den Aufgeregten einen Vorteil (für den Beobachter allerdings einen Nachteil): sie können sich in einer Kleidertasche, unter einer Tischplatte oder hinter dem Rücken des Gegenübers abspielen.

Auch das Gesicht mit der Maske von Ruhe und Gleichmut kann ein Schauplatz versteckter nervöser Entladungen sein: Mahlen der Kiefer und Krampfbewegungen der Halsmuskeln; wiederholtes Schlucken; unaufhörliche Auf- und Abbewegung des Adamsapfels; häufiges Blinzeln, Zucken der Augenlider.

Jeder Nervöse erfindet sich seine bevorzugte Methode, um seine Aufregung oder Spannung unauffällig abzubauen. Die angewandte Taktik wird manchmal sehr bewußt und planmäßig verfolgt. Ein Mann gesteht, daß er absichtlich immer viel zu große Schuhe kauft, und zwar nur, damit er in Momenten der Aufregung seine Zehen krümmen und wieder ausstrecken kann. Ein anderer sagt, daß er seine Wangenmuskeln nach innen zieht und darauf beißt, sobald er aus der Fassung gerät.

Der Tick dagegen entzieht sich jeder Beeinflussung durch den Willen. Er läßt sich überhaupt nicht verheimlichen und fällt noch dem zerstreutesten Gesprächspartner auf. Vorzugsweise in emotionell belastenden Situationen tritt er in besonders schneller Folge auf. Die Ticks machen sich in der Regel zum erstenmal bemerkbar, wenn ein Kind zehn bis zwölf Jahre alt ist; die Psychoanalyse sieht eine direkte Verbindung zwischen ihrem Erscheinen und dem Erwachen der Sexualität beim Jugendlichen. Die psychoanalytische Theorie vermutet als Ursachen Schuldgefühle, unterdrückte Aggressivität oder eine übertrieben narzißtische Haltung. Eine zu strenge und ungebührlich langandauernde Erziehung begünstigt diese Entwicklung. Es handelt sich hier nur um allgemeine Anhaltspunkte, wobei jeder Tick seine besondere einmalige Bedeutung hat. Nach Dr. Bergès zeigt die Persönlichkeit des Tickbehafteten mit bemerkenswerter Regelmäßigkeit, daß er unter einer inneren Widersprüchlichkeit leidet und daß in ihm ein ständiger Kampf zwischen einander ausschließenden Wünschen tobt. Er schreibt in seinem bereits zitierten Werk:

»Der Tick erscheint als eine unverhoffte Geste, sozusagen explosionsartig, und bricht als Störung in das gewohnte Verhaltensmuster ein. Und gerade damit macht er einen interessanten Widerspruch in der Persönlichkeit des Tickbehafteten offenbar, der ja versucht, nicht aufzufallen, der darum kämpft, unbemerkt zu bleiben und vor allem seinen Tick nicht zu zeigen, und der gerade in den ungünstigsten Momenten von dieser Plage befallen wird. Der meistens sehr schmerzhafte und angsterregende Kampf mobilisiert in seinem Verlauf alle Widerstandskräfte der Persönlichkeit, ohne den Ausbruch des Ticks aufhalten zu können. Der angstvolle Zustand äußersten Unbehagens steht in so engem Zusammenhang mit der Vorstellung der bevorstehenden Katastrophe, daß er nach erschöpfender Gegenwehr anscheinend zwangsläufig in die Geste des Ticks mündet. Die Tatsache des Kampfes muß besonders festgehalten werden, ebenso die Tatsache der auf die Niederlage folgenden Erleichterung. Es handelt sich hier nicht um eine unfreiwillige Bewegung, von der der Patient überrascht worden ist, sondern vielmehr um eine ›aufgezwungene Geste‹. Diese sehr bezeichnende Charakterisierung macht deutlich, wie tief das Symptom im Leben des Kranken verankert ist, und beweist, daß es nicht ein vereinzelt auftretender ›Unfall‹ in seinem Verhalten und in seinen Bewegungen ist.«

Von allen Manifestationen, die über die Gemütslage Aufschluß geben, verrät die Stimme über Erregungszustände am meisten, sie ist in dieser Hinsicht am zuverlässigsten. Durch die geschlossene Tür eines Kinderzimmers oder eines Klassenzimmers hindurch kann man sich – allein durch Lauschen – eine genaue Vorstellung von der herrschenden allgemeinen Stimmung machen. Vor dem Eintritt in einen Versammlungs- oder Konferenzraum pflegen die zuletzt oder zu spät Gekommenen einige Sekunden innezuhalten, bevor sie die Tür öffnen, um auf das Stimmengewirr zu lauschen und eine Ahnung von der Atmosphäre einzufangen, die sie erwartet.

Die Erregung verändert die Sprechweise in mehrfacher Hinsicht. Zunächst einmal beeinflußt sie oft den Klang der Stimme. Eine aufgeregte Person verfällt unwillkürlich, und zwar oft, ohne es zu bemerken, in einen schrilleren Ton. Ihre Stimme wird schneidend, sogar durchdringend; oder sie schwankt zwischen verschiedenen Tonhöhen, ohne zu einer gleichmäßigen Tonlage zu finden. Das alles macht den Eindruck, als versuchte die erregte Person durch ihre ungewohnt eindringliche Sprechweise ihre eigene Erregung auf den Gesprächspartner zu übertragen. Während das Timbre schriller wird, vergrößert sich gleichzeitig die Lautstärke. Für den Zuhörer sind beide Phänomene – schrillere Stimme, größere Lautstärke – nicht voneinander zu trennen. Die Umgangssprache drückt das so aus: jemand »redet in den höchsten Tönen«.

Die Erregung produziert eine rasche Folge von Einfällen, Vorstellungen, Erinnerungen, Eindrücken und Wünschen, die über uns hereinbrechen, ohne daß wir sie kanalisieren könnten oder auch nur wollten. Beim Sprechen verrät sich die Erregung durch reichlichen und überstürzten Redefluß. Die Geistestätigkeit verfällt in einen schnelleren Galopp, und wir bemühen uns, im gleichen Tempo die vorbeirauschenden Eindrücke festzuhalten und in Worte zu fassen, was uns nicht auf der ganzen Linie gelingt; denn die verschiedensten Ungereimtheiten tauchen in unserer Rede auf. Zuerst werden alle Schleusen der Gesprächigkeit geöffnet, und dann ist unsere Aufmerksamkeit zu sehr abgelenkt, um sich um eine sorgfältige Formulierung der Worte kümmern zu können, die deshalb in wildem Durcheinander aus uns hervorbrechen; die deutliche Aussprache bleibt in diesem Durcheinander auf der

Strecke. Der aufgeregte Mensch verschluckt seine Worte; er verhaspelt sich, beginnt von neuem und gerät manchmal in ein vorübergehendes Stottern. Seine abgehackte Rede, die ohne Punkt und Komma dahinjagt, wird zeitweise unverständlich, sosehr verstümmelt er seine achtlos aneinandergereihten Gedankengänge.

Wenn jemand ohne Zusammenhang, ohne jegliche logische Verbindung ungereimt daherredet, so heißt das, daß er für den Moment jede vernünftige Kontrolle seiner Gedanken aufgegeben hat und sich von seiner Unruhe überwältigen läßt. Es ist sinnlos, in diesem Moment ein klares Urteil von ihm zu erwarten oder ihn um ruhige Überlegung zu bitten. Seine Aufregung erreicht einen fast pathologischen Grad und führt zu regelrechter Ideenflucht.

Wenn ein stürmischer Redefluß plötzlich und unerwartet zum Stillstand kommt, kündigt sich damit oft urplötzlich das Ende des Erregungszustandes an. Der Redner hält inne, auf einmal sprachlos, ihm fällt kein Wort, kein Gedanke mehr ein. So lange wie möglich hat er seine Worte in dem wahnsinnigen Tempo zu formen versucht, das durch seine Erregung ausgelöst wurde. Die Worte, mit denen er die Bilder seiner Vorstellung ausdrücken wollte, sind zu einem reißenden Strom geworden, in dem er sich verliert. Verwirrt und überschwemmt von seinem eigenen Redefluß, hat er den ursprünglichen Anlaß für seine Rede aus den Augen verloren. Benebelt von seinen eigenen Worten, weiß er auf einmal nicht mehr, was er sagen wollte. Die Erregung fällt plötzlich in sich zusammen und macht einem peinlichen Gefühl der Leere, der Niedergeschlagenheit und der Ratlosigkeit Platz.

Bei Personen, die unter starker innerer Spannung stehen, bewirken intensive Erregungszustände leicht eine Zunahme bestimmter Sprachticks. Manche Leute garnieren ihre Rede mit kurzen Formeln, die in der Umgangssprache üblich sind, die aber nun ohne Sinn und Verstand allzu häufig gebraucht werden und wie Parasiten den sprachlichen Zusammenhang überwuchern. Das gilt für Ausdrücke wie »nicht wahr?«, »verstehen Sie?«, »wie gesagt«, »wie Sie sagen«, »also«

usw. und für manche andere typische Wendungen, die im Übermaß von Leuten gebraucht werden, die häufig vor Publikum sprechen: Lehrer, Conférenciers, Geschäftsleute, Politiker. Stereotype Ausdrücke jeder Art bremsen den Redefluß; das ermöglicht einen minimalen, aber nützlichen Zeitgewinn, den der Redner benutzt, um sich seinen nächsten Satz zurechtzulegen. Während er eine automatische Formel ausspricht, die keinerlei Überlegung oder Aufmerksamkeit beansprucht, kann er geistig Luft holen.

Eine Atempause ähnlicher Art verschaffen sich die Leute, die die Gewohnheit haben, sich mehrmals zu räuspern, bevor oder während sie sprechen. Ein häufiges, in kurzen Abständen wiederholtes Räuspern läßt vermuten, daß der Redner sich von der Situation oder dem gerade behandelten Thema persönlich stark betroffen fühlt.

Die Versprecher, *lapsus linguae*, verraten nicht unbedingt, daß die Stimmung gerade in Aufruhr ist. Sie unterlaufen dem Aufgeregten oder Deprimierten ebenso wie dem Ausgeglichenen, der sich offensichtlich einer harmonischen Stimmung erfreut. Die Versprecher gehen auf Gefühlsreaktionen zurück, die sich in viel tieferen Schichten abspielen als einfache Stimmungsschwankungen. Natürlich treten sie häufiger auf, wenn wir bewegt oder erregt sind oder im Gegenteil, niedergeschlagen und müde. Trotzdem wird ihr Auftreten dadurch nur in oberflächlicher Weise begünstigt, aber dadurch weder tatsächlich verursacht noch erklärt. Der Lapsus ist immer mit einer Bewegung des Unbewußten gekoppelt.

Wir würden viel über die Seelenlage und die Ängste anderer erfahren, wenn wir ihre Versprecher richtig deuten könnten, anstatt – wie wir es häufig tun – mit ironischem oder verlegenem Lächeln zu reagieren. Ist eine solche Deutung möglich? Manchmal ja, manchmal nein.

Sie ist möglich, wenn die unbewußte Absicht sich genau umgekehrt zur bewußten Absicht verhält und eine formelle Ausdrucksweise wählt, die der beabsichtigten genau entgegengesetzt ist. »Vielen Dank für den so unangenehmen Abend!«

sagt eine Dame lächelnd und ausgesprochen liebenswürdig beim Abschied zu ihrer Gastgeberin. Natürlich wollte sie »angenehm« sagen. Ihr Versprecher, der in krassem Gegensatz zu den von ihr stets respektierten höflichen Gepflogenheiten und zu ihrer bewußten Absicht steht, enthüllt, daß sie sich an diesem Abend tödlich gelangweilt hat, auch wenn sie ihre Rolle im mondänen Gesellschaftsspiel tadellos gespielt hat, selbst wenn ihre Selbstachtung sie daran hindert, sich einzugestehen, daß sie ein paar schlimme Stunden hinter sich hat. Die unterschwellige Bedeutung des Versprechers ist so offensichtlich, daß sie leider auch einer nicht allzu aufmerksamen und wenig scharfsinnigen Gastgeberin kaum entgehen kann.

Dagegen erweist es sich praktisch als unmöglich, einen Versprecher zutreffend zu interpretieren, wenn die unbewußte Absicht auf einen tief verschütteten und verdrängten Kindheitskonflikt zurückgeht und wenn sie zu ihrem Ausdruck ein Wort aus den Erinnerungen der Vergangenheit heraufholt, das mit der gegenwärtigen Situation überhaupt nichts zu tun hat.

Nehmen Sie an, Sie wären mit Ihrem Kollegen X zu einer wichtigen Besprechung unterwegs. Im Aufzug verlangt er plötzlich hastig und eindringlich zugleich: »Wir müssen noch einmal rauffahren, ich habe meine Matte vergessen.« Sie werden nun wohl kaum in der Lage sein, den geheimen Sinn dieser offenbar absurden Botschaft zu entschlüsseln. Natürlich wird Ihnen, sobald er dann mit seiner Aktenmappe erscheint, klar, daß er »meine Mappe« sagen wollte, und Sie nehmen auch mit Recht an, daß ihn der Gedanke an die Besprechung reichlich nervös macht. Aber um diesem Versprecher auf den Grund zu kommen und wirklich interessante Schlußfolgerungen über die Persönlichkeit ihres Kollegen ziehen zu können, müßten Sie mehr über sein Leben wissen, als dies wahrscheinlich der Fall sein dürfte.

Als Kind hatte X eine Methode entwickelt, sich in eine Matte seines Zimmers einzurollen, wenn sein Bruder, der älter und stärker als er war, ihn mit Fäusten und Füßen zu bearbeiten versuchte, um ihm seine Überlegenheit zu beweisen. Unter dieser schutzbietenden Matte und mit Wut im Bauch ließ X völlig passiv alle Angriffe über sich ergehen, allerdings immer auf der Lauer, seinem Bruder ein Bein stellen zu können, der dann auch oft zum Schluß jämmerlich auf die Nase fiel. Während seiner späteren Jugendjahre machte X ein hartes Boxtraining mit; in den Tagträumen jener Zeit sah er sich als siegreicher Berufsboxer. Nachts träumte er häufig von Kämpfen, in denen er echte oder eingebildete Gegner regelmäßig »auf die Matte« schickte.

Es muß noch erwähnt werden, daß der Gesprächspartner auf der Gegenseite, dem Sie und Ihr Kollege in ein paar Minuten gegenüberstehen werden, den gleichen Vornamen hat wie der ältere Bruder Ihres Kollegen; wie dieser hat er auch eine tiefe Stimme und ist eine imposante Erscheinung.

Wenn Sie dies alles wüßten, könnten Sie sich ohne Mühe vorstellen, daß X sich insgeheim vorgenommen hat, die verbalen Angriffe Ihres heutigen Gegners erst einmal über sich ergehen zu lassen, bis er sein Pulver verschossen hat, während er selbst sich hinter seinen Zahlen, Statistiken und Papieren, die er in seiner Aktenmappe mit sich führt, verschanzt wie seinerzeit in der Matte. Nach der in seiner Kinderzeit erprobten alten Taktik wird er bewegungslos den günstigen Moment abwarten, um bei seinem Gegner einen »Tiefschlag« zu landen, von dem er sich nicht so schnell erholen wird. Unbewußt hofft er, auf diese Weise den endgültigen Sieg davonzutragen.

Dieser Verhandlungsstil verträgt sich jedoch nicht mit dem Geschäftsgebaren und den Prinzipien des Unternehmens, für das Sie beide tätig sind. Er paßt auch nicht zu der Idealvorstellung des geradlinigen, integeren Geschäftsmannes, die Ihr Kollege im Grunde von sich selber hat. Ein Konflikt spielt sich in ihm ab zwischen seinem Drang zu heimtückischer Aggressivität – diesem Relikt aus seiner Kindheit – und den moralischen Grundsätzen, denen er sich bewußt verschrieben hat. Dieser Kampf ist um so quälender, als er teilweise unbewußt bleibt. Seine Fehlleistung (das Vergessen der Aktenmappe) und sein Versprecher (er habe seine »Matte« vergessen) sind die rätselhaften Echos seines inneren Konflikts, aus denen man ohne genaue Kenntnis seines Lebenslaufs kaum auf seine gegenwärtige psychische Verfassung schließen kann.

DEPRESSION

Der Gegenpol der nervösen Erregbarkeit ist die Depression, eine schmerzhafte Gemütsverfassung, die bestimmt wird von Traurigkeit, Niedergeschlagenheit, teilweisem oder völligem Desinteresse am Leben, einem durchdringenden Gefühl von Ohnmacht und Schuldbewußtsein.

Leichte oder schwere depressive Zustände werden begleitet von einer starken Dämpfung der Gesten. Die Spärlichkeit der Bewegungen, die Armut des mimischen Ausdrucks sind ein deutliches Spiegelbild von Mutlosigkeit und Niedergeschlagenheit. Im Gegensatz zu dem Übererregbaren, der in wilde Gestikulationen ausbricht, bewegt sich der Depressive so wenig wie möglich. Sein Gang ist langsam, zögernd und vorsichtig; seine Gesten sind schwach und zurückhaltend. Auf alle Reize der Außenwelt drückt sein ganzer Körper die hoffnungslose Frage aus: »Wozu das alles?« Seine Haltung veranschaulicht die spröde Verhärtung, die verzweifelte Verschlossenheit seiner Seele. Zusammengekauert über seinem eigenen Ich hält er den Kopf gebeugt, zwischen die Schultern gezogen; sein Rücken ist rund, und seine Züge sind schlaff. Er wirkt abwesend vor lauter Gleichgültigkeit. Lange ruht sein trübseliger Blick auf ein und demselben Gegenstand, löst sich nur ungern und wandert langsam weiter.

Es handelt sich aber dabei nicht um einen niedrigen Blutdruck und verminderte Muskelspannung, was ja immerhin mit einer gewissen Beruhigung verbunden wäre. Diese depressiven Menschen leben in einer dauernden dumpfen Angst, in einem Zustand ständiger Alarmbereitschaft und in nie endender zitternder Erwartung einer Katastrophe. Ihre Angst wird sichtbar, wenn sie auf das kleinste Geräusch, den geringsten Reiz von außen mit übersteigerten Reaktionen antworten. Eine Tür schlägt zu, ein Telephon klingelt, jemand niest, und der depressive Mensch fährt heftig zusammen, seine Muskeln verkrampfen sich, und seine bis dahin so ausdruckslose und abwesende Mimik verzerrt sich zur Schreckensmaske. Die

kleinste Berührung, jeder unvermutete Kontakt ruft die
gleichen Reaktionen kopfloser Schreckhaftigkeit hervor.

Schwankungen in der Gemütslage wirken besonders auf die
Stimme ein, die auch dem verheerenden Einfluß der Depression unterliegt. Sie ist klanglos und eintönig und wird sozusagen entpersönlicht. Am Telephon können wir den deprimierten Gesprächspartner nicht identifizieren, wenn wir nicht
zuvor seinen Namen gehört haben. Wenn wir mit einem uns
nahestehenden Menschen telephonieren, erkennen wir schon
nach den ersten Worten, ob er in Form ist oder ob »es nicht
stimmt mit ihm«. Die blasse, ton- und ausdruckslose Stimme
ist typisch für die Depression.

Nach Auffassung der Stimmspezialisten ist Heiserkeit zu
neunzig Prozent auf psychosomatische Störungen zurückzuführen. Menschen, die häufig von diesem Übel befallen werden,
leiden mit großer Wahrscheinlichkeit unter einem heftigen
Widerstreit ihrer Gefühle oder unter Wünschen, die sie selbst
als verwerflich empfinden. Die Heiserkeit kommt wie gerufen,
um ein Aussprechen ihres Dilemmas zu verhindern.

Die zögernde, stockende Sprechweise und die langen Sprech-
pausen des depressiven Menschen verraten, welche Anstrengung es ihn kostet, sich aus seinen inneren Kämpfen heraus-
zureißen. Da ihm jede Dynamik fehlt, muß man jede Äußerung Wort für Wort und manchmal Silbe für Silbe aus ihm
herausholen.

Die Depression zeigt sich auch in einer Vernachlässigung der
äußeren Erscheinung und im Verzicht auf jede Eitelkeit. Dieses
Symptom fällt bei den Frauen viel mehr auf, da von ihnen in
unserem Kulturbereich eine extreme Sorgfalt in der Pflege
ihrer äußeren Person erwartet wird. Etwas ganz anderes sind
die Veränderungen im Aussehen, die erstaunlichen Schwankungen im Ausdruck der Gesichtszüge und des Teints, wenn
Frauen »ihren guten« oder ihren »schlechten Tag« haben.
Heute sind sie frisch, makellos, strahlend und morgen matt,
unscheinbar und zerknittert. Diese einander pausenlos ablö-
senden Verwandlungen haben vorübergehende Ursachen:
unruhiger Schlaf, Stoffwechselprobleme, Menstruation, Anfälle
von Müdigkeit, hinter denen sich vielleicht psychologische

Schwierigkeiten abzeichnen. Derartige Störungen verringern aber keineswegs die Sorgfalt, die eine Frau ihrer äußeren Erscheinung widmet. Sie wäscht, frisiert und schmückt sich in gewohnter Ausführlichkeit, oder sie gibt sich sogar noch mehr Mühe als sonst, um ein solches vorübergehendes Formtief auszugleichen und möglichst gut auszusehen.

Das krankhafte Sichgehenlassen dagegen ist auf ein intensives Gefühl der Wertlosigkeit zurückzuführen, das den depressiven Zustand begleitet. Die Überzeugung, »eine Null«, ein absolutes Nichts zu sein, läßt jeden geringsten Versuch, die äußere Erscheinung zu heben, als völlig sinn- und nutzlos erscheinen. Die innere Katastrophe ist so verheerend, daß sie durch keine äußeren Kunstgriffe überspielt werden kann. Wozu sich herrichten, schmücken, schminken? Und sogar: Wozu sich noch waschen und kämmen? Bei schwerer Depression fehlt dazu die Energie ebenso wie die Motivation. Die äußere Erscheinung »verschludert«: nicht zueinander passende, zerknitterte, schmutzige Kleidungsstücke; losgerissene Säume, fehlende Knöpfe, Strümpfe, die Röllchen bilden, verschmutzte Schuhe, klaffende Verschlüsse; eingerissene, gespaltene, schmutzige Fingernägel; rissige Hände; gefärbtes Haar, das viel zu lang in der Naturfarbe nachgewachsen ist; unordentliches Nackenhaar, das auf einen Hals von zweifelhafter Sauberkeit und einen schuppenübersäten Kragen herunterhängt, schlecht rasiertes Gesicht; bleicher Teint, Augenbrauen, die früher in eine ordentliche Form gezupft waren und nun in alle Richtungen sprießen . . . Diese Nachlässigkeiten enthüllen die typische Gleichgültigkeit eines Menschen, für den die Meinung der anderen nicht mehr zählt und der, völlig vereinsamt, immer tiefer einsinkt in das trostlose Reich der Depression – wie dies beispielsweise J. M. G. Le Clézio in *Le Procès-verbal* hervorragend schildert:

»Während der Hundstage war da einmal ein Typ, der sich vor einem geöffneten Fenster niedergelassen hatte; er war ein hochgeschossener Bursche, der sich etwas krumm hielt und der Adam hieß; Adam Pollo. Wie er überall die von der Sonne beschienenen Stellen aufsuchte, wie er stundenlang fast bewegungslos in den Mauerwinkeln saß, wirkte er wie ein Bettler.

Er wußte nie, was er mit seinen Armen anfangen sollte, und ließ sie meistens an seinem Körper herunterhängen, den er möglichst wenig berührte. Er war wie diese kranken Tiere, die sich in der Erde geschickt einen Unterschlupf graben und tief geduckt nach Gefahren ausspähen, ganz dicht über der Erdoberfläche auf sie zukommenden Gefahren, und die sich in ihrem eigenen Fell so gut verstecken, daß man sie mit der Erde verwechseln könnte. Er lag in einem Liegestuhl ausgestreckt vor dem offenen Fenster, mit nacktem Oberkörper, ohne Kopfbedeckung, mit nackten Füßen, diagonal zum Himmel. Er war nur mit einer Hose aus verschlissener, beigefarbener, schweißfleckiger Baumwolle bekleidet, deren Beine er bis zu den Knien hochgekrempelt hatte.«

DYSMORPHOPHOBIE

Das Wort Dysmorphophobie bezeichnet Angsthaltungen mit zwanghaftem Charakter, die sich auf gestaltliche oder physiologische Besonderheiten beziehen. Mit anderen Worten: manche Menschen leiden ständig unter der ängstlichen Vermutung, daß ihr Körper in einer oder mehrfacher Hinsicht mißgestaltet, unproportioniert oder anormal sein könnte.

S. Tomkiewicz und J. Finder haben im *Bulletin de Psychologie* (1970 – 1971) den Fall eines Jugendlichen beschrieben, der derartige Ängste hat, die sein Bauch in ihm auslöst:

»Welch eine Qual wegen gar nichts, und doch, aus unbedeutenden Kleinigkeiten schafft man sich seine großen Probleme. Es ist eine Art Lähmung. Ich habe die fixe Idee einer Anomalie, die in meiner Vorstellung besteht. Es ist vielleicht lächerlich, aber ich habe daraus eine richtige Krankheit gemacht: mein Bauch! Es erscheint komisch, wenn man darüber nachdenkt. Wer könnte im übrigen verstehen, was in mir vorgeht, wenn ich ihn betrachte. Es ist eine regelrechte Besessenheit: ich finde ihn dick, fett, unförmig. Ob er es tatsächlich ist, darüber bin ich mir nicht im klaren; ich brauche ihn nur anzusehen, und schon bekomme ich Angst; ich vergleiche meinen Bauch mit dem der anderen. Ich fühle mich klein und häßlich. Ich bekomme einen Komplex. Ich wage nicht, ihn sehen zu lassen. Ich verstecke ihn. Wenn ich mich ausziehe, stürze ich mich hastig in meine Pyjamajacke. Ich ziehe ihn ein, ich kann ihn nicht ansehen, wenn andere – und vor allem meine Kameraden – dabei sind; davor habe ich Angst. Ich mache mir Sorgen, daß man ihn bemerkt. Bei der kleinsten Anspielung fühle ich mich am Boden zerstört, als ob man mich beschimpft hätte. Was für nutzlose Ängste! Und trotzdem, ich bringe mich seinetwegen um. Ein dummer Bauch verursacht so viele Leiden und Plagen; ich finde mich mißgestaltet, nicht wie die anderen, dickbäuchig, widerlich. Sobald ich mein Hemd ausziehe, muß ich mir einen Ruck geben; ich versuche, mich zu beherrschen, mir vernünftig zuzureden: ›Ich bin wie die anderen‹, und trotzdem lasse ich die anderen nicht aus den Augen, weil ich Angst habe, daß sie mich beobachten.«

Die Dysmorphophobien tauchen häufig während der Pubertät auf. Die schnelle Entwicklung der Geschlechtsorgane und das beschleunigte Wachstum des ganzen Organismus während dieser Zeit bringen fast zwangsläufig Störungen des Körpergefühls mit sich. Die Heranwachsenden finden es sehr schwierig, die geistige Vorstellung, die sie von ihrem Körper haben, mit den rasch wechselnden Empfindungen, die dieser Körper jetzt erfährt, in Einklang zu bringen. Die Idee, die sie von sich haben, stimmt nicht mit der Wahrnehmung ihrer körperlichen Erscheinung und schließlich mit der Reaktion ihrer Umgebung auf diese körperliche Erscheinung überein.

Junge Leute benutzen ein drastisches Vokabular, um das schwankende Unbehagen mitzuteilen, das ihnen dieser unentschiedene Körper verursacht, der ihnen manchmal verrenkt, verbaut und ungeschlacht und manchmal flaumhaarig und tapsig vorkommt. Wenn sie ein paar Kilos zuviel haben, traktieren sie sich mit grausamen Spitznamen wie »Schmerbauch«, »Dickwanst«, »Speckwanst«, »dickes Faß« usw. Die Mädchen beklagen sich seufzend über ihren Brustumfang: »Das wabbelt, das schaukelt, das geht überall aus der Fassung!« Wenn sie dagegen zu dünn sind, kann man nur von der Hoffnung leben und geduldig warten, daß die armen »Spiegeleier« sich so hübsch auswachsen wie bei der älteren

Schwester. Es gibt noch eine Menge weiterer wunder Punkte und Plagen, die der jugendliche Körper ertragen muß. So führen zum Beispiel Sommersprossen zum Spruch: »Du hast dich wohl unter einem Sieb bräunen lassen!« Knochige Schultern reizen zu einem »Sieh dir das an, wie rachitisch ich bin!« und vorstehende Zähne zur Persiflage: »Diese elenden Zähne, vor denen sogar mein Steak Angst kriegt!«

Die geheimen Ängste, die derartige komisch-ironische Äußerungen verdecken, verblassen mit fortschreitendem Alter. Viele Erwachsene empfinden aber immer noch eine leise Beunruhigung oder einen nagenden Zweifel wegen einer als unschön empfundenen körperlichen Besonderheit oder wegen einer tatsächlichen, wenn auch nur geringfügigen Unvollkommenheit, die in ihrer Vorstellung jedoch übertriebene Formen annimmt.

Wie erkennt man Menschen, die an Dysmorphophobie leiden? An ihrer Kleidung, ihrer Frisur, einem Make-up, das verdecken oder täuschen soll. Wir haben bereits vom Machtwillen und vom überkompensierten Komplex gesprochen und festgestellt, daß manche Menschen, Männer wie Frauen, nicht auf wahnsinnig hohe Absätze und lächerlich hoch aufgebauschte Frisuren verzichten können. Vielleicht sind sie von Kindheit an mit einem Spitznamen gequält worden: »Dreikäsehoch«, »Zwerg«, »abgebrochener Riese«, »Schrumpfgermane«. Zu Recht oder Unrecht hat ihnen ihre Körpergröße immer Kummer bereitet. Bei jungen Mädchen oder Frauen, die sich in ihrer Weiblichkeit nicht wohl fühlen, kann man häufig eine krumme Haltung beobachten: mit gebeugtem Rücken und vorgezogenen Schultern wollen sie die Konturen der Brust unsichtbar machen.

Sehr weite, unbestimmbare, gürtellose, flatternde, mit einem Wort: formlose Kleider sollen die Figur verstecken und sämtliche Kurven und Rundungen verbergen, die manche Frauen »einfach furchtbar« finden. Neutrale Farben wie Grau und Beige sollen Unauffälligkeit garantieren, oder schwarze, marineblaue und dunkelbraune Farben sollen schlanker machen. Dicke Pullover und Hosen werden mitten im August am Strand getragen; trotz des schönsten Sonnenscheins wickeln sich da Frauen in einen Regenmantel. Dicke, dunkle Strümpfe und eng um den Kopf gezurrte Kopftücher müssen ebenfalls herhalten, um die verschiedenen »schwachen Punkte« zu verstecken. Ponysträhnen bis über die Augenbrauen, Frisuren, die das halbe Gesicht verdecken, struppige Bärte, die das Gesicht überwuchern, seine Konturen auslöschen und die Umrisse des Mundes verwischen, dienen dem gleichen Zweck und ebenso das gipsartige Make-up und allzu farbkräftige kosmetische Mittel, die die natürlichen Gesichtszüge überdecken und durch eine künstliche Maske ersetzen sollen.

Riesengroße Sonnenbrillen, die auch bei Regenwetter und im Haus getragen werden, können die gleiche schützende Rolle spielen. Sie sind sehr nützlich, wenn man dunkle Schatten unter den Augen, geschwollene oder gerötete Lider, ein Gerstenkorn oder ein »blaues Auge« verstecken will . . . Abgesehen davon fallen sie auf und machen neugierig. Manchmal sollen sie geradezu die Aufmerksamkeit erregen und einem Gesicht, das als ausdrucksarm, banal und hoffnungslos langweilig empfunden wird, Geheimnis und Zauber verleihen.

Dunkle Brillen können aber auch in aggressiver Weise genutzt werden. Hinter dunklen Gläsern, die gleichzeitig schützend und herausfordernd wirken, versteckt sich der Blick und kann doch in aller Ruhe spähen, lauern, auskundschaften, forschen, kurz: er kann sich ungestraft alle Blickattacken leisten, die die guten Sitten sonst verbieten.

Es ist kaum überraschend, daß wir negativ reagieren, wenn jemand ohne erkennbare Notwendigkeit dunkle Brillengläser trägt, und daß wir halb bewußt, halb unbewußt eine reservierte Haltung einnehmen; ähnlich empfinden wir übrigens auch gegenüber Bartträgern. In beiden Fällen erwacht unser Argwohn, weil uns Informationen vorenthalten werden, die wir sonst ganz selbstverständlich aus Blick, Mund und Muskelspiel des Gesichts ablesen. Man fragt sich mit leiser Unruhe, was der andere wohl hinter seiner Brille oder seinem

Haarwuchs verberge. Schwäche? Böse Absichten? Arroganz? Aggressivität? Wer dunkle Gläser oder einen wuchernden Bart trägt, wird häufig der Heimlichkeit und Heuchelei verdächtigt. Wenn er nichts zu verstecken hätte, denkt man, würde er sein Gesicht offen zeigen.

Diese mehr oder weniger geschickt gewählten schützenden Verhüllungen wie Kleidung, Frisuren, Brillen und heftiges Make-up verbergen manchmal wirkliche Schönheitsfehler (Narben, Akne, Fettpolster, Krampfadern, krumme Beine), manchmal nur leichte Unvollkommenheiten, die übertrieben wichtig genommen werden, und manchmal sogar einen makellosen Körper. Ganz gleich, ob es sich um einen Schönheitsfehler handelt oder nicht, wer zu derartigen ziemlich armseligen Tricks seine Zuflucht nimmt, zeigt damit, daß er sehr verletzbar ist und daß er viel schwierigere psychische Probleme auf ein bestimmtes Detail seiner äußeren Erscheinung verlagert. Wenn jemand bemüht ist, einen Teil seines Körpers zu verstecken, kann er sich selbst nicht so akzeptieren, wie er ist; ihm fehlen Sicherheit und Selbstvertrauen; das macht ihn ungeheuer empfindlich für das Urteil anderer und sehr abhängig von ihrer Meinung. Hartnäckige Dysmorphophobien gehen nach Aussage der Spezialisten auf einen Mangel an Zuwendung und Liebe in den ersten Lebensjahren zurück.

Der Dysmorphophobie sehr ähnlich ist vermutlich auch die zwanghafte Furcht, einen unangenehmen Atem zu haben. Diese selten eingestandene Angst beeinträchtigt alle zärtlichen Beziehungen. Sie verursacht ein ständiges Unbehagen bei sämtlichen Kontakten und führt zu unverständlichen Verhaltensweisen: ständiges Zurückweichen vor seinem Gesprächspartner; Sprechen bei dauernd abgewandtem Kopf und Blick; Sprechen hinter vorgehaltener Hand, um die Richtung des ausströmenden Atems abzulenken; ununterbrochenes Lutschen von Pastillen und Erfrischungsbonbons; ewiges Kaugummikauen; Rauchen wie eine Lokomotive in der Hoffnung, daß der Tabakgeruch den Atemgeruch beseitigt.

Auch hier kann es sich um eine begründete Befürchtung oder um reine Einbildung handeln. Berechtigt oder nicht, wächst sich diese Angst manchmal zu einer regelrechten

Besessenheit aus und »vergiftet buchstäblich das ganze Leben«, bemerkt Dr. Gérard-Philippe Guasch. Er berichtet in *L'Adolescent et son corps:* »Da ist zum Beispiel Michael, sechzehn Jahre, den ich zum erstenmal sah, als er wegen Schwierigkeiten in der Schule zu mir kam. Während dieser ersten Unterhaltung bleibt er tief in den Sessel gedrückt und in sicherer Entfernung. Wiederholt hält er die Hand vor den Mund mit nach unten gewinkeltem Daumen, und wenn ich die Augen abwende, atmet er verstohlen aus und prüft seinen Atem. Bei den folgenden Sitzungen lutscht er Bonbons. Eines Tages erscheint er mit einem Sprühgerät bewaffnet, das er nicht weniger als achtmal benutzt. Was verbirgt sich hinter diesem Verhalten? Ein ganzes Bündel von Ängsten und Hemmungen. Angst, seinen Mitmenschen zu schaden; Angst, Unheil anzurichten; Angst, Erfolg zu haben; Angst, sich zu behaupten, seinen Vater zu überflügeln. Die Fähigkeit zu handeln, ist stark gehemmt.«

Das Fingernägelkauen wurde lange Zeit als Zeichen gewöhnlicher Nervosität gedeutet. Eltern und Erzieher glaubten, dieser »scheußlichen Gewohnheit« beikommen zu können, indem sie Nägel und Fingerkuppen mit einer bitteren und übelriechenden Paste bestrichen. Dieses Verfahren hat aber leider meistens nur eine Steigerung der Nervosität zur Folge, die sich einfach andere Ventile sucht. Das Kind hört auf, seine Fingernägel zu attackieren, und verfällt nun auf andere, ebenso traurige Gewohnheiten: es läßt seine Fingerglieder knacken, kratzt hemmungslos seine Pickel auf, oder es wird von schrecklichen Angstträumen heimgesucht.

Die Nägelbeißerei ist noch eine relativ harmlose und sehr verbreitete Form der Selbstverstümmelung. Die Psychiatrie spricht von Selbstverstümmelung eher bei schweren aggressiven Handlungen des Individuums gegen seinen Körper: wenn jemand sich das Haar büschelweise ausreißt, wenn er sich das Gesicht und die Arme zerkratzt, ein Fingerglied abhackt. Das Nägelkauen ist weniger dramatisch und weniger irreparabel als die tatsächliche und endgültige Verstümmelung. Es kommt in vielen Abstufungen von unterschiedlich krankhaftem Grad vor, vom kaum wahrnehmbaren Anknabbern bis zum völligen Abnagen der Nagelfläche, die von einem Wulst wunden Fleisches überwuchert wird. Oft werden sämtliche Nägel abgebissen oder nur einige oder vielleicht nur ein einziger, dessen symmetrischer Bruder an der anderen Hand das gleiche Schicksal erleidet. Schließlich gibt es noch vergleichsweise mildere und harmlosere Formen; es handelt sich dann nicht mehr um den Fingernagel, sondern um wunde, verhornte Hautstellen des oberen Fingergliedes, vor allem um das Nagelbett herum, aber auch an den Verbindungsstellen zwischen den einzelnen Fingern.

Wer in dieser Weise »sich selber auffrißt«, verrät eine mit starken Schuldgefühlen verbundene Aggressivität, die sich gegenüber der Umwelt nicht offen hervorwagt und sich daher gegen die eigene Person wendet. So beschreibt es ein junger Strafgefangener gegenüber seinem Therapeuten: »Immer wenn sie mich ankotzen, fange ich mit dem Nägelkauen an. Das ist jedenfalls besser, als wenn ich alle Welt fertigmache.«

Hier ist kurz und bündig die Rückwendung der Aggressivität auf die eigene Person ausgedrückt, einer Aggressivität, die als zerstörerisch und verheerend empfunden und daher in Selbstbestrafung und Selbstverstümmelung umgewandelt wird.

6

Sexualinstinkt

»Ich sah ihn, ich errötete, erblaßte bei seinem Anblick.«
(Racine, *Phädra*.)

Dieser knappe Vers des großen Dramatikers, Höhepunkt der
Liebesgeständnisszene, führt uns geradewegs auf das letzte
Gebiet der nichtverbalen Sprache, in das Reich der Leidenschaft, der Liebesgefühle, der sexuellen Anziehung. ». . . ich
errötete, erblaßte . . .« Mit eleganter Treffsicherheit übersetzt
der Dramendichter die blitzartige Erkenntnis der Heldin in
Worte. Phädra weiß in der ersten Sekunde, was dieses Rot-
und Blaßwerden bedeutet. Sie spürt, wie lebhaft ihr das Blut ins
Gesicht schießt und wieder zurückströmt und begreift augenblicklich die Heftigkeit des Gefühls, das sie überfallen hat.
Liebesverlangen erfüllt den Körper, und er schreit sein Verlangen raus. Leidenschaft, das ist das Herz, das schlägt wie verrückt, der Puls, der außer Rand und Band gerät; das sind die
Wangen, die purpurrot oder farblos werden; Augen, die auf-
leuchten oder Tränen vergießen; das ist die Haut, die sich
nach Berührung sehnt, nach Schauern, Rausch und Raserei der
Lust.

Hippolyts Blindheit verwundert uns. Wieso merkt er nichts?
Wie kann er die Leidenschaft übersehen, die plötzlich vor sei-
nen Augen aufflammt und den unerbittlichen Mechanismus der
Tragödie auslöst?

Obwohl Jahrhunderte zwischen ihnen liegen und ihre
Lebensverhältnisse sehr verschieden voneinander sind, finden
sich in der ersten Begegnung Phädras mit Hippolyt und der
von Sigmund Freud berichteten unvermuteten Begegnung
Doras mit Herrn K., den sie auf der Straße trifft, Parallelen.

Bei Dora wie bei Phädra verrät der Körper in seiner Sprache – durch eine tödliche Blässe – den Ansturm der Liebe. Seltsamerweise fehlt aber der Liebenden im zweiten Fall jede klare Einsicht. Dora bemerkt nichts von den Veränderungen in ihrem Aussehen. Sie ist so hartnäckig bemüht, die Anziehungskraft des Herrn K. zu leugnen, daß sie die verräterischen Reaktionen ihres Körpers auf dessen Anziehungskraft nicht wahrnimmt und nicht spürt, wie sie blaß wird. Aber ihre Kusine – im Gegensatz zum naiven Hippolyt – bemerkt sofort die außerordentliche Veränderung in Doras Gesicht und ruft: »Dora, was ist dir denn? Du bist ja totenbleich geworden!«

Was wäre aus diesen beiden Szenen anderes zu schließen, als daß die körperlichen Anzeichen der Leidenschaft unserem Scharfblick oft genug entgehen? Wenn wir zwei hervorragenden Seelenkennern glauben wollen, nämlich Racine und Freud, können wir plötzlich taub und blind werden gegenüber den deutlichsten Gefühlssymptomen. Als Beobachter erkennen wir sie nicht bei anderen, auch wenn sie vor unseren Augen zum Ausbruch kommen. Wir erkennen sie auch nicht, wenn sie als indiskrete Zeugen unserer Gefühle aus dem Aufruhr unseres eigenen Körpers an die Oberfläche dringen. Im einen wie im anderen Fall wirkt die partielle Blindheit im Sinne unserer bewußt verfolgten Ziele und unserer kritischen Verstandestätigkeit, damit die unterschwelligen und für verwerflich gehaltenen Regungen im dunkeln bleiben können.

Hippolyt will nicht sehen, daß er in Phädra Leidenschaft weckt; denn dadurch könnte sein heftiger Widerstand gegen alles Weibliche ins Wanken kommen und er könnte sich gezwungen sehen, die geheime, als schuldhaft empfundene Liebe zu Aricia einzugestehen. Eine ähnliche Bedrohung, direkter noch, lastet auf Dora. Insgeheim fühlt sie sich angezogen von Herrn K., dessen Frau die Geliebte ihres Vaters ist, und doch hat sie diesen Mann öffentlich des Versuchs, sie zu verführen, beschuldigt. Sie kann diese Rolle des unschuldigen und verfolgten Opfers aber nur aufrechterhalten, wenn sie die in ihren Augen verdammenswerte Anziehung, die er auf sie ausübt, völlig leugnet.

Dora und Hippolyt haben jeden Grund, die Signale der Körpersprache nicht zu sehen, nicht zu fühlen und nicht zu deuten, wenn die Gefahr besteht, daß sie unerträgliche Wahrheiten ans Licht bringen.

Aber der Körper – sagen wir es noch einmal – kümmert sich wenig darum, wie wir unsere sexuellen Wünsche ethisch und moralisch bewerten. Wenn wir lieben, wenn wir begehren, offenbart er unsere Wünsche in seiner Sprache, und uns bleibt nur die Wahl, sie zu überhören oder zu verstehen.

SEXUELLE IDENTITÄT

Die erste Information, die wir der körperlichen Erscheinung eines Individuums entnehmen, das wir zum erstenmal sehen, betrifft das Geschlecht, dem es angehört. Vor jeder anderen Besonderheit – Alter, körperliche oder geistige Gesundheit, Anziehungskraft, Zugehörigkeit zu einem sozialen Milieu – ist es das Geschlecht einer Person, das wir mit dem ersten Blick bestimmen. Diese Reaktion erfolgt derart instinktiv, daß sie uns eigentlich nie bewußt wird. Nur wenn wir unsicher sind, wenn wir einem Wesen ratlos gegenüberstehen und uns absolut nicht entscheiden können, wofür wir es halten sollen, formulieren wir für uns selbst ganz deutlich die Frage: »Ist das nun ein Mann oder eine Frau?«

Im Erwachsenenalter tritt der Geschlechtscharakter mit Deutlichkeit hervor. Mann oder Frau? Eine Reihe bestimmter Kriterien – Statur, Muskulatur, Vorhandensein oder Nichtvorhandensein der Brüste, Verteilung des Haarwuchses, Stimmlage – ermöglicht die Unterscheidung, auch wenn die Kleidung nicht dem für das jeweilige Geschlecht üblichen Charakter entspricht. Über die körperliche Erscheinungsform hinaus sind auch die ganz alltäglichen Verhaltensweisen bei Männern und Frauen ziemlich grundlegend verschieden. Der geistreich-witzige Beobachter Georg Groddeck beschert uns in seinem *Buch vom Es* folgende Beschreibung:

»Der Mann bückt sich, wenn er etwas aufheben will, die Frau hockt sich nieder. Der Mann trägt und hebt mit der Rückenmuskulatur, die Frau, im Symbol der Mutterschaft, mit dem Bauch. Der Mann wischt den Mund nach den Seiten, fort von sich; die Frau gebraucht die Serviette so, daß sie von den Mundwinkeln nach der Mitte fährt; sie will empfangen. Der Mann trompetet beim Naseschnauben wie ein Elefant; denn die Nase ist ein Symbol seines Gliedes, und er ist stolz darauf und will sich zeigen; die Frau benutzt das Taschentuch vorsichtig, leise; ihr fehlt, was der Nase entspricht. Das Mädchen steckt die Blume mit der Nadel fest; der Mann trägt sie im Knopfloch. Das Mädchen hält den Blumenstrauß gegen die Brust gedrückt; der Knabe trägt ihn mit herabhängendem Arm. Er deutet an, daß die Mädchenblumen nichts haben, was nach oben strebt, kein Mann sind. Knaben und Männer spucken; sie zeigen, daß sie Samenergüsse haben; Mädchen weinen; denn das Überfließen der Augen symbolisiert einen Orgasmus. Oder wissen Sie nicht, daß das Wort ›Pupille‹ Kindchen bedeutet, daß also das Auge Symbol des Weibes ist, weil man sich im Auge klein widergespiegelt sieht? Das Auge ist die Mutter; die Augen sind die Hoden; denn auch in den Hoden sind die Kindchen enthalten, und der Strahl der Leidenschaft, der aus den Augen springt, ist männliches Symbol. Der Mann verbeugt sich, macht einen Diener; er sagt damit: ›Dein Anblick schon brachte mir die höchste Wonne, so daß ich erschlaffe; aber in wenigen Sekunden stehe ich wieder aufrecht, Begehren zu neuer Lust erfüllt mich.‹ Der Dame aber knicken die Knie; sie deutet an: ›Wenn ich dich sehe, hört aller Widerstand auf.‹ Das kleine Mädchen spielt mit der Puppe; der Knabe braucht das nicht, er trägt sein Püppchen am Leib.«

Obwohl sie sich manchmal mit großer Geschicklichkeit verkleiden und schmücken, gelingt es Homosexuellen nur selten, andere über ihre wahre Geschlechtszugehörigkeit zu täuschen. Sie wollen es übrigens auch gar nicht, sondern beschränken sich meistens darauf, mit Hilfe einiger Details in Kleidung und Aufmachung die Besonderheit ihrer sexuellen Neigungen vorsichtig anzudeuten. Echte Transvestiten sind selten und frönen ihrem seltsamen Hang nur in der Intimität besonderer Örtlichkeiten unter ihresgleichen. Was die echten Zwitter angeht, so ist ihre Zahl äußerst begrenzt. Sie allein stellen den Beobachter vor ein unlösbares Rätsel, und das Unbehagen, das die Gesellschaft ihnen gegenüber empfindet, rührt zum großen Teil daher, daß man sie nicht nach ihrem Geschlecht einordnen kann.

Mit der Anziehungskraft des »Rätsels« – *L' Enigme* – ist in Frankreich der autobiographische Bericht eines Mannes bekannt geworden, der eine Geschlechtsumwandlung erfahren hat. Der Journalist James, Gatte und Familienvater, berichtet in diesem Werk über seine Umwandlung in eine Frau, Jan Morris. Diese Veränderung wurde mit Absicht herbeigeführt und durch eine chirurgische Operation erreicht. Der Autor beschreibt die extreme Zweideutigkeit seiner Situation gegenüber seinen Mitmenschen während der Jahre, die seinem endgültigen Geschlechtswechsel vorausgingen.

»Ich führte ein Doppelleben; in dieser Umgebung wurde ich für einen Mann gehalten, in einem anderen Kreis für eine Frau. Im Laufe meiner Reisen in der ganzen Welt gehörte ich hier diesem, dort jenem Geschlecht an. Angesichts meiner Zwittererscheinung brauchte es dazu keine Kunststücke. Die Unisexmode war üblich geworden, und die gleichen Kleidungsstücke paßten zu beiden Rollen. Meine Haare waren lang, ich hatte eine tiefe Altstimme, und ich konnte bald feststellen, daß ein paar winzige typische weibliche Details, eine Spur Make-up, ein paar Armbänder, genügten, um mich über die Demarkationslinie rutschen zu lassen und für eine Frau gehalten zu werden.«

Bei den meisten Menschen verwischen sich die sekundären Geschlechtsmerkmale, wenn sie älter werden. Die Muskeln schwinden, die Brüste erschlaffen, die Figur wird plumper, die Gelenke verdicken oder verformen sich; das weibliche Gesicht wird manchmal von einem wenig schönen Haarflaum bedeckt, und die männliche Stimme verliert ihre Tiefe. Aber auch im Alter bleiben die Verhaltensweisen, bleiben Gesten und Haltungen geprägt von der lebenslangen männlichen oder weiblichen Rolle, wie sie sich in unserem Kulturbereich darstellt. Der Körper mag seinen Sex-Appeal verloren haben, aber Form und Ausdruck sind ein für allemal vorgebildet durch die gewohnten Eigenschaften und Attribute des Geschlechts, dem er angehört.

Bis jetzt hat die Unisexmode bei den Angehörigen des dritten Lebensalters noch keine Anhänger gefunden, und die Geschlechtszugehörigkeit alter Leute läßt sich ohne Schwierigkeit erkennen. Nach dem bereits zitierten Georg Groddeck wird der alte Mensch vom Gedanken an den Tod beherrscht, der nunmehr an die Stelle des Sexualinstinkts tritt. Die Angst vor dem Tod prägt und formt seine Körpersprache. »Dieser Alte geht mit kurzen Schritten, er will den Weg verlängern, der zum Grabesziel führt. Er schläft schlecht: denn seine Stunden sind gezählt, und er wird bald allzu lange schlafen müssen. Er wird weitsichtig, will nicht sehen, was so nahe ist, das Totenschwarz der Lettern, den Faden, den die Parze in kurzem zerschneiden wird.«

Dagegen ist die Jugend wesentlich das Lebensalter der fehlenden Differenzierung. Der Jugendliche schwankt einen langen Moment unentschieden zwischen seinen männlichen und weiblichen Komponenten, und seine äußere Erscheinung und seine Wesensart verraten häufig die für dieses Lebensalter typischerweise mangelnde geschlechtliche Ausprägung. Die sekundären Geschlechtsmerkmale sind noch nicht vorhanden oder gerade erst zu ahnen und können die unsichere Doppeldeutigkeit nicht aufheben. Eine jugendliche Figur in lässiger Gewandung, die weder Schultern noch Hüften besonders hervortreten läßt, kann den Beobachter in ernsthafte Zweifel stürzen: die Brust ist flach, das Kinn bartlos, Mädchen und Jungen tragen heute die gleiche Haartracht. Letzten Endes kann er sich nur auf ein mehr oder weniger deutliches Detail stützen, um die Frage »männlich oder weiblich?« zu beantworten: kräftige oder zarte Gelenke, Flaum auf der Oberlippe, Andeutung einer weiblichen Brustlinie, zwischen allen Höhen- und Tiefenregistern schwankende Stimme. Diese schwachen Anhaltspunkte sind noch keineswegs eine Garantie, daß der Beobachter in allen Fällen recht behält.

Wenn die äußere Erscheinung über die Pubertätszeit hinaus diese Unentschiedenheit behält, ist das ein Anzeichen für eine schwere Persönlichkeitsstörung. Der Jugendliche hat es verpaßt, sich rechtzeitig und eindeutig für ein Geschlecht zu entscheiden, und wird weiter zwischen zwei unvereinbaren Gegensätzen hin- und hergezerrt.

Das war der Fall der amerikanischen Schriftstellerin Carson McCullers, über die Jacques Tournier schreibt: »Vor mir liegt eine Photographie. Was zuerst auffällt, ist die Frisur. Ein kleiner, glatter Pony, der nur eine Hälfte der Stirn bedeckt und das Gesicht zweiteilt – rechts ein Mädchen, links eher ein Junge. Sie trägt ein Männerhemd mit offenem Kragen und geknöpften Manschetten. Am Handgelenk eine dicke Uhr. Ich bemerke sogar Hosenträger. Ihre rechte Hand, sehr lang, stützt das Gesicht, das ein wenig weggedreht ist und den Betrachter nicht ansieht . . .«

Als Kind hatte sie ihren Vornamen »Lula« gegen den männlichen Vornamen »Carson« ausgetauscht. Als junges Mädchen beschäftigte sie sich mit Vorliebe mit den Pistolen ihres Vaters und bevorzugte in burschikoser Weise gefährliche und brutale Spiele. Als berühmte junge Frau und Autorin mehrerer Erfolgsromane hörte sie nicht auf, sich mit Männermützen, Monteuranzügen, Hosen und Tennisschuhen auszustaffieren; ihr heftiges und unfreundliches Benehmen verwirrte ihre Umgebung. Sie heiratete einen bezaubernden Mann, einen sehr femininen Typ, wurde bald wieder geschieden, heiratete ihn zum zweitenmal; ihr Liebesleben war von Anfang bis Ende dramatisch. In ihrem Romanwerk nimmt die Homosexualität einen weiten Raum ein.

In dem oben beschriebenen Porträt, das sie mit sechsundzwanzig Jahren darstellt, wird die schmerzliche sexuelle Doppelnatur erkennbar, von der sie sich niemals befreien konnte.

Früher wurde die fehlende Eindeutigkeit in der jugendlichen Erscheinung automatisch ausgeglichen durch feststehende und allgemein befolgte Kleidersitten und -gebräuche. Kein kleiner Junge, der sieben oder acht Jahre alt wurde, entging einem männlichen Haarschnitt. Die Kleidung war streng unterschieden nach »Mädchen« und »Jungen«. Stoff, Schnitt, Farben und Form richteten sich nach unumstößlichen Normen, die eine Verwechslung der beiden Geschlechter unmöglich machten. Das Zubehör, wie Hüte, Schuhe, Uhren, Brillen, Schulmappen, wurde für Jungen und Mädchen unterschiedlich entworfen. Man unterstrich mit voller Absicht die Verschiedenheit der beiden Geschlechter; man trieb sie bis zum Extrem. Sogar das Geschlecht des Neugeborenen wurde durch die Farbe seiner Kleidung angezeigt. Auf den ersten Blick erkannte man das Mädchen in Rosa, den Jungen in Blau. Wie hätte man sich täuschen können? Auch die Taufgeschenke wurden unfehlbar in der angemessenen Farbe dargereicht.

Heute beobachten wir eine vollkommen entgegengesetzte Entwicklung; wir erleben den Triumph des Unisex, der Einheitsmode für beide Geschlechter. Erscheinung, Sprachgewohnheiten und Verhaltensweisen der Jugend sind heute kennzeichnend für eine Altersklasse und nicht für das eine oder andere Geschlecht. Teenager und junge Frauen haben sich für die Uniformität der Blue jeans entschieden. Weibliche Popos, Schenkel, Hüften und Bäuche zwängen sich in diese unerbittliche Enge. Viele Frauen haben sich von ihrem gepolsterten, Fülle vortäuschenden Büstenhalter getrennt.

Die moderne weibliche Idealfigur zeigt abgeflachte Kurven: sie ist schmal, gestreckt, knabenhaft. Der männliche Körper folgt einer parallelen Entwicklung. Schmal, schlank, hochgewachsen muß er sich asketischen Forderungen unterwerfen: Kein Gramm Fett ist erlaubt; er muß einen flachen Bauch und eine feine, glatte Muskulatur haben. Mister Muskelmann hat ausgespielt; der schlanke Ephebe hat ihn entthront. Er hat sich das Recht auf zarte Farben erobert, auf weiche, flauschige, luftige Stoffe, fließende Formen, modischen Firlefanz und Schmuck.

Die Unisexmode in der Kleidung, in der Erscheinung und im Verhalten stellt uns bei der Deutung der Körpersprache vor manches Problem. Wenn ein Individuum früher einen oder mehrere typisch männliche oder weibliche Wesenszüge besonders betonte, so betrachtete man das als unwiderlegbare Beweise von Männlichkeit bzw. Weiblichkeit. Je mehr einer die Brust herausdrückte, seine Schultern rollte, mit starker, tiefer Stimme sprach, Haare und Fingernägel kurz schnitt, um so mehr galt dieser Mann als echter Mann. Je mehr eine Frau Brust und Hüften betonte, lasziv ihr Becken schwenkte, üppiges Haar und ein kehliges gurrendes Lachen hatte, um so mehr erschien sie ihrer Umwelt als ein Wesen von hinreißender Sinnlichkeit. Das sichtbare Vorhandensein äußerer sexueller Merkmale, so glaubte man, müßte gleichzeitig ein tiefes Einverständnis mit den Funktionen dieses Geschlechts garantieren und eine reiche Sexualität versprechen.

Die häufig vertretene gegenteilige Schlußfolgerung kommt zu der Ansicht, daß die heutige absichtliche Untertreibung der Geschlechtsmerkmale in der äußeren Erscheinung mit einer Veränderung und Verkümmerung der Sexualität einhergeht. Alarmgeschrei ertönt, daß die junge Generation mit Mann und Maus in der Homosexualität untergehe. Man behauptet sogar manchmal, daß sie alle Opfer einer Mutation seien, und allenthalben verurteilt man das Schwinden der gewohnten Vorstellung einer idealen Sexualität und die Entartung typisch männlicher und weiblicher Eigenschaften.

Diese Befürchtungen stützen sich auf keinerlei ernsthafte statistische Erhebungen oder wissenschaftliche Untersuchungen. Sie erwachsen einfach aus dem zugegebenermaßen reichlich seltsamen Eindruck, den unsere modernen falschen Zwitter in ihrer unterschiedslosen Unisexmode hervorrufen. Sie machen sich übrigens ein boshaftes Vergnügen daraus, brave konservative Bürger herauszufordern, und genießen deren Entrüstung.

Anstatt die riskante Vermutung einer allgemeinen Mutation der Sexualität weiter zu verfolgen, sollten wir die Unisexmode besser auf eine Reihe inzwischen wohlbekannter Phänomene zurückführen: die allgemeine Protesthaltung, die Ablehnung der spezifischen Geschlechterrolle, die unser Kulturbereich vorschreibt, und schließlich einen überreizten und auf die Spitze getriebenen Feminismus.

Auf dem Gebiet des Familien- und Geschlechtslebens hat die amerikanische Ethnologin Margaret Mead, die ihre völkerkundlichen Feldarbeiten mit Studien der Südseeinsulaner begann, Hervorragendes geleistet. Ihr Werk *Jugend und Sexualität in primitiven Gesellschaften* sowie auch ihre Arbeit *Mann und Frau* öffneten uns die Augen über die absolute Willkür, mit der männliche und weibliche Charaktereigenschaften und Rollen in den verschiedensten Volksgruppen in aller Welt verteilt waren. Wir hatten die Rollenverteilung für naturgegeben und notwendig gehalten, für eine natürliche Auswirkung des männlichen und weiblichen Urprinzips. Sie hatte für uns absoluten Charakter, weil sie der Wesensgrundlage von Mann und Frau zu entsprechen schien.

Margaret Mead erschütterte unsere altgewohnten Vorstellungen auf diesem Gebiet. In den erwähnten Schriften läßt sie ganze Völkergruppen vor unserem inneren Auge vorbeiziehen, deren männliche und weibliche Vertreter in Erscheinung und sexuellen Verhaltensweisen unsere abendländischen Vorstellungen ins Wanken bringen.

So schmücken sich zum Beispiel die Männer der Chamboulis auf Samoa mit Locken, Blumen und Muscheln; sie wirken zugleich lockend und zaghaft. Ständig sind sie mit endlosen kindischen Intrigen beschäftigt, um sich bei den Frauen des Stammes beliebt zu machen. Kurzgeschoren, flinkfüßig, mit geschickten, zielbewußten und raschen Bewegungen bewältigen diese Frauen die anfallenden schweren Arbeiten, und in der Ehe geben sie den Ton an. Die Beziehungen der Männer untereinander sind vergiftet durch Klatsch, Launen, kleinliche Rachegelüste und Reibereien, während die Frauen in offener und direkter Weise miteinander umgehen und eine glückliche, in Solidarität verbundene Gemeinschaft bilden.

In Bali stellt Margaret Mead verwundert fest, daß die äußere Erscheinung balinesischer Frauen und Männer nicht den uns vertrauten männlichen und weiblichen Prototypen, die wir für weltweit verbreitet hielten, entspricht. Der Balinese ist bartlos und hat eine stark entwickelte Brustmuskulatur. In den Augen eines ahnungslosen Europäers sieht er reichlich weibisch aus. Seine Gefährtin hingegen hat kleine, hohe Brüste, schmale Hüften und behält bis zum Klimakterium die jugendliche Geschmeidigkeit eines Jünglings. So jedenfalls erscheint sie dem Europäer.

Wie in der sozialen Rollenverteilung und der äußeren Erscheinung zeigen sich in den einzelnen Völkergruppen überraschende weitere Unterschiede, zum Beispiel hinsichtlich des Mutterinstinkts. Margaret Mead beschreibt in ungeschminkter Weise, wie gereizt und cholerisch sich die Mutter Mundugumor gegenüber ihrem Baby benimmt. Sie stillt es im Stehen, immer auf dem Sprung, und wenn das Kind sich anklammert und mehr Milch haben möchte, schiebt sie es hart und feindselig von sich. Bei den Arapesh, einem der Papuastämme Neuguineas, sind die elterlichen Gefühle bei beiden Geschlechtern gleich zärtlich entwickelt. Vorsichtig, sorgfältig und unglaublich stolz auf sein Kind kümmert sich der Arapesh-Vater mit der gleichen Natürlichkeit und Freude um das Neugeborene wie die Mutter.

Dieser flüchtige Streifzug durch die ozeanischen Sitten, über die Margaret Mead in zahllosen Beispielen berichtet, genügt bereits, um uns von der großen Vielfalt der sexuellen Rollenverteilung in den einzelnen Völkergruppen und -gemeinschaften einen Begriff zu geben.

In Europa und Amerika ist es die Jugend, die diese Tatsache mit viel größerer Selbstverständlichkeit akzeptiert als die Erwachsenengenerationen. Man muß allerdings bedenken, daß sie es leichter hat, sich von vorgeprägten Vorstellungen, die ja noch kaum auf ihr gelastet haben, zu trennen und nach eigener Wahl ihr Verhalten entsprechend auszurichten oder zu verändern. Hinzu kommt, daß die Ablehnung der sexuellen Rolle sich sehr gut mit der Ablehnung der Autorität und des alten Wertsystems verträgt. Alles weist in die Richtung der heute so stürmisch geforderten »Befreiung der Frau«.

Man sollte diese Tatsachen im Auge behalten, wenn man die Körpersprache der Jugendlichen verstehen und deuten will. Was sagt ein junges Mädchen, das sich von seinem Büstenhalter trennt und sein Becken in eine harte, röhrenförmige Hose zwängt? Will es auf diese Weise seiner Umgebung klarmachen, daß es die Mutterfunktion ablehnt, daß es an heterosexuellen Beziehungen nicht interessiert ist und daß es sich ausschließlich lesbischer Liebe zuwenden will? Derartige Vermutungen, die man ziemlich oft hört, sind natürlich lächerlich. In der großen Mehrzahl der Fälle will das Mädchen nur erkennen lassen, daß es die Rolle des erotischen Objekts, das das Begehren der Männer wecken, wachhalten und erfüllen soll, nicht annehmen will. Es weist diese Rolle von sich, wenn es seinen verführerischen Büstenhalter unmöglich findet. Seine knappen Hosen und lässigen Bewegungen sind Ausdruck des Widerstandes gegen die traditionelle Passivität der Frauenrolle. Es schlägt diese Erbschaft aus.

Der Junge, der sich gegen den Panzer des korrekten Anzugs sträubt und die saloppe Lässigkeit des Hippie-Stils vorzieht, hat sich ebensowenig den Sitten von Sodom verschrieben. Seine Kleidung drückt lediglich aus, daß es ihm widerstrebt, herrschsüchtige Aggressivität auszuspielen, die noch vor kurzer Zeit als das alleinige Vorrecht und die Pflicht seines Geschlechts angesehen wurde. Er ist weniger als die Vätergenerationen überzeugt von seiner wesensmäßigen Überlegenheit; und wenn er versucht, dem anderen Geschlecht nahezukommen und sich mit ihm in glücklicher Eintracht zu verbinden, tut er das bestimmt nicht mit der Herrschergeste und der brutalen und kategorischen Behauptung seiner Autorität.

Die Verwirrung, die die Unisexmode und die sich ähnelnden Verhaltensweisen von Mädchen und Jungen heutzutage überall verbreiten, beweist noch keineswegs, daß wir uns einer tatsächlichen Perversion der Geschlechterrollen gegenübersehen. Die Jugendlichen ziehen gegen die Rollenverteilungen unserer Zivilisation zu Felde, die die sexuellen Verhaltensmuster festgeschrieben hat; sie kämpft für eine Weiterentwicklung und Erneuerung dieser Rollenverteilung.

Das Unbestimmte, Nachlässige, das die Einheitsmode der jungen Leute kennzeichnet, läßt noch eine weitere Vermutung zu: sie haben eine veränderte Einstellung zum Geld.

In der Mode galt früher der Grundsatz: Je mehr ein Kleidungsstück sich vom Üblichen abhob, um so teurer war es. Ein

Stoff, der der Figur und dem Gesicht einer Frau schmeichelte, war seidig, glatt, von feinster Bearbeitung, weich, schillernd, zart, eben ein teurer Stoff. Raffinierte Volants, Plissees, Falten, Kräusel, Raffungen, Verzierungen, Stickereien und kunstvolle Bearbeitung, die die Eleganz der Linie und die Schönheit des Gesichts steigern sollten, erforderten erfahrene Spezialisten und lange Fertigungszeiten. Die Ausstrahlung von Weiblichkeit, die man von einem Kleidungsstück erwartete, kostete stolze Summen.

Von den männlichen Kleidungsstücken sollte eine maskuline Wirkung ausgehen. Sie drückte sich aus in der klaren Struktur, den nüchternen Linien, Nahtführungen und makellos glatten Revers. Man brauchte schwere, teure Stoffe, den Sachverstand und die Geschicklichkeit erfahrener Schneider, die die Mängel der Figur auszugleichen verstanden und ihr die Proportionen eines Körpers von idealer Männlichkeit verleihen konnten. Je mehr ein Mann seine Männlichkeit betonen wollte, um so mehr mußte er für seine Garderobe ausgeben.

Wenn jemand durch seine Kleidung betonte: »Ich bin eine sehr weibliche Frau« oder: »Ich bin ein sehr männlicher Mann«, ließen beide stillschweigend gleichzeitig mit einfließen: »Ich habe die Mittel dazu; ich bin zahlungskräftig.« Die außergewöhnliche Kleidung prahlte mit dem Reichtum des Trägers wie auch der Trägerin. Sie bestätigte das Vorhandensein kräftiger Geldquellen. Geschlecht und Geld gingen in ihrer Anziehungskraft eine unauflösliche Verbindung ein.

Die Unisexmode stellt das absolute Gegenteil dieses prahlerischen Gebarens dar. Blue jeans, Blousons, Parkas, exotische Stoffe, Holzpantinen, mit denen sich Mädchen und Jungen heutzutage ausstaffieren, sollen nicht den Eindruck erwecken, daß sie von einem teuren Schneider stammen und viel Geld gekostet haben. Die einfachen, für beide Geschlechter tragbaren Formen sind von bescheidenster Ausführung. Die Stoffe, die die Jugendlichen nach dem Gesichtspunkt von Bequemlichkeit und unkomplizierter Pflege auswählen, können kaum durch ihre Qualität und Üppigkeit beeindrucken. Die junge Generation strebt bei der Wahl ihrer

Kleidung in erster Linie einen lustigen, phantasievollen Nonkonformismus an. Niemand will mit seiner Kleidung den Eindruck von Reichtum erwecken, »den anderen etwas vormachen«.

Dasselbe gilt für die Frisurenmode. Die moderne Frisur – langes Haar, das lockig oder glatt in natürlicher Weise herabfällt – beweist den gleichen Sinn für Einfachheit und Ursprünglichkeit. Die jungen Mädchen und Frauen verachten Lockenaufbauten, Knoten und komplizierte Hochschlagfrisuren, die nur die geschickten Hände berühmter Friseure zaubern können.

Auch der Schmuck, den Mädchen und Jungen tragen, stellt für bürgerliche Anschauungsweisen eine einzige Herausforderung dar. Er ist aus Holz, Plastik oder Eisen, stammt häufig aus einem kleinen Pop-Laden und läßt weder auf eigenen Geldbesitz noch auf elterliche Reichtümer schließen.

Kleidung, Frisur und Schmuck verkünden die gleiche Botschaft: die Weigerung, durch Besitz und Reichtum zu gewinnen und zu verführen, und den Wunsch, einfach und natürlich zu erscheinen und durch ganz persönliche Qualitäten zu überzeugen.

Die Verführung

Jeder Körper äußert in seiner Sprache, wie seine individuelle Sexualität beschaffen ist, und teilt seiner Umgebung mit, in welcher Weise er seine Beziehungen zum anderen Geschlecht gestalten will, welcher Art seine Wünsche, seine Neigungen und seine besondere Empfänglichkeit auf dem weiten Feld der Liebesbeziehungen sind.

Das gesamte nichtverbale Vokabular einer Prostituierten – Kleidung, Make-up, Haltung, Blicke – übermittelt eine leichtverständliche Botschaft: »Ich lasse mich mit jedem Mann ein, wenn er nur den Tarif bezahlen kann, der meinem Körper-Standing entspricht.« Dieser Erklärung der totalen sexuellen Verfügbarkeit vollkommen entgegengesetzt ist die stumme Botschaft, die der Kirchenmann in seiner Soutane ausstrahlt. Das Tragen dieses Kleidungsstücks genügt, um anzuzeigen, daß jemand sich willentlich vom sexuellen Wettbewerb ausschließt. Er ist weder jagdbares Wild noch Jäger, und seine Kleidung umgibt ihn mit einem Tabu.

Zwischen diesen beiden Extremen bedeutet der Ehering am Ringfinger der Umwelt in ebenso deutlicher Weise: »Ich bin mit einer Frau (einem Mann) nach Recht und Gesetz verbunden.« Jeder kann den Sinn dieser völlig eindeutigen Signale erkennen. Sie werden von allen Mitgliedern einer Gesellschaft nach einem praktisch allen bekannten und von allen akzeptierten Kode berücksichtigt.

Aber so eindeutig bestimmt diese Hinweise erscheinen, sie können durch andere, gleichzeitige Ausdrucksmittel der nicht-verbalen Sprache verstärkt, abgemildert, nuanciert oder glatt geleugnet werden. Diese Botschaften sind schwerer zu fassen und verlangen vom Beobachter mehr Kenntnis und Scharfblick. Die Prostituierte, die in hautengen Hosen und ein Lederblouson gekleidet ist, ein tiefes Dekolleté zeigt oder ein Goldkettchen an der Fessel trägt, liefert jedem, der sich nur ein wenig auskennt, nützliche Informationen über ihre erotische Spezialität. Der zurückhaltende Händedruck, den der Kirchenmann einer Frau zugesteht, legt ihr die Vermutung nahe, daß seine keusche Lebensführung durch eine tiefgehende Frauenfeindlichkeit erleichtert wird. Die vielsagenden Blicke, die der verheiratete Mann immer wieder hübschen Mädchen nachschickt, machen deutlich, daß für ihn außereheliche Abenteuer sich sehr gut mit seinen ehelichen Beziehungen vereinbaren lassen.

Daß von jeder Körperpartie ein sexueller Reiz ausgehen kann, macht die Dinge nur noch komplizierter. Als die Frauen Krinolinen trugen, konnte der flüchtig erhaschte Anblick einer weiblichen Fessel Männer in Entzücken versetzen. Als der Minirock sich durchgesetzt hatte, entdeckte man die erotischen Qualitäten am weiblichen Knie, die man bisher nie beachtet hatte. Eine Untersuchung, die die Sexualforscher C. S. Ford und F. A. Beach bei 190 verschiedenen Volksstämmen vom Nordpol bis zum Süden Australiens durchführten, hatte zum Ergebnis, daß die äußere Erscheinung eine bedeutende Rolle bei den Menschen spielt, besonders im Hinblick auf die sexuelle Anziehungskraft der Frauen auf die Männer, daß es aber, wenn man die Kulturen in ihrer Gesamtheit betrachtet, keine allgemein gültigen Normen für sexuelle Anziehungskraft zu geben scheint. Der Körper sendet mit all seinen einzelnen Bestandteilen vielfache erotische Botschaften aus, und jeder winzige Abschnitt dieses Körpers verfügt über eine höchst variable sexuelle Anziehungskraft.

Der Mensch kann bestimmte Botschaften, die er absichtlich aussendet, bewußt kontrollieren. Sein Blick kann zum Beispiel nach Belieben lebhaftes erotisches Interesse oder kalte Gleichgültigkeit ausdrücken. Aber er hat keinen Einfluß auf die Farbe seiner Augen, denen er seinen Ruf als »samtäugiger Frauentyp« und vielleicht seinen mitunter lästigen Erfolg bei Frauen verdankt, auf den er gut verzichten könnte. Ebensowenig kann er sich ständig überwachen; ohne daß er es bemerkt, gehen von seiner Erscheinung Informationen aus, die er vielleicht lieber verborgen halten möchte, wenn das in seiner Macht stünde.

»Die Götter wie die Männer bilden sich ein, daß die Frauen sie nur von vorn sehen«, schreibt Jean Giraudoux im *Amphytrion 38*. »Sie schmücken sich mit Schnurrbärten, Hemdbrüsten, Uhrgehängen. Sie wissen nicht, daß die Frauen nur so tun, als seien sie von dieser glänzenden Vorderfront geblendet und dabei in ihrer hinterlistigen Art ihre Aufmerksamkeit auf den Rücken der Männer richten, der nicht lügen kann und schlaff und gebeugt den Frauen die Kraftlosigkeit und Müdigkeit der Männer verrät.«

Als Empfänger von Signalen trifft der gleiche Mensch eine sehr differenzierte Auswahl unter der Vielzahl erotischer Reize, denen er ausgesetzt ist. Beine von vollkommener Schönheit lassen ihn vielleicht kalt, während eine Nackenlinie ihn aus der Fassung bringt. Weiß der Himmel, warum . . . Nur eine tiefenpsychologische Analyse könnte es uns – und sogar dem Betroffenen selbst – enthüllen.

Auf dem ständig bewegten Schauplatz der Liebesverführung gibt es weder allgemeine Gesetze noch absolute Regeln, die den Erfolg erklären oder garantieren könnten. Hier ist das Königreich der Subjektivität und des Unwägbaren. Aber für den, der sehen und fühlen, empfinden und mitempfinden kann, ist der Körper des anderen in all seinen Bestandteilen eine unerschöpfliche Quelle von Informationen. Lesen Sie einmal, welche Überlegungen Constance, D. H. Lawrences *Lady Chatterley,* über die Schenkel und Beine eines Mannes anstellt.

»Er war ein wenig beleibt und hatte stämmige Schenkel, aber sie waren immer noch kräftig und fest – die Schenkel eines gesunden Mannes, der sein Vergnügen am Leben gehabt hat. Sein gutmütiger Egoismus, seine verbissene Unabhängigkeit, seine unbußfertige Sinnlichkeit – es schien Connie, als könnte sie dies alles seinen festen, strammen Schenkeln ansehen. Einfach ein Mann! Der jetzt ein alter Mann wurde, und das war traurig. Denn in seinen kräftigen, dicken, männlichen Beinen war nichts von der lebhaften Empfindungsfähigkeit und der Macht der Zärtlichkeit, die das Wesen der Jugend ausmachen, war nichts von dem, was niemals stirbt, wenn es einmal da ist.

Connie bekam Augen für den Charakter von Beinen. Sie wurden ihr wichtiger als Gesichter, die nicht mehr viel aussagen können. Wie wenige Menschen hatten lebendige, kraftvolle Beine! Sie sah sich die Männer in den Parkettreihen an. Plumpe Puddingschenkel in schwarzem Puddingtuch oder dünne Holzstöcke in schwarzem Beerdigungstuch oder wohlgeformte Beine ohne die geringste Bedeutung, ohne Sinnlichkeit, ohne Empfindungsfähigkeit – einfach bebeinte Gewöhnlichkeit, die da umherstakt. Nicht einmal soviel Sinnlichkeit, wie ihr Vater sie hatte!

Eingeschüchtert waren sie alle, so eingeschüchtert, daß sie kaum noch existierten.

Die Frauen dagegen waren nicht eingeschüchtert. Diese scheußlichen Stempel der meisten Frauen! Wirklich anstößig, wirklich ausreichend, um einen Mord zu rechtfertigen. Oder die erbärmlichen dünnen Beinchen! Oder die hübschen strammen Dinger in seidenen Strümpfen ohne den geringsten

Anflug von Leben! Grauenhaft, die Millionen bedeutungsloser Beine, die sinnlos umherstelzen!«

Seit Freud wissen wir, daß die Sexualität in der frühesten Kindheit erwacht. Während der ersten Lebensjahre sucht sich die Libido ihre liebsten Objekte aus, und die Personen, die die Ursache dieses frühen Entzückens sind, legen nicht selten das spätere Empfindungsmuster endgültig fest. Ohne es zu wissen, bleiben wir auf Eigenschaften fixiert, die wir an ihnen entdeckt haben. Feste, gelenkige Beine und Schenkel, Haarflaum auf sanfter Haut, rauhe Stimme, runde Arme, duftendes Haar . . . Diese besonderen Eigenschaften, die uns in unserer Kindheit beeindrucken, die wir glücklich in uns aufnehmen, üben, ohne daß es uns bewußt wird, auch weiter ihre Macht über uns aus und beeinflussen entscheidend unsere spätere Wahl in der Liebe.

DIE HAARE

Samson war in seiner Jugend mit kolossaler Kraft begabt. Mit einem Eselsknochen als Waffe hatte er ganz allein mehr als tausend Philister erschlagen. Aber eines Nachts, während er schlief, schnitt die falsche Dalila sein üppiges Haar ab, und beim Erwachen fand er sich schwächer und hilfloser als ein Kind. Als sein Haar nach einiger Zeit wieder in der früheren Länge nachgewachsen war, hatte er seine Kraft ganz zurückerlangt, so daß er die Säulen eines Tempels mit seinen Armen zum Einsturz brachte, unter dem er dann mit allen Philistern, die ihn umgaben, begraben wurde.

Die Samson-Legende verdeutlicht den symbolischen Zusammenhang zwischen Haarwuchs und Manneskraft. In der allgemeinen Vorstellung und nach jahrtausendealtem Glauben oder Aberglauben verbindet sich außergewöhnliche männliche Potenz mit üppiger Haarfülle.

Viel mehr als die Gesichtszüge, deren Form ererbt ist und von Hormonen beeinflußt wird, ist die Haartracht den Launen der Mode unterworfen – die Frisur ist einer der sichersten Anhaltspunkte für die Datierung von Porträts – und unterliegt der freien Entscheidung des Individuums. Sie wird nach seinem

Wunsch geformt und richtet sich fügsam nach seinen unzähligen Phantasievorstellungen. So verrät auch die Art und Weise, in der ein Mann sein Haar behandelt und frisiert, eine Menge über das Ideal, das er sich erträumt und dem er nachstrebt. Seit den Zeiten Samsons haben sich unsere unbewußten Vorstellungen in dieser Hinsicht kaum weiterentwickelt, und in unserer modernen Mythologie gibt es immer noch eine Entsprechung zwischen bestimmten Haartrachten und verschiedenen Typen von Männern mit ihrer unterschiedlichen männlichen Energie und sexuellen Potenz.

So erweckt der sogenannte »Bürstenhaarschnitt« Vorstellungen von kriegerischer Härte und Kampflust. Ohne Schnörkel und Verzierungen betont das dichte, starre Haar mit seinem kurzen Schnitt die Kopfform und rahmt das Gesicht ordentlich und glatt ein. Der Mann, der sich für diese Frisur entscheidet, hat von sich die Vorstellung, daß er offen und gerade heraus, kaum zu erschüttern und eindeutig ein Mann der Tat ist. In der Liebe wie im Krieg nimmt er alle Hindernisse, hält sich nicht bei der Einleitung auf und stürmt direkt auf sein Ziel zu. Voller Schwung, sportlich und mit dem schönsten Selbstvertrauen ausgerüstet, war der amerikanische G. I., der US-Landser, genau dieser Prototyp, der bei seinem siegreichen Einzug in Europa viele Herzen brechen sollte.

Die romantische Locke dagegen, die bleich oder dunkel in die Stirn fällt, erweckt den Eindruck, daß sich darunter ein intensives, qualvolles Gefühlsleben mit phantastischen Verwicklungen abspielt, das unter einem Bürstenhaarschnitt ganz unvorstellbar wäre. Intuition, übergroße Empfindlichkeit, Übererregbarkeit, Mystizismus verbinden sich miteinander. Wie der Dichter hat der Mann mit der romantischen Locke ein ewig lädiertes Herz. Das zitternde Bündel seiner Empfindungen wird wie eine Trophäe zur Schau gestellt. Nicht selten spielt seine Sexualität eine wichtige Rolle, aber stets sucht sie sich sentimentale Alibis und steigert sich noch im Verlauf langwieriger Strategien.

Die glatt anliegende Frisur im englischen Stil – relativ langes, glattes Haar mit tadellosem Scheitel – läßt häufig vermuten, daß jemand Eigenschaften wie Kaltblütigkeit, Gelassenheit, Selbstkontrolle, Reserviertheit und Ausgeglichenheit kultivieren möchte. Eigenschaften, die wir mit unbeirrbarer Hartnäckigkeit den Inselmännern jenseits des Kanals zuschreiben. Der Mann mit glatt anliegendem Haar hält Abstand und nimmt sich Zeit. Er verabscheut jede Impulsivität und Gefühlsexplosionen zu ungelegener Zeit. Unter seiner frostigen Hülle verbirgt sich eine erfahrene, planvolle und reiche Sinnlichkeit. Der englische Schauspieler Dirk Bogarde ist zum Beispiel eine Idealfigur, wie sie Menschen dieses Typs anstreben.

Das krasse Gegenteil in jeder Hinsicht trägt jener Mann auf seinem Haupt, dessen Haarstil von der griechischen Hirtenfrisur inspiriert ist. Die braune, dichte, nach antikem Muster gelockte Haarwolle, die Frisur »griechischer Hirtenknabe« läßt uns an Urinstinkte denken, die in schönster Lebhaftigkeit darunter brodeln. Ursprünglichkeit, stürmische Vitalität, natürliche Leidenschaftlichkeit eines Mannes, der sich in Einklang mit der Natur befindet, scheinen aus jeder dunklen Haarlocke zu glänzen; irgendwie erinnern wir uns auch an die sagenhaften erotischen Leistungen des großen Gottes Pan. Die heidnische Sexualität, die nach unserer Vorstellung im griechischen Hirtenknaben verkörpert ist, wird durch keinerlei Moralvorschriften belastet; sie ist unersättlich und unbekümmert.

Man sagt dem Mann mit grauen Schläfen eine ungewöhnliche Verführungskraft nach. Rein objektiv gesehen beweisen die weißen Haare lediglich, daß dieser Mann seine Jugend hinter sich hat; seine Haare verlieren ihre Farbe, und er geht auf das dritte Lebensalter zu. Der subjektive Standpunkt der Frauen, die sich von diesem Verführer angezogen fühlen, geht auf etwas anderes zurück. Sie bewundern in seinen grauen Schläfen nicht die Vorboten des Alters, sondern eine Art poetische Aura, die ihn nach all seinen erotischen Erfahrungen und seinen Don-Juan-Eroberungen umschwebt. Aber die Männer lassen sich – von ganz seltenen Ausnahmen einmal abgesehen – keineswegs die Schläfenhaare grau färben, und sie betrachten ihre ersten weißen Haare als unwillkommene Anzeichen des Alters. Es wäre also unsinnig, aus diesem auf einer natürlichen Entwicklung beruhenden Phänomen Schlüsse auf die Psychologie eines Individuums zu ziehen.

Dagegen ist es interessant festzustellen, daß es hauptsächlich junge Mädchen und sehr junge Frauen sind, die sich von Männern mit grauen Schläfen angezogen fühlen. Ihre besondere Vorliebe für reife Männer kann aus einer nicht ganz überwundenen ödipalen Haltung herrühren. Während der Jugendjahre verstärkt sich die Verliebtheit der Tochter in den Vater, die schon einmal während der ödipalen Phase aufgetreten war; sie flammt nun noch einmal heftig auf.

Um das Sexualleben eines Erwachsenen beginnen zu können, muß das junge Mädchen diese infantilen Bindungen lösen und sich von seinem Vater trennen. Diese Trennung vollzieht sich schrittweise, nicht ohne Schwierigkeiten, und der Flirt oder das Abenteuer mit einem alternden Mann ist manchmal eine Etappe im Prozeß dieser Befreiung. Das Mädchen verliebt sich zwar in einen anderen Mann, aber dieser Fremde erinnert es an seinen Vater; tatsächlich »könnte er ihr Vater sein«. Die grauen Schläfen symbolisieren für die Frauen die väterliche Reife, in die sie lange Zeit verliebt waren. Der Verführer, den diese grauen Schläfen – sehr gegen seinen Willen, wohlgemerkt – zieren, verdankt sein Glück zum großen Teil nicht seinen persönlichen Vorzügen, sondern der Tatsache, daß er so etwas wie einen annehmbaren Kompromiß zwischen dem Vater, den das Mädchen opfern muß, und dem neuen Mann, den es zu wählen hat, darstellt.

Langes Haar, die »Protestmähne«, verkörpert Opposition gegen Reglementierung, Nivellierung und Uniformisierung. »In dieser Gesellschaft gibt es nur noch Schafe. Was mich angeht, so weigere ich mich, geschoren zu werden«, schrie ein junger Rebell seinem Vater entgegen, um sein langes Haar zu retten. Man braucht sich nur das Abenteuer Samsons in Erinnerung zu rufen, und man begreift den tiefliegenden, verborgenen Grund, warum die Jungen sich so verbissen weigern, »es sich abschneiden zu lassen«.

Unter den heutigen Langmähnigen kann man zwei deutliche Moderichtungen unterscheiden: den Afro-Look und die Jesus-Frisur.

Der Afro-Stil zeigt eine dichte, kräftige, intensiven Geruch verströmende Masse lockiger oder krauser Haare, die in alle Richtungen seitwärts und nach oben streben. Üppigkeit, überschäumende Vitalität, Gesetz- und Regellosigkeit, Ursprünglichkeit, das sind die Kennzeichen der Afro-Frisur; so stellt sich auch die Sexualität der Jugendlichen dar, wenn sie weder von außen gehemmt noch durch persönliche schwere innere Konflikte gezügelt wird. Der dynamische, fröhliche Afro-Look-Typ lebt sorglos entspannt und erfreut sich der Freiheit seines üppigen Haupthaares wie seiner Sexualität.

Die andere Richtung in der jugendlichen Haarmode läßt auf eine ernste und nachdenkliche, vielleicht sogar etwas trübselige Geisteshaltung ihrer Anhänger schließen. Für die Frisur im Christus-Stil ist der Mittelscheitel vorgeschrieben. Glatt auf dem Oberkopf und lockig in den Spitzen fällt das Haar an den Wangen herab bis auf den kurzen Spitzbart, den man traditionell Jesus Christus zuschreibt. Wenn dieser Bart länger und umfangreicher ist, gibt er dem Ganzen eine exotische Note; man entfernt sich von Jesus Christus, um sich dem Guru zu nähern. In beiden Fällen wird die üppig wuchernde Haarfülle durch den Mittelscheitel ein wenig im Zaum gehalten.

Der Bart läßt das junge Gesicht älter erscheinen, und die fallenden Linien von Bart und Haar verleihen ihm einen unbestimmten Ausdruck von Leiden und früher Erfahrung. Wie weit ist er entfernt von der lebensbejahenden Gesundheit des Afro-Typs! Junge Leute, die eine Christus- oder Guru-Frisur tragen, haben meistens allerhand Probleme – ideologische, politische, moralische, gefühlsmäßige –, und ihr Sexualleben ist kaum je frei von Konflikten und Hemmungen.

DIE KAHLKÖPFIGKEIT

Mit achtzehn Jahren verteidigt man seine Haarmähne gegen die Schere der Autorität. Mit vierzig fühlen wir eine neue Bedrohung aus unserem eigenen Ich aufsteigen. Wir fürchten die Kahlköpfigkeit. Sie kann geringfügig, nicht zu übersehen, galoppierend oder total sein. Jeder Mann reagiert anders auf diese Erscheinung, die häufig genug unbewußt als Zeichen schwindender Männlichkeit empfunden wird.

Daß die Kahlköpfigkeit starke Beunruhigung auslöst und tiefsitzende Ängste freisetzt, erkennt man, wenn man sieht, wie sehr sich manche Männer bemühen, diesen Mangel vor anderen zu vertuschen. Haarsträhnen, die der allgemeinen Katastrophe bisher entgangen sind, werden so gut wie möglich genutzt, um gelichtete und völlig kahle Regionen zu bedecken. Zu diesem Zweck werden sie häufig in die Gegenrichtung ihres natürlichen Wuchses gezwungen und in kühnen Schnörkeln künstlich angepappt, was oft die ganze Erscheinung eines Mannes lächerlich wirken läßt. Bei diesen Männern muß man wohl vermuten, daß sie sich grundsätzlich ihrer Männlichkeit nicht besonders sicher sind.

Der gleiche Mangel an Sicherheit quält auch die Männer, die zu den modernen Techniken der Haarimplantation ihre Zuflucht nehmen. Man erkennt sie an den grauen runden Flecken, die ihre kahlen Schädel markieren. Diese Männer sind zu beachtlichen Opfern an Zeit und Geld bereit, um das Idealbild ihrer Männlichkeit wiederherzustellen, die wahrscheinlich niemals sehr überzeugend war.

Manche Männer verfahren mit den ihnen verbliebenen Haaren in völlig anderer Weise; sie sollen nicht etwa kahle Stellen notdürftig bedecken, sondern werden selbst möglichst vorteilhaft zur Schau gestellt. Halblang und wunderbar gepflegt glänzen diese geretteten Resthaare, sorgfältig gelockt, auf dem Nacken von Ästheten, Künstlern und Intellektuellen reifen Alters. Solche Männer ergeben sich in das Schwinden ihrer Männlichkeit, allerdings nicht ohne deutlich zu machen, zu welcher Erfahrung und zu welchem Raffinement sie es auf diesem Gebiet gebracht haben. »In der Liebe kann die Qualität höchst vorteilhaft Quantität ersetzen«, versuchen die sorgfältig gepflegten weißhaarigen Köpfe zu suggerieren.

Lassen sich die Frauen durch diese erfinderischen männlichen Kniffe täuschen? Die Schriftstellerin Geneviève Dormann hat gelegentlich eines in der Zeitschrift *Marie-Claire* im November 1974 veröffentlichten Interviews nicht hinter dem

Berg gehalten: »Eine Frisur, die dem Lebensalter nicht entspricht, ist lächerlich. Langes Haar sieht hübsch aus bei einem
sehr jungen Mann und ist annehmbar bei einem alten Künstler,
dessen Originalität es unterstreicht, läßt aber einen Mann von
fünfundvierzig grotesk erscheinen, vor allem wenn sein Haupthaar schon langsam etwas schütter wird. Während er mo-
disch und jugendlich wirken will, kommt dabei nur heraus, daß
der alte Knabe fünfzehn Jahre älter aussieht.«

Interessant sind die Kompensationslösungen der Kahlköpfigen, die – nicht gerade glücklich mit ihrer Kahlheit – sich
einen wuchernden Haarschmuck im Gesicht leisten. Schnurr-
bärte, Bärte, Backenbärte, Kinnbärte nehmen phantastische
Formen und eindrucksvolle Ausmaße an. Die Zierden sollen
ausdrücklich das vom kahlen Haupt abgelegte Geständnis der
Impotenz widerrufen. »Der Bart ist ein Zeichen der Potenz,
phallischer Potenz. Wenn ich Potenz sage, meine ich immer
phallische Potenz«, verkündete ein betagter Student mit
traurig schütterem Haupthaar während einer sexualwissen-
schaftlichen Vorlesung an einer Universität. Manche Männer
sind unbewußt Sklaven der Gleichung »Behaarung ist gleich
Männlichkeit« und vertreten mit wuchernden Bärten häufig
die Überzeugung, daß ihr Haarschmuck eine unwiderstehliche
Anziehungskraft auf Frauen hat.

In Gegenwart einer Frau, die ihr Begehren weckt, führen sie
oft die Hand zum Gesicht, um ihren Bart zu streicheln und
diese Zierde richtig zur Geltung zu bringen. »Was will der
Mann sagen, wenn er seinen Schnurrbart streichelt?« fragt
wiederum Georg Groddeck. »Die Nase ist das Symbol seines
Gliedes, und das Streicheln des Schnurrbartes soll die
Aufmerksamkeit darauf lenken, daß vor uns ein geschlechts-
reifer Mann sitzt, der die Schamhaare besitzt; der Mund aber
ist das Symbol des Weibes, und das Streicheln des
Schnurrbartes bedeutet deshalb auch, daß der Mann beim
Weibchen spielen möchte.«

Natürlich gibt es viele Menschen, die den Verlust ihrer Haare
philosophisch hinnehmen. Es ist eine verbreitete Ansicht, daß
die gelichtete »hohe Stirn« auf intellektuelle Qualitäten hin-

weist, während die natürliche Tonsur auf dem Oberkopf Begriffe wie »Strenge« und »mönchisches Wesen« anklingen läßt. Ist das etwa gerechtfertigt? Dafür gibt es keinerlei Beweise. Aber die Männer, die sich über eine kahle Stelle oder ihre »Tonsur« nicht aufregen, beweisen zumindest, daß sie den abgegriffenen Symbolismus, wie ihn die Samson-Legende versinnbildlicht, nicht ernstnehmen.

Andere Männer schließlich, die über kurz oder lang von der Kahlköpfigkeit bedroht sind, entscheiden sich für eine Radikallösung. Ehe sie sich passiv einem langsamen Verfall aussetzen, ehe sie sich auf demütigende Rückzugsgefechte mit dieser Plage einlassen, kommen sie dem Verhängnis zuvor, lassen sich ganz kahl rasieren und tragen stolz einen nackten Schädel und ein haarloses Gesicht zur Schau. »Das glattrasierte Gesicht«, sagt Georg Groddeck, »soll die Kindlichkeit betonen, die Harmlosigkeit, da das Kind noch keine Geschlechtshaare besitzt, zugleich aber soll es die Kraft bedeuten, da der Mensch als emporgerichtetes Wesen der Phallos ist und der Kopf die haarlose Eichel bei der Erektion versinnbildlicht.«

Tatsächlich vermittelt die Körpersprache der kahlköpfigen, glattgesichtigen Männer häufig den Eindruck ruhiger Kraft und überzeugender Männlichkeit: offener, fester Blick, hoch getragener Kopf, gestreckte, gerade Figur, zielbewußte Gesten, rascher, lockerer Gang. Der amerikanische Schauspieler Yul Brynner ist der Prototyp dieser stolzen Kahlköpfe.

DIE NASE

Im Gesicht sind die meisten Sinnesorgane vereint. Von hier gehen die hauptsächlichen Signale aus und werden wieder aufgenommen. Es ist auch der Teil unseres Körpers, der am meisten den Blicken ausgesetzt und daher am verwundbarsten ist. In unserem Kulturbereich hat man von jeher alle möglichen Veränderungen daran vorgenommen. Bei den Männern durch Rasur und Gestaltung des Bartwuchses; bei den Frauen durch Enthaarung, Schminke oder Schönheitspflästerchen, falsche Wimpern und durch Schönheitschirurgie.

Es ist niemals gleichgültig, welchen Teil des Gesichts jemand besonders betont; denn das Gesicht, wie das Haar, hat sexuelle Symbolkraft, die sich in volkstümlicher Tradition und in bestimmten Kunstwerken aufspüren läßt.

Wie eine Menge länglicher und vorspringender Gegenstände symbolisiert die Nase das männliche Glied. »Wer das eine hat, ist auch mit dem anderen gut versehen«, »Ein großer Giebel ziert das Haus«, versichern uns Sprichworte. Und wenn ein Mann kräftig niest, reagiert man in manchen französischen Bevölkerungskreisen auf diese männliche Demonstration mit einem unzweideutigen »A vos amours!«

Wenn man auch nicht von einer Wechselbeziehung zwischen der Größe der Nase und der Potenz des Organs, das sie symbolisiert, ausgehen kann, ist es doch manchmal aufschlußreich, individuelle Verhaltensweisen, die von der Nase ausgelöst werden, zu beobachten.

Wenn ein Mann dröhnend die Nase schnaubt, hemmungslos niest, ungeniert das Ergebnis in seinem Taschentuch kontrolliert, deutet das auf eine naive sexuelle Eitelkeit hin. Er ist stolz auf sein Organ und scheut sich nicht im geringsten, mit diesen Symbolhandlungen darauf hinzuweisen. Rülpsen und Spucken gehören in das gleiche Gebiet. Der Mann, der sich auf seine Männlichkeit etwas einbildet, und möglichst oft und weit zu spucken pflegt, weckt leise Zweifel, ob er innerlich wirklich von dieser dick aufgetragenen männlichen Stärke überzeugt ist. Sein Benehmen ähnelt in komischer Weise dem Tick kleiner Jungen, möglichst weit zu urinieren, da sie ja noch nicht ejakulieren können. Derartiger Exhibitionismus ist selten ein Zeichen für eine in jeder Hinsicht befriedigende Sexualität.

Schwere sexuelle Hemmungen kann man aber auch bei dem Mann vermuten, der sich ganz verstohlen, sozusagen verschämt, die Nase putzt, der es nicht wagt, sein Taschentuch zu entfalten und nicht den leisesten Laut von sich gibt. Wenn er niesen muß, dreht sich dieser Mann eiligst um, wendet seinem Gesprächspartner fast den Rücken zu, und wenn der beschämende Akt vorüber ist, stößt er verwirrte Entschuldigungen hervor. Das Taschentuch wird hastig weggesteckt, als wäre es ein Schandfleck, den man verbergen müßte.

Unsere Umgangsformen verlangen von den Frauen die allergrößte Zurückhaltung, wenn sie Hals oder Nase von Schleim befreien wollen. Rülpsen und Spucken sind ihnen glatt verboten, und sie müssen es irgendwie fertigbringen, lautlos zu niesen oder in Taschentücher zu schnupfen, die immer zu winzig sind, nur etwa halb oder dreiviertel so groß wie Männertaschentücher.

Nach ästhetischen Gesichtspunkten soll die Nase, die ein Organ symbolisiert, das die Frau nicht hat, klein, fein, zart und niedlich sein. Es ist bemerkenswert, daß die weibliche Nase seit den Anfängen der Schönheitschirurgie immer nach dem gleichen Rezept neugeformt wurde: Verkürzung, Verkleinerung, Beseitigung hervorstehender oder besonders betonter, mit einem Wort: männlich wirkender Partien. Den Frauen, die eine große Nase haben, attestiert man »Charakter« oder »Temperament«. Man hält sie für willensstark, entschlußfreudig, aggressiv; das sind lauter Eigenschaften, die allgemein Männern zugestanden werden und die daher beim schwachen Geschlecht nicht sehr erwünscht sind.

Vor einiger Zeit brachte eine Branntwein-Herstellerfirma in ihrer Reklame das Poträt der Firmengründerin. Unter ihrem Spitzenhäubchen präsentierte diese Dame aus dem vergangenen Jahrhundert eine lange, gebogene, gebieterisch hervorragende Nase. »Diese Frau ist ein großer Mann«, lautete der das Bild stützende Werbeslogan. Trotz der Bemühungen der Feministinnen bleibt es für Frauen schwierig, sich außerhalb des Ideals der passiven Sanftmut zu verwirklichen, ohne sofort als vermännlicht abgestempelt und als »Mannweiber« disqualifiziert zu werden. So kann auch für manche Frau ihre große Nase zum Ausgangspunkt eines hartnäckigen psychologischen Konflikts werden. Sie sind »mit Komplexen vollgestopft« und verzichten einerseits freiwillig darauf, ihre als männlich verschrienen Fähigkeiten zu nutzen, versprechen sich andererseits aber auch nichts von ihren Beziehungen zum anderen Geschlecht.

DER MUND

»Das Volk erzählt sich, daß man bei Frauen nach der Größe des Mundes die Größe des Scheideneingangs beurteilen könne.« Und Georg Groddeck weiter: »Vielleicht hat das Volk recht; denn der Parallelismus zwischen Mund und Geschlechtsöffnung besteht. Die Gestalt des Mundes folgt den Geschlechtserregungen, und wenn er es nicht tut, verraten sich in seinem Muskelspiel die Verdrängungen.«

Es ist allgemein bekannt, daß dünne, schmale, verkniffene Lippen auf andere eine abstoßende Wirkung haben. Sie stehen für Härte, Herzenskälte, Verschlossenheit und auch Geiz. Sie vermitteln den Eindruck, daß eine strenge Kontrolle jede verbale Äußerung überwacht und daß sich dieselbe Kontrolle auch auf den Umgang mit Geld und nicht zuletzt auf das sexuelle Verhalten erstreckt.

Das berühmte amerikanische »Cheese«-Lächeln, das offenbar in allen Lebenslagen angebracht erscheint, soll dem negativen Eindruck, den ein ständig geschlossener Mund hervorruft, entgegenwirken und die unbewußten Ängste, die sich mit der Vorstellung der Zähne verbinden, beschwichtigen. Manche Formulierungen – »die Zähne zeigen«, »zähneknirschend«, »Haare auf den Zähnen haben« – lassen vermuten, daß wir im Gebiß immer noch eine Angriffswaffe sehen, die um so gefährlicher ist, wenn sie sich in einem fest verschlossenen Mund verbirgt. Das verkniffene Lächeln, ein einfaches Verziehen der Lippen, das die Zähne nicht sehen läßt, hat wohl kaum eine ermutigende Wirkung. Es wird eher als etwas beunruhigend empfunden. Dagegen wird beim »Cheese«-Lächeln die Doppelreihe der Zähne in aller Offenheit gezeigt, wodurch der Eindruck der Harmlosigkeit hergestellt wird.

Während der sexuellen Erregung schwellen die Lippen an, sie röten sich und wölben sich vor. Das ist zweifellos der Grund dafür, daß natürlich rote, volle Lippen stets als genußfreudig und sinnlich bezeichnet werden. Der Schmollmund, bei dem die Lippen vorgewölbt werden und die Innenseite teilweise zum Vorschein kommt, ist ein sehr wirkungsvolles erotisches Reizsignal, das von manchen Frauen ausgiebig genutzt wird.

Beim Husten oder Gähnen ganz oder teilweise seinen Mund-
innenraum zu zeigen heißt anderen das Schauspiel seines
Inneren bieten und stellt daher eine unbewußte Aufforderung
zum Eindringen in dieses Innere dar. Damit der sexuelle
Spannungszustand während der sozialen Interaktionen in
zumutbaren Grenzen gehalten werden kann, bestimmen auch
hier unsere Umgangsformen kategorisch, wie wir uns unter
diesen Umständen zu verhalten haben: Wenn man gähnt oder
hustet, soll man die Hand vor den Mund halten. In den
Mittelmeerländern wird die gleiche Vorsichtsmaßregel lebhaft
angeraten, wenn jemand einen Zahnstocher benutzen will.
Wer diese Empfehlung dauernd mißachtet, hat entweder nicht
die geringste Erziehung genossen, oder er ist sexuell sehr
herausfordernd. Wenn jemand hemmungslos gähnt und dabei
laszive Streckbewegungen macht, enthüllt er damit besonders
lebhafte sexuelle Bedürfnisse.

Im Gegensatz dazu führen zurückhaltende Menschen alle
Augenblicke verschämt die Hand zum Mund. Wenn sie vor
Überraschung den Mund aufsperren oder aus vollem Hals
lachen müssen, halten sie sofort beide Hände schützend vor
den Mund und lassen sie dort, solange ihre Lippen geöffnet
bleiben.

DIE AUGEN

Vom ganzen Gesicht und vom ganzen Körper überhaupt sind
die Augen und deren unmittelbare Umgebung unbestritten die
ausdrucksstärkste Partie. Mit einem Höchstmaß an Nuancen
und Intensität können sie ihre Botschaften nach außen übermitteln. Wir machen davon unaufhörlich Gebrauch. Ob wir
sie nun einen Solopart ohne gleichzeitige Rede spielen
lassen oder ob sie dem gesprochenen Wort einen feinen
Kontrapunkt aufsetzen, es gibt praktisch keine menschlichen
Interaktionen, die nicht teilweise auf einem Austausch von
Blicken beruhen.

Nach Ansicht des spanischen Philosophen Ortega y Gasset
stellt das Auge in der Einfassung der Augenhöhle, mit dem
Vorhang des Lids, mit Augenhaut, Iris und Pupille für sich

allein so etwas wie ein »vollständiges Theater mit Bühne und Schauspielern« dar. In jedem dem Umfang nach nur mittelmäßigen Lexikon finden wir an die hundert Stichwörter, in denen das Wort »Auge« eine Hauptrolle spielt. Dort werden Vorzüge und Mängel, Leidenschaften und Empfindungen, Gemütszustände und vielfache geistige Vorgänge, die das Auge ganz für sich allein veranschaulichen kann, beschrieben.

Im Bereich des sexuellen Symbolismus hat das Auge mehrere Bedeutungen. Als Organ des Blicks, der durchdringt und Besitz ergreift, symbolisiert es das männliche Glied. Aus den Tiefen des Auges schießt der Blick »mit der Präzision einer Gewehrkugel hervor«, schreibt Ortega y Gasset in seinem schönen Meditationswerk *Über die Liebe,* und unzählige Redewendungen unterstreichen den aktiven und offensiven Charakter des Blicks. Der Blick verhärtet sich: er visiert sein Ziel an, er läßt es nicht los, er dringt ein, durchdringt und durchbohrt es; er schleudert Flammen und Blitze; er wirft Speere, und er zerschmettert. All dies erinnert auffällig an die allen Liebesabenteuern innewohnende Ballistik.

Wenn man nun die Augen in ihrer Anordnung zu beiden Seiten der Nase, die ja auch ein Symbol des männlichen Organs ist, betrachtet, so versinnbildlichen sie jetzt die Hoden. In verschiedenen Umgangssprachen werden die Hoden »Eier« genannt. Im Traum stellt sich häufig eine Beziehung her zwischen Auge, Ei und Hoden. Ausgestochene Augen und ausgerissene Hoden sind historisch gewordene Verstümmelungen, die leider auch heute noch in Kriegszeiten praktiziert werden.

Schließlich symbolisiert das Auge auch das weibliche Organ; denn es kann ja vom Blick des anderen durchdrungen werden; es kann fremde Blicke gefangennehmen und in sich aufnehmen. Es zeigt eine weitere funktionelle Übereinstimmung mit dem weiblichen Organ, wenn es in Tränen schwimmt und weint. Die Pupille (lateinisch *pupilla* = Kind) sitzt in der Mitte des Augapfels, wie das Kind in der Mitte des mütterlichen Schoßes heranwächst. Sie vergrößert sich auf Kosten der Iris, wie der Embryo wächst und dabei von den Kräften der Mutter zehrt. Jeder, der nahe genug an sie herankommt, sieht,

wie sie sein eigenes Liliputbild in sich trägt und ihm entgegenspiegelt, genau wie der Uterus das ungeborene Kind trägt.

Im Zwiegespräch der Blicke, das dem eigentlichen sexuellen
Austausch vorausgeht, spielt das Auge unaufhörlich eine Dop-
pelrolle des Durchdringens und Empfangens. Es sendet verliebte Einladungen aus und nimmt auch wieder die Antworten
auf. Was wäre leichter zu verstehen als diese Sprache? Jedermann weiß, was »schöne Augen machen« zu bedeuten hat,
und wir alle wissen auch, daß man damit nicht so sehr für das
Symbol selbst interessiert werden soll, sondern vielmehr für
das, was es symbolisiert.

Wir haben bereits die besondere Empfindlichkeit der Pupille
erwähnt, die sich vor einem anziehenden oder aufregenden
Bild erweitert und sich zusammenzieht, wenn sie ein Bild vor
sich hat, das als reizlos und uninteressant empfunden wird.
Parallel dazu wirken große Pupillen auch auf den Betrachter
besonders anziehend. Amerikanische Forscher haben diese
besondere Anziehungskraft der großen Pupillen festgestellt,
indem sie Männern Photos von Frauen vorgelegt haben. Von
jeder Frau gab es zwei identische Bilder, nur daß man auf
einem davon jeweils die Pupillen künstlich vergrößert hatte.
Befragt, welches Bild ihnen besser gefiel, entschied sich die
Mehrheit für das Bild mit den großen Pupillen. Muß man auch
hierin, wie bei dem großen Mund, das Symbol einer einladen-
den Vagina sehen?

Die vergrößerte Pupille verrät also einerseits, daß man sich
angezogen fühlt, andererseits wirkt sie aber auch selbst anziehend auf andere. Nach dem Verhalten unserer Pupille müssen
wir annehmen, daß wir von der eigenen Anziehungskraft, die
wir auf andere ausüben, fasziniert sind, da wir uns auch – und
vor allem – in das vergrößerte Bild verlieben, das die erwei-
terte Pupille des Mannes oder der Frau, die wir lieben, uns
entgegenspiegelt. Manche Frauen machen sich die stärkere
Anziehungskraft, die eine vergrößerte Pupille ausübt, systematisch zunutze. Um ihre verführerische Wirkung zu steigern,
verwenden sie Augentropfen, die ihre Pupillen für längere Zeit
erweitern.

Der Amerikaner Michael Argyle hat sorgfältige Messungen der Dauer menschlicher Blickkontakte vorgenommen. Nach seinen Berechnungen sehen sich zwei Personen während dreißig bis sechzig Prozent des Zeitraums, den sie miteinander verbringen, in die Augen. Wenn die Dauer des Blickkontakts sechzig Prozent des Zeitraums überschreitet, handelt es sich um Personen, die durch ein besonders intensives Gefühl miteinander verbunden sind: durch Liebe oder Haß. Liebende lassen sich nicht aus den Augen; sie blicken einander zärtlich an. Sie verschlingen einander mit den Augen. Beide haben nur Augen für den Erwählten, und der Rest der Welt ist versunken. Handfester Haß wirkt sich ähnlich aus, nur daß der Blick nun nicht mehr im Blick des anderen versinken möchte, sondern ihn einschüchtern, unterjochen und endlich besiegen möchte; der andere soll den Blick senken oder abwenden.

Unter all den Gesichtern und Körpern, die unsere Blicke im täglichen Leben auf sich ziehen, trifft das Auge eine Auswahl; es stimmt zu und lehnt ab und verrät augenblicklich die Neigungen oder Abneigungen seines Besitzers. Oberflächlich schweift der Blick hinweg über diejenigen, die ihm gleichgültig sind; wir wenden den Blick ab von denen, die wir nicht leiden können, und lassen ihn hingegen bei allen verweilen, die uns interessieren oder bezaubern. Je länger und intensiver der Blick ist, um so mehr verrät er ein echtes Interesse.

Wenn dieses Interesse von einem sexuellen Impuls geleitet wird, löst der Blick sich ziemlich schnell vom Gesicht und richtet sich auf die sexuell bedeutsamen Körperzonen. Der Blick des Mannes mustert die weibliche Brust, den Bauch, Hüften, Schenkel und Beine. Er mißt, schätzt, wägt ab. Viel seltener verweilt der Blick einer Frau unterhalb des männlichen Gürtels. Alte Anstandsbücher für junge Mädchen predigten das strikte Verbot, die Blicke jemals tiefer als bis zum Gürtel eines männlichen Körpers gleiten zu lassen.

Trotz der weiblichen Emanzipation ist das weibliche Blickverhalten nach wie vor geprägt von Zurückhaltung, von Prüderie und gleichzeitig von Heuchelei, die vom weiblichen Reiz offenbar nicht zu trennen sind. Man sagt kaum von einer

Frau, daß sie »einen Mann mit den Augen auszieht«, und seltener noch, daß sie »ihre Augen weidet«. Nur Frauen mit sehr freien Sitten wagen den direkten, abschätzenden Blick, mit dem die Schriftstellerin Anaïs Nin in ihren Erotika – den *Tagebüchern* – die Königin der Prostituierten ausstattet. Dieses Blickes bediente sie sich, wenn immer ein Unbekannter sie ansprach. »Ihre Augen richteten sich sofort auf die Schuhe des Mannes, um festzustellen, welchen Preis er sich für sein Vergnügen leisten konnte. Dann, um abzuschätzen, ob ihr eigenes Vergnügen nicht zu kurz kommen würde, verweilten ihre verschleierten Augen mit den schweren, schwarzgeränderten Lidern auf den Knöpfen seiner Hose. Das geschah mechanisch. Die Gesichter interessierten sie nicht; ihre ganze Aufmerksamkeit richtete sich nur auf eine bestimmte Partie der männlichen Anatomie. Ihr brennender Blick war mit fanatischer Besessenheit darauf aus, die Attribute eines Mannes abzuschätzen.«

Nicht viele Frauen bekennen sich zu ihren sexuellen Wünschen. Um sie in der Augensprache zum Ausdruck zu bringen, brauchen sie Winkelzüge und Umwege: verstohlene Blicke, schräge Blicke, weggleitende Blicke, Augenzwinkern, Lidflattern, langsames Senken der Lider. Das ganze weibliche Augenspiel ist ausgesprochen doppeldeutig. Das Auge gesteht, ohne sich jemals festzulegen; es willigt ein, ohne sich jemals offen zum Gegenstand seines Verlangens zu bekennen.

GERÜCHE UND DÜFTE

Die Gerüche, die ein Körper ausströmt, sprechen beredt die Sprache der Liebe. Im Jahr 1879 entdeckte der französische Schriftsteller und Insektenforscher Jean-Henri Fabre, daß der weibliche Schmetterling allein durch seinen Duft über eine Entfernung von mehreren Kilometern hinweg die Männchen seiner Art anzieht. Inzwischen hat sich immer deutlicher erwiesen, daß ein enger Zusammenhang zwischen Sexualfunktionen und Geruchsfunktionen auch beim Menschen besteht. Nach den amerikanischen Sexualwissenschaftlern W. H. Masters und V. E. Johnson steigert sich die Geruchsentwicklung in den behaarten Zonen während der genitalen Erregung, und der Sexualakt selbst ist davon begleitet. So eng verbunden mit der Lust können die körperlichen Gerüche des andern entzükken, aber auch abstoßen; niemals lassen sie völlig gleichgültig.

Wie Georg Groddeck in seinem *Buch vom Es* darlegt, erwacht unser Wahrnehmungsvermögen für körperliche Gerüche sogar schon, bevor wir unseren ersten Schrei ausstoßen. Es wird während unserer ersten Lebensjahre dauernd und massiv angesprochen.

»Zunächst ist der Geruch des weiblichen Schoßes und des Blutes, das daraus fließt, eine der ersten Wahrnehmungen, die der Mensch macht. Dann kommt eine Zeit, in der die Nase des kleinen Weltbürgers sich hauptsächlich mit dem Riechen des eigenen Urins und Kotes beschäftigt, was gelegentlich mit den Düften der Frauenmilch und der mütterlichen Achselhaare abwechselt, während dauernd der intensive, durchdringende und unvergeßliche Duft des Wochenflusses einwirkt . . . In den ersten Jahren sind es die Füße und Beine, die das Kind riecht; denn das Kind ist klein, und die Erwachsenen sind groß . . . Das Kind lernt zunächst die Beine der Menschen kennen und lieben; das ist wichtig, erklärt vieles und wird nie beachtet. Dann kommen Jahre, lange Jahre, in denen das Kind fast ununterbrochen riechen muß, was in der Bauchgegend der Erwachsenen vor sich geht, und das gefällt ihm ausnehmend gut. Und das wird auch rührend gefunden. Welcher gefühlvolle Schriftsteller ließe sich wohl den Knaben – oder den Mann – entgehen, der seinen Kopf im Schoß der Mutter – oder der Geliebten – birgt. Was, seiner Poesie entkleidet, genausoviel heißt wie: er steckt seine Nase zwischen ihre Beine. Das klingt roh, enträtselt aber die Entstehung der Kindesliebe und die Liebe zur Frau. Die Natur hat wunderliche Wege, um den Menschen zum Weibe zu zwingen, und das ist der, der von allen begangen wird.«

Mit großem Aufwand an Hygienevorschriften und Erziehungsgrundsätzen haben die regulierenden Kräfte des Lebens in der Gemeinschaft die freie Entfaltung körperlicher Gerüche und deren genußvolle Wahrnehmung bekämpft. Man hat in Ekel und Widerwillen verwandelt, was einst Lockung und Lust war. In den westlichen Gesellschaften fühlt sich heute jeder gehalten, seine persönlichen Ausdünstungen im Keim zu ersticken. Aber kein Bad und keine Haarwäsche, keine Seife und kein Deodorant kann jemals verhindern, daß ein Mensch unter dem Ansturm der Leidenschaft seinen inneren Aufruhr durch einen plötzlichen Schweißausbruch oder eine Geruchswelle von den Genitalzonen zum Ausdruck bringt. Manche Menschen, deren Geruchssinn noch nicht völlig durch die erworbene Schamhaltung verkümmert ist oder durch ständige aufdringliche Einwirkung künstlicher Gerüche abgestumpft wurde, können diese zarten Signale des Körpers bei ihren Mitmenschen wahrnehmen; sie ziehen daraus sehr praktische Schlüsse für ihr Liebesleben.

Die menschliche Einstellung gegenüber dem Gebot der Abschwächung bzw. völligen Unterdrückung der natürlichen Gerüche ist ausgesprochen ambivalent. Es muß eine große Frustration gewesen sein und ist es immer noch, auf den sinnlichen Genuß, den uns das Geruchsorgan vermittelt, zu verzichten. Zum Ausgleich haben wir für die scharfen körperlichen Gerüche einen Ersatz in den weniger aggressiv sinnlichen Düften aus dem Pflanzen- oder Tierreich gefunden, und eine riesige Parfümindustrie blüht und gedeiht im Dienste des Sexualinstinkts.

Wir gebrauchen Körperpflegemittel, um die nunmehr als abstoßend empfundenen Körpergerüche zu bekämpfen; weil wir natürlich nicht abstoßen möchten. Dann veredeln wir diesen desodorierten Körper mit einem berauschenden, durchdringenden Parfüm in der eindeutigen Absicht zu verführen. Das Parfüm, reines Kulturerzeugnis, macht die Natur erträglich, mehr noch: es verleiht ihr Lockung und Reiz. Die parfümierte Frau scheint zu sagen: »Dufte ich nicht sehr gut?« und fragt: »Gefalle ich Ihnen?« Von geheimnisvollen Duftwolken umschwebt, reizt und lockt sie. Man soll sie einatmen. Keine Frau wird das leugnen.

So gesehen ist das Parfüm eine – manchmal deutliche und direkte, manchmal bloß unbestimmte und für alle möglichen

Vermutungen offenbleibende – Sprache, die unaussprechliche Botschaften dem anderen mitteilen soll.

Derartige Botschaften mögen unaussprechlich sein, der Dechiffrierung sind sie nicht entzogen. Mit unserer unverbesserlichen Neigung, alles zu vermenschlichen, haben wir den Blumen und den aromatischen Essenzen, die wir ihnen entziehen, um sie uns anzueignen, psychologische Eigenschaften und symbolische Bedeutungen zugeordnet, wie es uns unsere Instinkte eingegeben haben.

Die Rose ist ein Symbol voll erblühter Weiblichkeit; das Geißblatt steht für stürmische Freiheitsliebe. Das bescheidene Veilchen symbolisiert die Sanftmut, Jasmin die Sehnsucht, die Zitrone herb-frische Jugendlichkeit. Pfefferdüfte werden für geistreich und originell gehalten. Lavendelkraut erinnert an reine, klare Höhenluft. Ambra und Moschus zaubern eine Atmosphäre der Sinnlichkeit. Zedernöl bedeutet kraftvolle Lebensenergie, Sandelholz Raffinement und Fichtennadelöl Gesundheit.

Leichter fällt es uns noch, die der Natur entlehnten Parfüms in männliche und weibliche Düfte zu trennen. Parfüms mit den Duftnoten von Tabak, Russenleder, Benzoe, Zimt, Zedernöl und Zitrone wirken auf uns männlich. Lavendelduft wird merkwürdigerweise als beiden Geschlechtern zugehörig empfunden; er hat eine keusche, fast geschlechtslose Note. Dagegen haben alle Blumenparfüms – Jasmin, Rosen, Maiglöckchen, Reseda usw. – eine sehr weibliche Ausstrahlung. Eine Frau, die diese ungeschriebenen Gesetze übertritt und ein Parfüm wählt, das nach allgemeiner Auffassung als männlich gilt, wird Verwunderung oder sogar Mißtrauen auslösen. Der Mann, der sich in Blumendüfte hüllt, ruft noch stärkeren Argwohn hervor. Die Weiblichkeit der Frau, die Männlichkeit des Mannes wird von der Umgebung, die dieses ungewöhnliche Parfüm an ihnen wahrnimmt, angezweifelt.

Denn der Mann oder die Frau identifizieren sich mindestens teilweise mit dem Duft, den sie wählen. Modische Beeinflussung läßt den Mann die Gerüche des Moschusochsen oder der Mandragora seinen eigenen Ausdünstungen vorziehen. Sein eigentlicher Beweggrund sind aber irrationale Vorstellungen aus der Gefühlswelt des Urmenschen. Der primitive Jäger schmückte sich mit einem Stück vom Fell seines erlegten Feindes, damit dessen Stärke und Kraft auf ihn übergehen möge. Solchen Jagdzauber gibt es bei den Naturvölkern auch heute noch. Der Europäer, der sich parfümiert, verhält sich ähnlich; er wünscht sich unbewußt die wundervollen Eigenschaften, mit denen er selbst zuvor den Spender des Duftes ausgestattet hat. Daher informiert die Auswahl des Parfüms nicht so sehr über die wahre Natur eines Menschen als vielmehr über die Vorstellung, die er seiner Umgebung von sich selbst vermitteln möchte. Die Botschaft ist doppeldeutig und muß auf Umwegen entschlüsselt werden.

LIEBESWERBEN – ANNAHME UND ABWEISUNG

Gesten, Haltungen und Wahl des Standortes im Raum veranschaulichen in unzähligen Variationen, in ewiger Wiederholung durch die Generationen hindurch und in feinsten Nuancen die erotische Empfänglichkeit der Menschen füreinander.

Das letzte Ziel des Sexualinstinkts ist der Geschlechtsakt, Moment der Vereinigung von zwei Wesen zu einem einzigen, in dem alles, was sie trennte, beseitigt und selbst der Raum zwischen ihnen in ein Nichts zusammengeschrumpft ist. Daraus ergibt sich logischerweise, daß jede Bewegung, die ein Mensch macht, um die Entfernung zwischen sich und einem anderen Menschen zu verringern, von sexuellen Regungen oder von dem Wunsch, mit diesem anderen erotische Beziehungen anzuknüpfen, diktiert sein kann.

Edward T. Hall, Erfinder der »Proxemie«, einer Theorie über das menschliche Verhalten in bestimmten Raumzonen, nennt vier klar definierte Entfernungen, die bei den verschiedenen Interaktionen beachtet werden. Er unterscheidet: öffentliche Distanz, gesellschaftliche Distanz, private Distanz und intime Distanz. Uns interessiert hier die intime, die geringste Distanz. Ihre Grenzen liegen zwischen fünfzehn Zentimetern und einem Meter. Dies ist der Raum, in dem verliebtes Miteinander sich abspielt; dieser Abstand stellt sich unter engen Freunden ein; er ist natürlich zwischen Eltern und sehr kleinen Kindern.

Vielfältige innere und äußere, gesellschaftliche und persönliche Hemmungen halten einen Mann im Zaum, der ja nicht mir nichts dir nichts in die engste Distanzzone einer Frau, die er zum erstenmal trifft, eindringen kann, so groß auch ihre Anziehungskraft sein mag. Wenn er diese Sphäre sicher und ungestraft betreten will, muß er sich erst vorsichtig »heranarbeiten« und dabei Blick, Stimme und seine ganze körperliche Ausstrahlungskraft einsetzen. Er muß die Frau umwerben.

Um der Unbekannten, die er nicht unvermittelt anzusprechen wagt, sein Interesse zu zeigen, sieht er sie zunächst einmal von fern unentwegt und intensiv an. Sein Blick hebt die Entfernung zwischen ihnen auf und stellt einen ersten Blickkontakt her. Erfolg oder Mißlingen dieses Blickkontakts entscheidet über den weiteren Verlauf der Annäherung. Möglicherweise wendet er sich auch einer anderen Person zu, spricht und lacht dabei laut, um die Aufmerksamkeit der Frau auf sich zu ziehen. Vielleicht macht er auffallende Gesten, oder er ist zwar zurückhaltend, aber sein Körper bleibt ihr dauernd voll zugewandt. Ein Gegenstand, den er in der Hand hält, weist beständig in ihre Richtung. Den Rauch seiner Zigarette bläst er zu ihr hin. Alles, was von ihm ausgeht, konzentriert sich auf sie, umkreist sie, hüllt sie ein und will den trennenden Zwischenraum überwinden.

In einem fortgeschrittenen Stadium ihrer Beziehungen läßt er sein Verlangen deutlich erkennen, wenn er alle Hindernisse zwischen ihnen wegräumt. Wenn sie im Auto fahren, versenkt er die trennende Armstütze in den Polstern. Wenn sie bei Tisch sitzen, verrückt er den Blumenstrauß oder die Kerze, die die beiden behindern könnten, einander voll zu sehen. Wenn bei einer geschäftlichen oder gesellschaftlichen Veranstaltung ein Stuhl zwischen ihnen leer bleibt, schiebt er ihn fort. Vielleicht nutzt er das nicht einmal aus, um näherzurücken und diesen Platz selbst auszufüllen; trotzdem hat er die moralische Distanz verkleinert und sein Interesse bekräftigt.

Gesellschaftliche Anlässe bieten eine Unzahl von Möglichkeiten der Annäherung, und man könnte eine lange Liste der mannigfaltigen männlichen Taktiken aufstellen, die in aller Stille und pausenlos angewandt werden, wenn ein Mann sich einer ihm unbekannten Frau nähern will. Da gibt es die allerhöflichste Form: Man bietet eine Zigarette, Feuer oder ein Getränk an, hält eine Tür auf, hebt einen Schal auf, nimmt ein leeres Glas ab. Draufgänger scheuen vor sehr viel gröberen Methoden nicht zurück. Man streift die Unbekannte, drängelt sich an sie heran oder rempelt sie schlicht und einfach an, tritt ihr auf die Füße, gießt ein Getränk auf ihr Kleid – alles nur, um sich anschließend eingehend entschuldigen zu können und dabei einen Ausgangspunkt für ein Gespräch geschaffen zu haben.

Männer, deren sexuelles Begehren plötzlich erwacht, unterliegen – ohne daß sie es wissen – bestimmten körperlichen Veränderungen. Wir beobachten, wie das Julius Fast in seiner *Körpersprache* beschrieben hat, eine deutliche Anspannung der Muskeln. Der in Aktionsbereitschaft gesetzte Körper richtet sich auf. Alles an ihm wird belebter. »Hängebacken straffen sich, Taschen unter den Augen glätten sich. Der Bauch wird flacher, die Schenkel werden fester. Die Haut wird rot oder bleich, die Augäpfel werden glänzender.« Auch die Mimik verändert sich. Das Auge blickt konzentriert aus verengten Lidern. Der Mund öffnet sich leicht, und langsam gleitet die Zunge über die Lippen.

Wir verdanken den Verhaltensforschern die Kenntnis der verschiedenartigsten Rituale, die bei bestimmten Tierarten der Begattung vorausgehen: verrückte Tänze, majestätische Paraden oder feierliches Stolzieren. Mit einer Körpersprache von kunstvoller Präzision locken die Tiere ihre Partner an. Ein besonders ausgeklügeltes Ritual führt der Seidenlaubenvogel vor. Um das Weibchen unwiderstehlich anzuziehen, trägt er während des Liebestanzes geziert eine blaue Beere im Schnabel, die er sorgfältig gepflückt hat und die mit ihrer leuchtenden Farbe seine Verführungskraft noch steigern soll.

Ganz wie das Männchen im Tierreich, muß auch der Mann, der eine Frau erobern will, im günstigsten Licht erscheinen. Er glättet – oder lockt – sein Haar, den Bart, den Schnurrbart; er richtet den Krawattenknoten, prüft seine Fingernägel, zieht seine Strümpfe hoch.

Wenn er aufrecht steht, spreizt er die Beine und schiebt das Becken vor. Er steckt die Daumen hinter seinen Gürtel und streckt die Finger in Richtung seiner Genitalien. Das ist die klassische Pose des Cowboys mit seiner aggressiven Sexualität, der seine starken sexuellen Bedürfnisse über lange Strecken der Westernfilme in stummer Eindringlichkeit deutlich macht. Wenn er sitzt, spreizt der sexuell erregte Mann seine Beine weit auseinander und läßt so die Wölbung seiner Genitalien erkennen. Beim Gehen bewegt er sich geschmeidig, drückt die Brust heraus, rollt Schultern und Hüften. Zum Extrem getrieben, zur Karikatur verzerrt, ist das der wiegende Gang der Zuhälter.

Die vom Sexualtrieb diktierten körperlichen Ausdrucksweisen sind bei der Frau nicht weniger vielgestaltig als beim Mann. Der wiegende Gang, der die beiden rückwärtigen Halbkugeln ihrer Anatomie, eine nach der anderen, sich vorwölben läßt, suggeriert verlockende Möglichkeiten. Sie kann aber auch bewegungslos stehen, und dabei sprechen ihre lässig vorgeschobenen Hüften die gleiche Sprache. Die Hand auf der Hüfte wirkt oft als Herausforderung. Im »Hüftstütz« steigert sich die Geste zu einer dreist-gebieterischen Pose.

Die sexuell verfügbare Frau setzt sich mit gespreizten Beinen, ein symbolisches Zeichen ihrer Empfangsbereitschaft. Sie beugt sich vor, bückt sich, um ein vielversprechendes Dekolleté sehen zu lassen. Sie streift mit streichelnden Bewegungen über Brüste, Hüften oder Schenkel, glättet ihr Kleid, ihre Strümpfe, kreuzt ihre Beine sehr hoch oder streckt sie in sehr langsamer Bewegung aus. Wenn sie besonders kühn ist, dringt sie in die intime Raumsphäre des begehrten Mannes ein. Sie stellt oder setzt sich ganz nah zu ihm, bedrängt und verwirrt ihn. Ihre Knie und Schenkel berühren die seinen. Sie sieht ihn unverwandt an; ihr Atem streift sein Gesicht. Sie legt ihre Finger auf seinen Arm und ergreift seine Hand, um das Feuerzeug, das er ihr entgegenhält, an ihre Zigarette zu führen.

Eine Frau, die lediglich gefallen oder auf das ihr entgegengebrachte Interesse positiv reagieren möchte, versucht bestimmte Details ihrer äußeren Erscheinung zur Geltung zu bringen. Sie greift in ihre Frisur, glättet und schiebt sie zurecht; sie schüttelt Strähnen, Ponys und Locken zurück oder in die Stirn, rollt sie um den Finger; sie spielt mit Perlen, Armbändern und Ringen. Wenn sie sitzt, breitet sie ihren Rock um sich aus; sie nimmt ihre Ohrklips ab, steckt sie wieder an, prüft im Spiegel ihr Make-up und erneuert es hier und da. All diese koketten Gesten spielen sich in einiger Entfernung vom Mann ab, ziehen seinen Blick an, den er nun auf den einzelnen nacheinander ins rechte Licht gestellten Reizen ruhen lassen darf.

Die Abweisung der Werbung oder ablehnende Uninteressiertheit wird dagegen durch räumliche Distanzierung, durch den Abbruch jeden Kontakts und durch stummes und »zugeknöpftes« Verhalten deutlich gemacht. Wenn eine Frau – in der Öffentlichkeit oder im privaten Kreis – einer sexuellen Werbung ausweichen möchte, entfernt sie sich sofort von dem ihr lästigen Menschen. Sie wendet den Blick von ihm ab und dreht ihm, wenn möglich, den Rücken zu. Sie zieht ihren Mantel oder ihr Tuch eng um sich herum, hält ihre Ellbogen dicht am Körper und preßt ihre Handtasche oder was immer sie in den Händen hält gegen ihre Brust. Sie entfernt sich mit steifen, schnellen Schritten.

Wenn Umgebung oder Umstände sie daran hindern, auf Distanz zu gehen, verbarrikadiert sie sich an Ort und Stelle. Um jeden Blickkontakt zu vermeiden, sieht sie demonstrativ in eine andere Richtung. Gleichzeitig verhärten sich ihre Züge: sie preßt die Lippen aufeinander und zieht die Augenbrauen zusammen. Stehend oder sitzend stellt sie ihre Beine dicht nebeneinander oder kreuzt sie möglichst eng. Auch ihre Arme kreuzt sie in der typischen Verteidigungshaltung über der

Brust. Auf diese Weise sind die beiden verwundbarsten Zonen ihrer Weiblichkeit vor möglichen visuellen oder handgreiflichen Überfällen geschützt.

Wenn dagegen die Annäherungsbemühungen des Mannes oder der Frau von Erfolg gekrönt sind, müssen die beiden Betroffenen mit einem neuen Problem fertig werden. Wie kann man die intime Zweisamkeit erhalten, wenn man sich inmitten einer gesellschaftlichen Veranstaltung befindet, deren Sinn und Zweck es ist, alle anwesenden Personen in vielen oberflächlichen und flüchtigen Gesprächen möglichst rasch wechselnd miteinander zu kombinieren? Die zweckmäßigste und unbewußt verfolgte Taktik besteht darin, daß die beiden Helden der Handlung den Raum um sie herum abzuschließen suchen, damit kein Dritter eindringen kann. Die neuen Verbündeten suchen die Nähe einer Wand, eines Winkels, eines Fensters oder Kamins; aus dieser Richtung kann sich niemand störend zwischen sie drängen. Sie bleiben einander zugewandt und drehen der übrigen Gesellschaft, die sie nicht mehr beachten, den Rücken zu. Sie setzen sich vorzugsweise einander gegenüber und beugen sich zueinander, wobei ihre gestreckten Arme und Beine den Raum seitlich abschließen.

TANZ DER VERLIEBTEN

Während das erste Stadium des verliebten Körperdialogs – das die Sexologen das Stadium der Werbung nennen – in der Öffentlichkeit eingeleitet wird, sucht das Paar, wenn seine Beziehungen enger und intensiver werden, die Einsamkeit. Der gewöhnliche Beobachter hat also selten Gelegenheit, die weitere Entwicklung zu studieren.

Der Verhaltensforscher Nielsen hat mit der objektiv wissenschaftlichen Methode des Zoologen, der tierische Verhaltensweisen studiert, junge Amerikaner bei ihrem »Liebestanz«, wie er es nennt, beobachtet. Er nennt vierundzwanzig genau definierte Stufen der Entwicklung von der ersten Begegnung zwischen dem jungen Mann und dem jungen Mädchen bis zum Koitus.

Die Initiative liegt bei dem Jungen, während das Mädchen
sein Verlangen oder seinen Widerstand nur durch Gegenreak-
tionen ausdrücken kann. So ergreift der Junge eigenmächtig
die Hand des Mädchens, muß aber nun auf die Gegenreaktion
warten – ein leichter Druck ihrer Hand –, bevor er einen
Schritt weitergehen und seine Finger zwischen die Finger seiner Partnerin schieben kann. Wenn sich später beide leidenschaftlich küssen und der Junge die Brüste des Mädchens
streichelt, wird wieder die gleiche Regel beachtet. Der Junge
ergreift eine Initiative und wartet dann auf ein Körpersignal
des Mädchens, das ihm erlaubt, ein weiteres Stadium zu erreichen. Beim Kuß öffnet das Mädchen die Lippen, damit die
Zunge des Jungen in seinen Mund eindringen kann. Wenn der
Junge einige Zeit eine Brust des Mädchens gestreichelt hat,
löst es die Arme leicht vom Körper, und der Junge darf nun
beide Brüste streicheln.

Je mehr die körperliche Vereinigung fortschreitet, um so
spärlicher wird der verbale Austausch. Nun übernehmen die
Körper, in inniger Verbindung miteinander, den Austausch aller
Informationen. Man kann sich kaum vorstellen, zu welch seltsamem Dialog wir in dieser Situation gezwungen wären, wenn
unser Körper stumm oder taub für die Signale des anderen
Körpers wäre. In Wirklichkeit sind derartige Botschaften ganz
und gar unaussprechbar. Wir flüstern: »Ich liebe dich«, und
unser Körper beeilt sich, das Unsagbare in seiner Sprache mitzuteilen.

7

Ein Beobachtungstest

An Stelle einer Schlußbemerkung zu diesem Buch, das von beobachteten Tatsachen ausgeht und im wesentlichen der Anwendung in der Praxis dient, schlagen wir eine praktische Übung vor.

Die zehn folgenden Auszüge beschreiben berühmte Persönlichkeiten der Gegenwart. Politiker, Schriftsteller, Künstler – sie alle sind Ihnen vom Hörensagen bekannt; Sie haben sie auch schon gesehen; denn ihr Bild erscheint von Zeit zu Zeit in Film und Fernsehen, auch in den Nachrichtensendungen. Ihr öffentliches und privates Leben wird häufig auf der ersten Seite auflagenstarker Blätter ausgebreitet.

Die Autoren dieser Porträts haben als hervorragende Beobachter Erscheinungsformen der nichtverbalen Sprache, deren Spuren wir in diesem Buch verfolgt haben, aufgegriffen und gnadenlos gedeutet. Milieu und Umwelt erscheinen ihnen wichtig; daher stellen sie ihre Personen häufig in den Rahmen, in dem sie sich normalerweise bewegen und in dem die hervorstechendsten Züge ihrer Persönlichkeit klar zur Geltung kommen.

Die praktische Übung besteht darin, mit Hilfe der Hinweise, die aus dem Bereich der nichtverbalen Sprache stammen, die Identität der Personen zu bestimmen. Ihre Namen sind am Schluß des Buches in der Reihenfolge dieser Porträtgalerie aufgeführt.

PORTRÄT NUMMER EINS

Seine Majestät wartete stehend in der Mitte des prunkvollen Salons, der ihm als Büro dient. Er antwortete nicht auf meine knappen Worte, mit denen ich ihm dankte, daß er mich zu diesem Interview empfangen hatte. Wortlos reichte er mir die Hand; sie war eisig. Sein Händedruck war unhöflich, steif, und seine Aufforderung, Platz zu nehmen, fiel noch steifer aus. Alles geschah ohne ein Wort, ohne ein Lächeln. Zusammengepreßte Lippen wie eine verschlossene Tür, Augen so kalt wie Nordwind im Winter. Man hätte meinen können, daß er mir etwas vorwarf, und ich kam nicht darauf, was es sein könnte. Oder war es vielleicht nur Hochmut, die Bemühung, sich von seiner königlichen Art und Weise nichts zu vergeben?

Sobald ich saß, setzte er sich auch, mit eng nebeneinandergestellten Beinen und gekreuzten Armen; sein Oberkörper blieb starr aufgerichtet wegen des kugelsicheren Korsetts, das er, wie einst Haile Selassie, ständig trägt. So verbarrikadiert, verharrte er und heftete seinen abwesenden Blick auf mich, während ich ihm den Zwischenfall erzählte, der mir am Tor des Palastes passiert war, wo mich die Leibwache festgehalten hatte, so daß ich fast diese Verabredung versäumt hätte. Endlich hörte ich seine Stimme. Er bedaure das sehr, sagte er, es könne jedoch infolge Übereifers einmal ein Irrtum vorkommen. Es war eine tonlose, traurige Stimme, eigentlich fast stimmlos. Sein Gesicht war übrigens ebenso traurig, überdrüssig. Unter seinen weißen Haaren, die wollig aussahen wie eine Pelzmütze, sah man nichts als seine große Nase. Sein Körper im grauen Anzug wirkte so zerbrechlich, so mager, daß ich ihn sofort fragte, ob es ihm gut gehe. Vollkommen, antwortete er, niemals sei es ihm besser gegangen. Die Berichte, die von seiner gefährdeten Gesundheit sprachen, entbehrten jeder Grundlage, und seine Gewichtsabnahme sei beabsichtigt gewesen, da er das Gefühl gehabt habe, ein wenig dick zu werden.

PORTRÄT NUMMER ZWEI

Eine große Frau in einem ungewöhnlichen, dottergelben Kostüm von altmodischem Schnitt betritt das Restaurant, begleitet von einem alten Gentleman mit einer Orchidee im Knopfloch. Sie trägt einen großen, weißen Filzhut mit eingebeultem Rand. Ihr langes Gesicht verschwindet zur Hälfte unter einer enormen Brille. Sie hat ungeheuer große Füße und

Hände. Der Mann, der sie begleitet, ist mit einigem Eifer um
sie bemüht. Touristen, wahrscheinlich Skandinavier . . .

Um die Speisekarte zu lesen, die der Oberkellner ihr reicht,
nimmt sie ihre dunkle Brille ab. Ein längliches, verwelktes
Gesicht, hohe Backenknochen, zu den Schläfen auslaufende
Augenform. In Wirklichkeit eine aufsehenerregende Schönheit,
vom Alter verblichen. Ein Gesicht, das mir bekannt vorkommt, aber noch fällt mir kein Name dazu ein.

PORTRÄT NUMMER DREI

Genau um dreizehn Uhr parkt ein staubiger MG auf der
anderen Straßenseite, im Schatten der riesigen Platanen. Der
Mann, der aussteigt, hat eine immer noch schlanke, hochauf-
gerichtete Figur. Sein Gang ist elastisch, jugendlich. Ohne eine
Spur der immer ein wenig affektiert wirkenden Steifheit, die so
vielen alten Offizieren gemeinsam ist . . .

Er reicht mir die Hand; das berühmte Lächeln erhellt sein
Gesicht: das zärtliche, jungenhafte Lächeln des Mannes, der
sich bescheiden gibt, aber seiner Wirkung sehr sicher ist, und
natürlich seines Charmes. Charme hat er wirklich, dieser
Bursche. Er liegt in seiner Stimme, seinen wohlabgewogenen
Gesten, seinem Blick. Dieser Blick ist seltsam. Sehr blaue
Augen – die grau werden können oder grün – und deren
Pupille auf den Augapfel aufgesetzt erscheint, ohne wirklich
dazuzugehören. Augen, die ein Japaner gemalt haben könnte.
Sein Blick kann manchmal durchbohrend wirken und ebenso
gefährlich gleichgültig werden; man braucht nur von etwas zu
sprechen, was ihn nicht interessiert.

»Tut mir leid, daß ich zu spät komme.«

Er ist keine Spur verspätet, aber diese gewohnheitsmäßige
Bitte um Entschuldigung hängt mit seinem Bedürfnis zusammen, gleich von Anfang an zu gefallen.

Er trägt eine Hose aus grauem Flanell, einen blauen Blazer
mit vergoldeten Knöpfen mit aufgeprägtem Regimentswappen,
eine gestreifte Krawatte in den Farben seines ehemaligen Col-
leges. An seinen Handgelenken bemerke ich Manschetten-
knöpfe aus Gold und Emaille mit den Initialen der »Königin

von England«, E. R. (Elizabeth Regina). Er trägt dicke, typisch englische Schuhe aus tabakbraunem Leder, deren Patina unzähligen Behandlungen mit Schuhcreme und Wichslappen zu verdanken ist.

Der Mann ist im Jahr 1915 geboren, aber man würde ihn für vierzig halten. Das Gesicht wirkt harmlos, unversehrt. So sieht ein Mann aus, den das Leben noch nicht zeichnen konnte; und doch ...

PORTRÄT NUMMER VIER

Zu persönlichen Fragen gibt sie dagegen bereitwillig Auskunft. Sie hält nichts zurück; sie erzählt von sich mit einer einschmeichelnden, modulationsreichen, sehr angenehmen Stimme. Auch ihr Gesicht ist angenehm. Sie hat schöne braune, ein wenig traurige Augen und ein seltsames Lächeln, voller Nachsicht, rätselhaft. Man wird sehr neugierig auf diese Frau. Sie gleicht niemandem, und selbst die schwarzen Locken, die auf der linken Seite durch eine merkwürdige graue Strähne – fast ein Silberblitz – belebt werden, betonen die Einmaligkeit ihrer Erscheinung.

Ihr Körper ist lebhaft und zierlich. Sie trägt ausschließlich den Sari und westliche Wollsachen. Das Westliche an ihr ist nicht zu verkennen ...

Ich begegnete ... in ihrem großen, kalten, nackten Büro in ... Klein und zierlich saß sie hinter ihrem aufgeräumten Arbeitstisch. Als ich eintrat, erhob sie sich und ging mir entgegen, um mir die Hand zu geben. Dann setzte sie sich und machte jede Einleitung überflüssig, so direkt sah sie mich an und schien mir zu bedeuten: Los mit der ersten Frage, verlieren wir keine Zeit; ich habe nicht allzu viel davon.

PORTRÄT NUMMER FÜNF

Ich sah ihn gedankenversunken, schlechtgelaunt ankommen. Er sagte zu mir: »Guten Tag, Fräulein Fallaci!«, und ohne ein Lächeln ließ er mich in sein Büro eintreten, einen eleganten Raum voller Bücher, Telephone, Papiere, abstrakter Bilder und

Photos von Nixon. Dann vergaß er mich augenblicklich, drehte mir den Rücken zu und begann, einen langen Schreibmaschinentext zu lesen. Ich war in die Mitte des Zimmers gepflanzt worden; sein Rücken war mir zugekehrt, und ich fühlte mich recht unbehaglich. Er benahm sich dumm und unhöflich, doch um so besser konnte ich ihn studieren, ohne daß er mich seinerseits beobachtete.

Ich entdeckte, daß dieser stämmige Mann mit seinen kurzen Beinen, mit diesem dicken Widderkopf keineswegs der große Verführer und vor allem kein bißchen lässig, nicht einmal selbstsicher ist. Bevor er sich jemandem stellt, braucht er Zeit, muß er hinter seiner Autorität Schutz suchen. So benehmen sich bekanntlich schüchterne Menschen, die große Anstrengungen machen, um diese Schüchternheit zu verbergen, und dadurch schließlich flegelhaft erscheinen oder es auch wirklich werden.

Nach Beendigung seiner Lektüre – der er sich mit außerordentlicher Aufmerksamkeit und Gewissenhaftigkeit gewidmet hatte, jedenfalls nach der Zeit zu urteilen, die er brauchte – drehte er sich zu mir herum und forderte mich auf, auf dem Sofa Platz zu nehmen. Dann setzte er sich auf den Sessel, der höher war als das Sofa, und aus dieser günstigen Position heraus begann er, mir Fragen zu stellen, wie ein Lehrer es mit einem Schüler macht. Er glich – wie ich mich erinnere – meinem Mathematik- und Physiklehrer im Lyzeum Galilei in Florenz, einem Typ, den ich nicht leiden konnte, weil es ihm Spaß machte, mich hinter seinen Brillengläsern ironisch zu fixieren, um mir Angst zu machen. Er hatte sogar die gleiche kehlige Baritonstimme wie dieser Lehrer, und genau wie dieser lehnte er sich in seinen Sessel zurück, wobei er den rechten Arm über die Sessellehne hängte. Er saß mit gekreuzten Beinen, während seine Weste sich unschön über seinem Bauch spannte, so daß die Knöpfe abzuspringen drohten.

Porträt Nummer sechs

Er ist ein ziemlich großer Mann mit recht breiten Schultern; er hat immer noch eine sportliche Figur, trotz eines beginnenden

Bauches und einer leichten Neigung, sich krumm zu halten. Ein dichter rötlicher Bart und tiefblaue Augen sind die auffallendsten Merkmale in seinem langen, mageren Gesicht. Wenn er, wie es häufig geschieht, in angespannter Konzentration die Stirn in Falten zieht, wirken seine Augen leicht schräg geformt, und die Falten in seinen Augenwinkeln zeichnen sich stärker ab als im übrigen Gesicht. Seine sehr hohe, tiefgefurchte Stirn unter dem rötlichen, ein wenig gelichteten Haar verleiht seinem Blick manchmal eine ungewöhnliche Schwere, die aber sofort wieder durch die Lebhaftigkeit seiner Stimme und durch einen auch in den Momenten größter Intensität durchscheinenden Humor mehr als ausgeglichen wird. Wer ihm zum erstenmal begegnet, erwartet, etwas von dem Leiden an ihm zu finden, das seine tragischen Berichte durchzieht, und ist überrascht, einen sehr beweglichen Mann mit lebhaften Zügen und einem warmen Lächeln zu sehen.

Nach einhelliger Meinung hat man sofort, noch bevor man ihn genauer kennenlernt, den Eindruck, daß man einem Menschen mit ungewöhnlicher physischer Energie gegenübersteht. Hier ist ein Mann, der kräftig ausschreitet, mit leicht wiegendem Gang, lebhaften Gesten, festem Händedruck – so erscheint er allen, die ihm zum erstenmal begegnen. Die Klischeevorstellung »Dieser Mann ist Dynamit« scheint eigens für Menschen seiner Art erfunden worden zu sein.

Diese Energie besaß er bereits in seiner frühen Jugend – während seiner Universitätsjahre hatte er den Ruf gehabt, eine Rakete mit unerschöpflichem Eigenantrieb zu sein –, und er verschwendet sie in allen seinen Aktivitäten. Als Sport schätzt er besonders Radfahren. Er liebt körperliche Arbeit, besonders die einfachsten menschlichen Tätigkeiten wie Wassertragen und Holzhacken.

PORTRÄT NUMMER SIEBEN

Ich begegnete ihr zum erstenmal in Cap d'Antibes. Das ist schon einige Jahre her ...

Es war im Sommer. Wir saßen beim Mittagessen in der Sonne am Rande eines Schwimmbeckens, in dem ein paar

Kinder herumtobten. Wir waren etwa zwanzig Personen, in der Mehrzahl Amerikaner . . . Sie trug als einzige Frau keine Sonnenbrille. Der Ausdruck in ihrem Gesicht, als sie das nahe Meer betrachtete, versetzte mich in tiefes Erstaunen. Der Blick der Besitzerin, die das Hauswesen überwacht.

Alle ihre Kinder gleichen ihr – vor allem die Töchter, und besonders Eunice – mehr, als sie ihrem Vater gleichen. Sie haben ihr herausforderndes Kinn, ihr Reklamegebiß, ihren ungenierten, beunruhigenden Blick. Kein Schmuck, eine Ahnung Rouge auf den schmalen Lippen, ein Hauch Puder, der die gespannte Haut über den Wangenknochen rosig färbt.

Sie trug eine schwarze Hose aus dem Hause Emilio Pucci, eine leicht gestärkte weiße Seidenbluse und sah so typisch amerikanisch aus, nämlich makellos, geschlechtslos, »keimfrei«, wie es drüben zum Markenzeichen der vorbildlichen alten Dame geworden ist.

In ihrem Blick – wie übrigens im Blick aller . . . – diese schreckliche Neugier, mit der sie die Person, die sie gerade anblickt, moralisch und physisch auszieht. Und sofort stürzt ein Wasserfall von Fragen über einen herein – die Stimme ist dünn, näselnd –, die man wohl beantworten muß, wenn man nicht wie ein Flegel dastehen will. Wer sind Sie? Wie heißen Sie? Wie schreibt man das? Was machen Sie? Ah, Sie sind Schriftsteller! Sind Ihre Bücher ins Amerikanische übersetzt worden? Bei wem? Ein Haufen Fragen, die man in einen einzigen Satz zusammenfassen könnte: Lohnt es sich, daß ich meine Zeit darauf verschwende, Ihnen liebenswürdig zu begegnen?

Porträt Nummer acht

Je älter er wurde, um so mehr gewann sein langgeformtes Gesicht mit der wunderbaren Stirn und dem vorspringenden Kinn an Fülle, wurde schwerer und dann auch breiter; er sah nun fast aus wie die kräftig gebauten Matrosen, die man in den Straßen von Dünkirchen durch die Menge vorwärtsdrängen sieht. Immer mehr wirkt er eher flämisch als französisch; etwas in seinem Ausdruck erinnerte an das Mittelalter; solche

Gesichter sieht man auf mittelalterlichen Gemälden und Wandteppichen aus Antwerpen oder Brügge. Sein Haar war immer noch rabenschwarz, und seine Augen glänzten immer noch wie im Fieber; er sprach mit der gleichen betäubenden Geschwindigkeit wie in seiner Jugend, aber das Alter hatte schon seine Hand nach ihm ausgestreckt ...

Obwohl er alt war, wirkte er jung. Weder das Alter noch tragische Ereignisse seines Lebens konnten seiner jugendlichen Höflichkeit, seinem liebenswürdigen Auftreten, der Kraft seiner Ideen etwas anhaben. Sein Geist hatte nichts von seiner Lebhaftigkeit verloren, und seine grauen Augen blieben funkelnd und neugierig wie eh und je. Nur seine Stimme, die früher klar und durchdringend war, hatte durch allzu starken Tabakgenuß gelitten, und es wurde allmählich immer schwieriger, seine Ausführungen zu verstehen.

PORTRÄT NUMMER NEUN

Ein paar Kochtöpfe, Teller verschiedener Sorten, die auf dem Flohmarkt gekauft worden waren, alte Hemden, die nun als Putzlappen dienten. An die Wand geheftet: eine Liste von Büchern, die eines Tages gekauft, eine Liste von Gerichten, die eines Tages gegessen werden sollten, Zeitungsausschnitte, Reproduktionen und Aquarelle ...

Er führt seinen Haushalt wie eine holländische Hausfrau. Er ist peinlich sauber. Nirgends steht schmutziges Geschirr herum. Das Ganze wirkt klösterlich; es gibt keine überflüssigen Gegenstände und keinerlei Schmuck. Nackte Armut. Weiße und hellgraue Wände.

Als ich ihn erblickte, wie er sich der Tür näherte, an der ich wartend stand, schloß ich für einen Moment die Augen, um ihn vor meinem inneren Auge zu sehen. Er wirkte warmherzig, entspannt, natürlich. In einer Menschenmenge wäre er nicht aufgefallen. Er war schlank, sehr aufrecht, aber nicht groß. Er glich einem buddhistischen Mönch, einem Mönch mit rosiger Haut, mit seinem zur Hälfte kahlen Schädel, der von einem Heiligenschein silbriger Haare umgeben war, mit seinem vollen, sinnlichen Mund. Seine blauen Augen sind kalt und scharf beobachtend, aber sein Mund hat etwas Gefühlvolles und Verletzliches. Sein Lachen ist ansteckend, seine Stimme warm und anheimelnd wie die Stimme eines Schwarzen.

Er war so verschieden von seiner brutalen, heftigen, vitalen Art zu schreiben, von seinen Karikaturen, seinen Possen à la Rabelais, seinen Übertreibungen. Er lächelte aus den Augenwinkeln, ein wenig wie ein Clown; die warmen Töne seiner Stimme erinnerten an ein Schnurren der Zufriedenheit.

Dieser Mann war vom Leben berauscht, er brauchte keinen Wein, er schwebte in einer Art selbstgeschaffener Euphorie.

PORTRÄT NUMMER ZEHN

Zuerst die Füße. Sie stecken gewöhnlich – um nicht zu sagen immer – in Sandalen seiner spanischen Heimat, den sogenannten Bigatanes, aus Bändern gefertigten schwarzen Espadrilles, die an den Fesseln mit langen Schnürsenkeln befestigt werden. Diese Bigatanes sind häufig alt und abgenutzt wie bei den Weinbauern in den nahen Bergen und den Fischern am Kai. Die Strümpfe sind undefinierbar in Form und Farbe. Darüber ebenso unförmige Hosen, dunkel, verbeult, schlotternd, die zweifellos früher einmal zu einem konventionellen Arbeitgeberanzug gehört hatten, nunmehr aber völlig verbraucht und abgewirtschaftet waren.

Preisfrage beim Anblick dieses Photoausschnitts von den Füßen bis zum Gürtel: Was ist das für ein Mann und welchen Beruf hat er? Antwort, deren ich mir zu neunzig Prozent sicher bin: ein Bauer, ein Arbeiter, ein Handwerker, der sich wenig um sein Äußeres kümmert.

Aber das Bild ändert sich vollständig vom Gürtel ab aufwärts. Die Männer des Mittelmeerraumes messen der Hose als Umhüllung der Genitalien eine sehr große Bedeutung zu. Er dagegen . . . hält mehr von der Umhüllung des Herzens, und erst vom Gürtel an aufwärts wird er wirklich er selbst. Und hier gibt es, je nach Tag und Laune, seidenweiche indische Hemden, buntgescheckt oder mit Pailletten besetzt, mit Rüschen an Kragen und Vorderleiste, geschmückte Hemden, stets sehr farbig und knallig, erdbeerfarben, oder mit Spitzenkragen oder Byronkragen; manchmal schwarze oder dunkelrote Samtwesten. In Paris, überhaupt in der Stadt – dickes Arbeitgeberjackett; aber auch hier leuchtet irgendwo das magische Zeichen. Und natürlich der Stock, immer und ewig.

Treten wir ein paar Schritte vor dieser Statue, die ich noch nicht mit Leben erfüllt habe, zurück. Ein Mann mittlerer Größe, sehr aufrecht. Bizarre Zweiteilung infolge der explosiven Farbigkeit des Oberkörpers und des grau-grämlichen Eindrucks des Unterkörpers.

Ein Streiflicht auf die Hände, die schön, feingliedrig und kräftig in einem sind, verläßlich geschützt durch viele Ringe.

Ich will das Porträt zum Leben erwecken:

Er ist immer auf den Beinen, immer in der Sonne. Die Gesten sind stets gezielt, aber ohne Leichtigkeit. Eine offensichtliche Zaghaftigkeit prägt sich darin aus, eine unablässige Bemühung, sich harmonisch im Raum zu bewegen. Das Ganze ist sorgfältig programmiert, selbstverständlich ganz unbewußt.

Das Porträt gerät in Bewegung, das Porträt beginnt zu sprechen: Aus seinem Mund kommen Worte, abgerissen, bruchstückhaft.

Die zehn Persönlichkeiten der Porträtgalerie sind:

1. Mohammed Resa Pahlewi
2. Greta Garbo
3. Peter Townsend
4. Indira Gandhi
5. Henry Kissinger
6. Alexander Solschenizyn
7. Rose Kennedy
8. André Malraux
9. Henry Miller
10. Salvador Dali

Die Schilderungen dieser Persönlichkeiten stammen von folgenden Autoren:

1, 4, 5: Oriana Fallaci, *Ab- und Beifälliges über Prominente,* Econ Verlag, Düsseldorf, 1975.

2, 3, 7: José Luis de Vilallonga, *Gold Gotha,* Madrid 1972.

6: David Burg und Georges Feifer, *Biography of Solshenizyn,* Farquharson, London, 1973.

8: Robert Payne, *Malraux,* Buchet/Chastel, Paris, 1973.

9: Anaïs Nin, *Die Tagebücher der Anaïs Nin* (1931 – 34), Nymphenburger Verlagsanstalt, München, 1977.

10: Henri-François Rey, *Dali dans son labyrinthe,* Grasset, Paris, 1974.

Literaturverzeichnis

ADLER, Alfred: What Life should mean to you. George Allen and Unwin, London, 1932. Gekürzte deutsche Ausgabe: Der Sinn des Lebens. Fischer Taschenbuch Verlag, Frankfurt a. M.

ARDREY, Robert: Der Mensch im Zwang des Territoriums. Deutscher Taschenbuchverlag, München.

—: The social contract — A personal enquiry into the evolutionary sources of order and disorder. Collins, London, 1970.

ARGYLE, Michael: The psychology of interpersonal behavior. Pelican Publications, Baltimore, 1967.

ARON, Robert: Histoire de Vichy. Fayard, Paris, 1964.

BARBEY d'AUREVILLY, Jules: Œuvres romanesques complètes, Bibliothèque N. R. F. de la Pléiade, Paris, 1964.

BARTHES, Roland: Mythologies. Editions du Seuil, Paris, 1957.

BERGES, Jean: Les Gestes et la personnnalité. Hachette, Paris, 1968.

COTTA, Michèle: Pompidou choisit Giscard. Aus: L'Express, Nr. 1178.

DARWIN, Charles: The Expression of the Emotions in Men and Animals. Murray, London, 1872. Deutsche Neuausgabe: Der Ausdruck der Gefühle bei Mensch und Tier. Walter Rau Verlag, Düsseldorf, 1964.

DORMANN, Geneviève: Les hommes et vous. Aus: Marie-Claire, November 1974.

DURKHEIM, Emile: Soziologie und Philosophie. Suhrkamp Verlag, Frankfurt a. M., 1967.

FAST, Julius: Körpersprache. Rowohlt Verlag, Reinbek, 1971.

FORD, C. S., und BEACH, F. A.: Das Sexualverhalten von Mensch und Tier. Colloquium-Verlag, Berlin.

FREUD, Sigmund: Zur Psychopathologie des Alltagslebens. Gesammelte Werke, Bd. 4, S. Fischer Verlag, Frankfurt a. M., 1961.

—: Bruchstück einer Hysterie-Analyse. Studienausgabe, Bd. VI, S. Fischer Verlag, Frankfurt a. M., 1971.

— und BREUER, Joseph: Studien über Hysterie. Neuausgabe im Fischer Taschenbuch Verlag, Frankfurt a. M., 1970.

GESELL, Arnold: The Embryology of the behavior. Harper & Brothers, New York und London, 1945.

GIRARD, Alain: Le Choix du conjoint. P. U. F., Paris, 1964.

GIRARD, Louis-Dominique: Mazinghem ou la vie secrète de Philippe Pétain. Im Selbstverlag des Autors, 1971.

GIRAUDOUX, Jean: Amphytrion 38. Philipp Reclam jun., Stuttgart.

GOFFMAN, Erving: Wir alle spielen Theater — die Selbstdarstellung im Alltag. Piper, München, 1976.

GRODDECK, Georg: Das Buch vom Es, Briefe an eine Freundin. Internationaler Psychoanalytischer Verlag, Wien, 1923. Neuausgabe im Kindler Taschenbuch Verlag, München, 1975.

GUASCH, Gérard-Philippe: L'Adolescent et son corps. Editions Universitaires, Paris, 1973.

HALL, Edward T.: Die Sprache des Raumes. L. Schwann Verlag, Düsseldorf, 1976.

JAMES, William: Principles of Psychology. Random House, New York.

JOUSSE, N.: Méthodologie de la psychologie du geste. Revue Des Cours et Conférences, Boivin, Paris, 1931.

JUNG, Carl Gustav: Psychologische Typen. Neuausgabe im Walter-Verlag, Olten und Freiburg i. Br., 1971.

—: Der Mensch und seine Symbole. Neuausgabe ebenda, 1968.

JURGENSEN, Geneviève: La Folie des autres. Laffont, Paris, 1973.

KREISLER, L., FAIN, M., SOULE, M.: L'Enfant et son corps. P. U. F., Paris, 1974.
LA BRUYERE, Jean de: Les Caractères. N. R. F. de la Pléiade, Paris, 1935.
LAFFONT, Robert: Editeur. Robert Laffont, Paris, 1974.
LAWRENCE, D. H.: Lady Chatterley. Rowohlt Verlag, Reinbek, 1960.
LE CLEZIO, J. M. G.: Le Procès-verbal. Folio, Paris, 1973.
LEVI-STRAUSS, Claude: Social and psychological aspects of chieftain-ship in a primitive tribe. Natural History Press, New York, 1967.
LORENZ, Konrad: Das sogenannte Böse — Zur Naturgeschichte der Aggression. Deutscher Taschenbuchverlag, München.
MEAD, Margaret: Jugend und Sexualität in primitiven Gesellschaften. Szczesny-Verlag, München, 1965.
—: Mann und Frau. Rowohlt Verlag, Reinbek, 1954.
MEHRABIAN, Albert: Silent messages. Wadsworth Publishing Company, Belmont, California, 1971.
MORRIS, Desmond: Der nackte Affe. Droemersche Verlagsanstalt Th. Knaur Nachf., München.
—: Der Menschenzoo. Ebenda.
MORRIS, Jan: L'Enigme. Gallimard, Paris, 1974.
NIERENBERG, Gerard I., und CALERO, Henry H.: How to read a man like a book. Cornerstone Library Publications, 1971.
NIN, Anaïs: Die Tagebücher der Anaïs Nin (1944—47). Nymphenburger Verlagsanstalt, München, 1977.
ORTEGA Y GASSET, José: Über die Liebe. Deutsche Verlags-Anstalt, Stuttgart, 1954.
PARK, Robert Ezra: Race and Culture. The Free Press, 1950.
PAWLOW, Iwan Petrowitsch: Zwanzigjährige Erfahrungen mit dem objektiven Studium der höheren Nerventätigkeit (des Verhaltens) der Tiere. Sämtliche Werke, Bd. 3, Akademie-Verlag, Berlin, 1953—55.
PELICIER, Yves: La Psychiatrie compréhensible. Fayard, Paris, 1972.
PIER, Victoria, und DEMARIA, Chantal: Le pouvoir des parfums. Aus: Psychologie, Nr. 40, Paris.
SARTRE, Jean-Paul: Die Wörter. Rowohlt Verlag, Reinbek.
SCHJELDERUP-EBBE: Sozialpsychologie des Hühnerhofes. Aus: Einführung in die Psychologie. Hans Huber Verlag, Bern, 1963.
SIMENON, Georges: Le Pendu de Saint-Pholien. Fayard, Paris, 1964.
TOMKIEWICZ, S., und FINDER, J.: Problème de l'image du corps (dysmorphophobie) en foyer de semi-liberté. Aus: Bulletin de Psychologie, Paris, 1970—1971.
WOLFF, Kurt H.: The Sociology of Georges Simmel. The Free Press, 1950.
WYLIE, Laurence: A l'école Lecoq, j'ai découvert mon propre clown. Aus: Psychologie, Paris, Nr. 43/1973.

LEBENSHILFE
PSYCHOLOGIE

John Bradshaw

**Wenn
Scham krank
macht**

Ein Ratgeber zur Überwindung
von Schamgefühlen

LEBENSHILFE
PSYCHOLOGIE

(84003)

Sidney B./Suzanne Simon

**Verstehen
Verzeihen
Versöhnen**

Wie man sich selbst
und anderen vergeben lernt

LEBENSHILFE
PSYCHOLOGIE

(84005)

Claude Bonnafont

**Die Botschaft
der
Körpersprache**

Körpersignale erkennen
und deuten

LEBENSHILFE
PSYCHOLOGIE

(84029)

Sue Patton Thoele

**Bis hierhin
und
nicht weiter**

Wie Frauen lernen,
sich selbst zu behaupten

LEBENSHILFE
PSYCHOLOGIE

(84020)

Walter Kindermann

Drogen

ABHÄNGIGKEIT, MISSBRAUCH
THERAPIE

Ein Handbuch für Eltern

LEBENSHILFE
PSYCHOLOGIE

(84013)

Robert Bly

**EISEN
HANS**

Ein Buch
über Männer

LEBENSHILFE
PSYCHOLOGIE

(84017)

Knaur®

ALTERNATIV HEILEN

Ulf Böhmig
**Hilf dir selbst –
Kopfschmerz
und Migräne**

ALTERNATIV HEILEN

(76045)

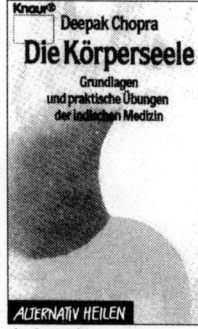

Deepak Chopra
Die Körperseele
Grundlagen
und praktische Übungen
der indischen Medizin

ALTERNATIV HEILEN

(76009)

Benno Werner
Das Krebszeitalter
Die verschiedenen Ebenen
der Krebserkrankung

ALTERNATIV HEILEN

(76040)

Heinz Schiegl
Colortherapie
Heilung durch die Kraft
der Farben
mit 6 Farbfiltern

ALTERNATIV HEILEN

(76041)

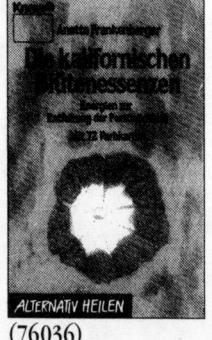

**Die kalifornischen
Blütenessenzen**

ALTERNATIV HEILEN

(76036)

Anne Maguire
**Hauterkrankungen
als Botschaften
der Seele**

ALTERNATIV HEILEN

(76039)

Knaur®

Heilung für Körper und Seele

(76025)

(76023)

(76026)

(76024)

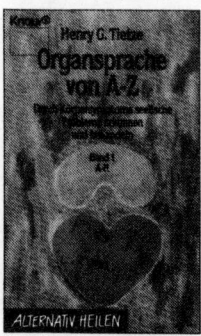

(76029) in 2 Bänden

(76010)